WORDSEARCH

ARCTURUS

ARCTURUS

This edition published in 2013 by Arcturus Publishing Limited
26/27 Bickels Yard, 151–153 Bermondsey Street,
London SE1 3HA

Copyright © 2013 Arcturus Publishing Limited
Puzzles copyright © 2013 Puzzle Press Ltd

ISBN: 978-1-78212-321-7
AD003654EN

Printed in the UK

HOW TO SOLVE A WORDSEARCH PUZZLE

Wordsearch puzzles can be great fun and solving them requires a keen eye for detail…!

Each puzzle consists of a grid of letters and a list of words, all of which are hidden somewhere in the grid. Your task is to ring each word as you find it, then tick it off the list, continuing until every word has been found.

Some of the letters in the grid are used more than once and the words can run in either a forwards or backwards direction; vertically, horizontally or diagonally, as shown in this example of a finished puzzle:

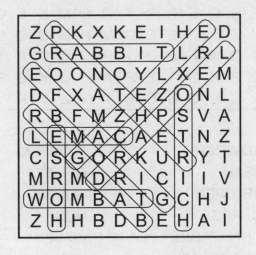

BADGER ✓   LEOPARD ✓

CAMEL ✓   OSTRICH ✓

GAZELLE ✓   PANTHER ✓

GIRAFFE ✓   RABBIT ✓

HORSE ✓   WOMBAT ✓

Be My Valentine

```
M Q N F R N W Z Y G C D P
D I R H L B V E N H M E K
S D R A C O O G A P G A D
S M D U O O W M V G F R K
E E H U G S P E N L E E I
C B T S S A Z I R A B S S
R N D A G R L X M S E T S
E S A N L R E E X J L I E
T U E M A O R R E R O S S
T X A D T H C R I V V L P
E S G E C S T O O M E L O
N Z T U B E O M H M D Q E
D O N F E D I P U C E A T
E P N O I S S A P W K O R
R C L G B G S X M W X P Y
```

ADMIRER	FLOWERS
BEAU	GIFTS
BELOVED	GUESS
CARDS	HUGS
CHAMPAGNE	KISSES
CHOCOLATES	PASSION
CUPID	POETRY
DARLING	POSTMAN
DEAREST	ROMEO
DREAMER	SECRET
EROS	TENDER

Beekeeping

```
Y D L J S T Z D I C P G D
B R K W F L P C O M B W R
Q O A W W A L L S O T G M
E N S I I N S E C T F L N
S E N Z P Z Z N C L S O H
T G S N S A E O W I G V J
S W A R M D E P E M G E A
E E X A R Z F A W Q E S S
N M I A R E T S U L C C E
O A G C S R E E E L O B T
V R E H J R V S K L F T I
E F R O Z F I F O L G R M
I A Y S C W H N M W O E M
L A R V A E Y C S Q P E U
T J L A I C O S Q K N S Z
```

APIARY	HIVE
CELLS	INSECT
CLUSTER	LARVAE
COLONY	MITES
COMB	NESTS
DRONE	SMOKE
EGGS	SOCIAL
FOOD	SWARM
FRAME	TREES
GARDEN	VEIL
GLOVES	WINGS

Pairs of Things

```
R O L L E R S K A T E S K
P I N C E R S B S C S R N
T S U D H G L G O E R P I
C W S W C O G M B D E A C
S Y U R O A P I L G I N K
K P M M A A S S N I L T E
C B E B S L E T T G P S R
O R R S A S U I A I S S S
S A E D S L S C Z N C C Z
T S N A J R S N O I E K Y
T A L N U H B Y S N S T S
S G P P O B O S O R I G S
Y H S R S W O L L E B B H
U S T W D R T I G H T S D
Q S G S S J S H E A R S U
```

BELLOWS

BINOCULARS

BLOOMERS

BOOTS

CASTANETS

CHOPSTICKS

COMPASSES

CYMBALS

GLASSES

KNICKERS

LEGGINGS

PANTS

PINCERS

PLIERS

ROLLER SKATES

SANDALS

SCISSORS

SHEARS

SHORTS

SOCKS

SPURS

TIGHTS

Black and White

```
L D R O W S S O R C U D Q
C E Q Y B P Y T C F R O H
D H M P E L I C A N S M E
C Z E A T B E P S E O S L
H G R Q G I M P Q I N K A
E L O W U P B D P V O N H
S N O D W E I B O O I U W
S C V F G Z R E A M S K O
P E V I T A G E N R I S F
I A C L E M U R D O V N N
E P R M I C O N S F E F O
C A R B X A V B I I L C M
E N T I E C I D U N E A V
S D E L N Z C I L U T M G
J A L L J T D O Z D N U O
```

CHEQUERED FLAG	NEGATIVE
CHESS PIECES	PANDA
COW	PEARLS
CROSSWORD	PELICAN
DICE	PRINT
DOMINO	RABBIT
FILM	SKUNK
ICONS	TELEVISION
LEMUR	UNIFORM
MAGPIE	WHALE
MOVIE	ZEBRA

More or Less?

```
A A P R E W E F K G H E T
R E L L A M S M R N D R X
G R R N J T W E J E D A E
E I I E V E A V S E S R P
P A T F P T Q A P T A H T
O S U T E E N R P D M M
U H O R S R A O S M I U A
Y I H M C Z S T B U V L J
T N T N D E E H E D E T O
N G I S M X L E F D R I R
A S W C I C D R K O S P I
C N G A N E O L H R E L T
S P I R U P O S Y G R E Y
X Q S C S T S I L L W D X
R U M E A G R E G P M K Q
```

ANOTHER	MULTIPLE
DIVERSE	OODLES
EXCEPT	RARE
FEWER	REPEATED
FRESH	SCANTY
GREATER	SCARCE
INCREASED	SHORT
LASHINGS	SMALLER
MAJORITY	SPARE
MEAGRE	UMPTEEN
MINUS	WITHOUT

Tunnels

```
U Z I M I H S N I H S S G
L G U I N Z A V U D O H Q
I E N E N A S A N M V L O
A Z Q I P O A C P D A G H
R H F V L N L O J D I T Q
D O I Y N O R P R H A N A
R N H A S T A E M I R R Y
A G H S U O A H H I F E A
H N O G J L K A S A S U R
T A K F E Y N K N U S A A
T N U M R G X U O T W T M
O S R I F U R J L R O K R
G H I G U A D A R R A M A
U A K J H P F A N D E R M
L N U R G R E B L R A T W
```

ARLBERG	LAERDAL
ENASAN	MARMARAY
FREJUS	PFANDER
FRUDAL	ROKKO
GOTTHARD RAIL	SHIN-SHIMIZU
GUADARRAMA	SIMPLON
GUINZA	SOMPORT
HANNA	TAIHANG
HARUNA	TAUERN
HIGO	WUSHAOLING
HOKURIKU	ZHONGNANSHAN

Too Cold

```
A Y L G O X G Z D E P T L
R L L Y Z R R M C E E A A
C L I F E Z T G L E I X F
T I K B R D I B L C Y R W
I H E R I E M S A K O Y I
C C A G Y E E L E S R B N
I N I F R D G Z T H D L T
N R O T A R E G I R F E R
F M B N D V J V S N I A Y
B B L I Z Z A R D T G K S
L H L R S S E N L O O C C
B E N A I L I T P E R N L
G O O S E P I M P L E G Y
R A L O P A X E L C I C I
P T O Y S H I V E R W M U
```

ARCTIC	ICEBERG
BLEAK	ICICLE
BLIZZARD	NIPPY
CHILLY	POLAR
COOLNESS	REFRIGERATOR
FREEZING	REPTILIAN
FRIGID	SHIVER
FROST	SLEET
GELID	STONY
GLACIAL	TREMBLE
GOOSE-PIMPLE	WINTRY

Bad Characters

```
E F B V U A R E L T S U R
H F Q V C B D Y E H T E E
O Z H R R Y U K M I A T C
P D O I F V C R A E E A Y
C O B B G O O R G F H R L
K E Y L P H R Q O L C I Y
R Z M K E L W G I G A P S
V X C M A R E A E R U R M
F I S D D E C V Y R Z E U
P E N L L V K D A M A L G
M A U O C I D N U N A D G
V R I O T E R G S P K N L
K J P T J C G C F K S I E
N O L E F E O U T L A W R
V J D R R D D J B C Z S U
```

BRIBER	MUGGER
BURGLAR	OUTLAW
CHEAT	PICKPOCKET
CROOK	PIRATE
DECEIVER	RIOTER
FELON	ROGUE
FORGER	RUSTLER
HIGHWAYMAN	SMUGGLER
KNAVE	SWINDLER
LIAR	THIEF
LOOTER	VANDAL

Pastry-Making

```
D E T A E H W E L O H W H
T C G N W N P O R K P I E
E S U A I O E T O E V B A
K H U A T S F L A K Y M D
S P L R E S E S N E U U N
W P M E C D E W X Z W R I
E G H P U T C N Q A O C L
E C U R J M E I O L Z T B
T F T Y C C T U I G U I G
F S H B H F L F S Y G U N
T N A R O R E T T U B C I
S L A X U S E H S I D S K
O Y W L X O B T E J I I A
L A R D F P L Q A U N B B
H S I N A D N F B W C S Q
```

BAKING BLIND	GLAZE
BISCUIT-CRUMB	LARD
BUTTER	ONE-STAGE
CHEESE	PLAIN
CHOUX	PORK-PIE
DANISH	PUFF
DISHES	STRUDEL
FILO	SUET CRUST
FLAKY	SWEET
FLAN	WATER
FLOUR	WHOLEWHEAT

Rocks and Minerals

```
E P G N D G O M E P J Y T
C T U A N T H R A C I T E
Z D O M N B I B W M A K E
E L O D I J A S P E R T T
E T A T I C G M S P I I Y
N R E O R P E D F N M I H
O H E R C E E R A L O R C
T Y C D C A H R S I I O A
S O H T M L G C L M G N R
D L A Y W A A C A E N S T
N I L G F G R C T S E T M
A T K F S A S L E T O O Q
S E U L O T Z I W O U N W
P T S S I E N G D N S E K
E L A H S B J L F E F K M
```

AGATE

ANTHRACITE

CALCRETE

CHALK

CHERT

COAL

EPIDOTE

FLINT

GNEISS

GRANITE

IGNEOUS

IRONSTONE

JASPER

LIMESTONE

PUMICE

RED MARL

RHYOLITE

SANDSTONE

SHALE

SLATE

TRACHYTE

TUFF

Care for a Dance?

```
M A E C L T L I M B O W F
L K L F P D L E O G N A T
X L L L A O D I E C M T H
B O I A B L B Y X R A S O
E P R M E P N S A R Z I N
G F D E K G Y B A N J W G
U O A N A U M N A E E T A
I G U C H A T C T P X K G
N K Q O S E N P E I C G N
E H R J L A J T L P A A O
G G N L C Y T O E N G Z C
J I A B R O I Y V R B T D
I U J O V G B S Z O R L T
V O T A T O P D E H S A M
E G G U B R E T T I J W O
```

BEGUINE	MASHED POTATO
BOP	POLKA
CANCAN	QUADRILLE
CONGA	REEL
FLAMENCO	SAMBA
GAVOTTE	SHAKE
HORNPIPE	TANGO
JIG	TARANTELLA
JITTERBUG	TWIST
JIVE	VELETA
LIMBO	WALTZ

Keeping Things in Place

```
B T L O B D N A T U N X Y
P S C O K A D H E S I V E
X P E L C N N O R C L E V
E W S P N A I L J A B U E
A P E A A K H L A E P L Y
K N O R L T I A V D A G E
B N Q R C C L B Q I B R D
G W Z I G S C E M L L E N
T P P V N L M I C S U P A
N V C E Y V I C E R T U K
I A S T R I N G P I A S O
A G V B K P E S L A C P O
H L V P A R T S K H K K H
C U R T A I N H O O K L K
R E P P I Z E L K C U B B
```

ADHESIVE	PARCEL TAPE
BLU-TACK	PVA GLUE
BUCKLE	RIVET
CHAIN	ROPE
CLASP	SCREW
CURTAIN HOOK	STRAP
HAIR SLIDE	STRING
HOOK AND EYE	SUPERGLUE
LINK	VELCRO
NAIL	VICE
NUT AND BOLT	ZIPPER

13

Seven-Letter Words

```
H W U L L U J E C N W X B
W E R E H T O N A P G Z D
S S E N D A M A D N N E Y
G H E D O K C Y I H N P L
F P R E P P O T S R I I T
R H E T S E L L A T B V S
E A H L Z O I E S R K A O
E R W C J S Y U A V I G P
D Y O U N G E R I E T R T
O N N E G N Y C N B C A U
M X T S T A T I B A H N O
A U G R U O C D Y Z E T M
S P U D R C E N A D N U M
L S E Y A S E C O N D S W
T G P V E I S I G D U O J
```

ANOTHER	OUTPOST
CRUELTY	PHARYNX
ENTRUST	SECONDS
FREEDOM	STOPPER
HABITAT	TALLEST
JOLTING	UTENSIL
KITCHEN	VACCINE
LIBRARY	VAGRANT
MADNESS	VICTORY
MUNDANE	YEARNED
NOWHERE	YOUNGER

Quite a Collection

```
N E G A B G A R H S J C L
B J G R Y V A R I E T Y K
N M R N F A R R A G O C F
O E I B A F D S V N I V K
I L V S L L D Q C P G C E
T B G A C N E F X R A E K
A M C A I E S M O P Y X C
L U W K B A L U V L E T O
U J I D M D P L H D G R T
M K W P N N E S A Y C A S
U C L A S S O X U N Z C N
C E Y D D V K I I N E T B
C H O I C E V C T M D A K
A I R R U O P T O P I R P
I F E R U T X I M A O U Y
```

ACCUMULATION	MIXTURE
CHOICE	OPTION
CLASS	PACK
EXTRACT	PICK
FARRAGO	POTPOURRI
GROUP	RAGBAG
JUMBLE	RANGE
KINDS	SAMPLE
MELANGE	STOCK
MISCELLANEA	SUNDRY
MIXED BAG	VARIETY

E	R	T	O	Y	R	O	K	C	I	H	S	Y
C	B	E	U	I	A	B	E	T	E	L	Q	L
O	N	L	K	N	H	C	P	G	M	Q	Y	S
C	L	I	I	N	E	C	R	L	A	B	Y	Y
O	U	S	M	L	O	N	A	C	S	O	R	Y
N	E	P	E	U	F	C	I	T	E	W	T	B
U	Y	R	O	E	C	K	Q	P	S	H	J	B
T	Y	B	N	P	M	B	R	A	Z	I	L	H
A	F	N	B	T	P	B	E	P	V	M	P	A
U	E	F	R	P	U	Y	Z	R	Z	H	L	Z
L	P	E	C	A	N	N	O	Z	Y	C	W	E
W	V	F	C	A	R	D	A	M	O	M	F	L
V	D	N	O	M	L	A	Q	E	G	A	L	N
C	O	B	N	U	T	U	H	A	P	I	A	U
R	E	D	N	A	I	R	O	C	D	E	X	T

ALMOND
ANISE
BETEL
BRAZIL
CARDAMOM
CELERY
COBNUT
COCONUT
CONKER
CORIANDER
CUMIN

DILL
FENNEL
FLAX
HAZELNUT
HICKORY
PEANUT
PECAN
PINE NUT
PISTACHIO
POPPY
SESAME

Metals and Alloys

```
F K C E B H C N I P R O O
S O S J O C O M M J T I N
Y N X D E H P T U S E A O
S I L V E R P T I P S L R
Y O F W K O E I D O E U I
G R G V Y M R B O M N M R
U M U P R E D B H B A I A
N P A C S S A R B G N V
M P L G R T Y B D R N I N
E S E A L E E D H O A U I
T N X W T A M E I N M M Z
A B L D T I M E L Z Z I A
L L E A D E N A W E N B A
S Y M L D Q R U I C B W A
L J J M K C A B M O T P L
```

ALUMINIUM	LEAD
AMALGAM	MANGANESE
BABBITT	MERCURY
BRASS	PEWTER
BRONZE	PINCHBECK
CHROME	PLATINUM
COPPER	RHODIUM
GOLD	SILVER
GUNMETAL	STEEL
INVAR	TOMBAC
IRON	ZINC

Varieties of Grape

```
W  J  U  V  S  T  Z  C  S  D  T  A  C
A  E  S  N  F  O  B  O  T  A  R  T  T
A  I  S  A  V  L  A  M  C  U  O  A  V
H  A  R  Y  S  R  F  S  I  N  S  N  E
N  M  I  G  E  E  U  V  I  I  O  N  X
M  O  X  S  Y  M  U  R  E  C  F  A  G
L  U  G  L  V  E  A  R  I  I  E  T  A
Y  R  S  Y  A  B  F  N  A  A  S  C  F
G  V  P  C  L  P  A  N  V  R  E  E  U
A  E  K  A  A  I  O  E  B  E  T  B  R
M  D  B  E  L  D  R  L  U  B  R  L  M
A  R  U  G  R  D  I  P  J  R  O  A  I
Y  E  A  B  E  N  Z  N  Y  A  C  M  N
K  T  L  J  F  G  E  L  E  B  Q  L  T
Q  C  O  A  S  S  Y  R  T  I  K  O  N
```

AGLIANICO	MALBEC
ALBARINO	MALVASIA
ASSYRTIKO	MERLOT
BARBERA	MOURVEDRE
BUAL	MUSCADINE
CORTESE	MUSCAT
FIANO	SEYVAL
FREISA	SYRAH
FURMINT	TANNAT
GAMAY	VERDEJO
KERNER	VIURA

Rodents

```
K G O H D N U O R G H H G
N T F I E L D M O U S E O
E C I O M H F P O A C J D
P H T B C O H R U O C K E
E I U C B E B Q F B H H I
P P O T R A S Q T R G E R
N M G C E U R O E E N D I
R U A D M R M N R J Q G A
M N T O G R E B E A V E R
U K N R A I I V C D M H P
S T R M I L N O E S C O P
K M C O V A Y S T L A G E
R V N U D P H A M S T E R
A Q O S U S Q U I R R E L
T F L E M M I N G C A V Y
```

AGOUTI	HEDGEHOG
BEAVER	JERBOA
CAVY	LEMMING
CHIPMUNK	LEVERET
COYPU	MARMOT
DORMOUSE	MUSKRAT
FIELDMOUSE	MUSQUASH
GERBIL	NUTRIA
GOPHER	PRAIRIE DOG
GROUNDHOG	RABBIT
HAMSTER	SQUIRREL

Moons of our Solar System

```
Y Z Y A J P N J O N P H S
O Z N Q M I M A S O E X A
C U R W B A V J T T Y G D
L B C H A D N A R I M K T
S U N A J A E O M R T Y M
E S K A T H I P V T B Z E
N E N Q T Z P A A Z A A T
E V D L A A D I O N E D H
L U A E D N F D O T R I O
L M L E M U R M D J D S N
A B L L I Y E A Z F A S E
P R N N O D N D I E R E N
W I I F S K M A H S X R N
V E M E N M S R G N E C D
O L D C L J T I H X N F Y
```

AMALTHEA
ARIEL
CRESSIDA
DESDEMONA
DIONE
GANYMEDE
JANUS
LEDA
LUNA
METHONE
MIMAS

MIRANDA
MNEME
NEREID
PALLENE
RHEA
SIARNAQ
SKATHI
SKOLL
TITAN
TRITON
UMBRIEL

Robin Hood

```
P B E T F Y F D A L L A B
T I H G U F R M U E C V Q
A Y D G D B I E Y Q N Q T
X T R S C H A R I T Y L R
E I N E M Y R R E M H S A
S L M W A L T U O H W K E
W I A H G V U Z Z O S Y H
O B I K C B C T R U G E N
R O D O N T K R D N A L O
D N M Y E I A G I R N X I
S C A G W Q G T C L X O L
M A R O B I N H O O D L F
X A I R M U E V T U B Z D
T M A A H R K I N S H I P
S K N T Y R W T S E R O F
```

ARCHERY	MAID MARIAN
ARROWS	MERRY MEN
BALLAD	MYTH
CHARITY	NOBILITY
FOREST	OUTLAW
FRIAR TUCK	ROBIN HOOD
HUNTING	SHERIFF
KINSHIP	SIR GUY
KNIGHTS	SWORDS
LIONHEART	TARGET
LOXLEY	TAXES

Things That Are Round

```
K Z Z S P C A B P F I V Y
A T M L L O B U T T O N L
F B A S E B A L L V F Y G
Y T M M H F U F P W A U G
E C Y M B A L S G O O O N
T E V Y N O A Z Z I P B I
E R L V N I U Q E S U Z R
H W W B I D T R L Y C C G
C K S G A G I E I N K T N
N A Z W N T B S L N G Y I
A R K H G E N E H E E R D
L S P E R U N R U P Y E D
P F G E T W L W U K I E E
U G T L F I B P O T C I W
A Z Q P A P N W T I O U Q
```

BASEBALL
BERET
BOWL
BUTTON
CAKE TIN
CYMBALS
DISH
EYELET
PENNY
PIZZA
PLANCHET

PLATE
PLUG
PUCK
QUOIT
SEQUIN
TAMBOURINE
TURNTABLE
TYRE
WEDDING RING
WHEEL
WOK

Here Be Dragons

```
U U Y R U K A H Y K T T D
H Y G B D I K Z N L R U K
S S N U R G C B G E L A S
U C O L A O X N B C Y L J
M A L J C N U R Y D W A R
A T D L O R O L Z N A L I
L H N D U N R P O R W A N
E A A A E O C G K K E P T
F L L X K L A U G J L A I
I G Y L Y L U S G A M P U
C S A C A D D A I A E O M
E F M C F A F N I R W P F
N Q N A N R O T A R Q H M
T A N N U W U S I R G I F
O W Y W G G O H D I N S J
```

ANCALAGON
APALALA
APOPHIS
DANNY
DRACO
DULCY
FAFNIR
FALKOR
GLAURUNG
GRIAULE
GRISU

HAKURYU
LADON
MALEFICENT
MAYLAND LONG
MUSHU
NIDHOGG
NORBERT
SCATHA
SMAUG
TIAMAT
WAWEL

Soup on the Menu

```
K X E E M M O S N O C R A
M U S H R O O M O D H S K
G P A S T A A M U Q U C K
M R D A G H L Q H G O C C
X W M N J S P T A T J H V
P O T A T O H R S U T I N
T J X H E N A T L L C C P
L S W Y O P B I O H B K W
I Z I I S B E X Y U R E O
T R N A O N T S X E O N N
N O D R N A S S D I T C T
E W S E I O Z W H T H I O
L C O L I T O R R A C H N
H K R S O H P A R S N I P
W T E Q C A P B E E F T A
```

ALPHABET	MUSHROOM
ASPARAGUS	ONION
BEEF	OXTAIL
BORSCH	PARSNIP
BROTH	PASTA
CARROT	POTATO
CHICKEN	STOCK
CHOWDER	TOMATO
CONSOMME	VICHYSSOISE
JULIENNE	WINDSOR
LENTIL	WON TON

Phonetic Alphabet

```
V B B K A G Y O P X G T A
X J J L I M A E H O N M R
E L R A D J R Q L C F S G
H A O L N U X F T Z E X F
O P M P I L Z B R A V O B
T V E H R U A T Q M I K E
E I O A K Z A V N J A C R
L C I I R N M R O F I N U
F T L D G R H K P W A R O
C O Y O H W E Q H T A B W
H R X A Y F Q I L C P S C
W X N T N Y S E S K A G Y
S X Q N R K D O F M P I A
R F V W E O E L L C Q O J
R V J Y W L T E J O A Y Q
```

ALPHA	OSCAR
BRAVO	PAPA
DELTA	ROMEO
ECHO	SIERRA
FOXTROT	TANGO
GOLF	UNIFORM
HOTEL	VICTOR
INDIA	WHISKEY
KILO	X-RAY
LIMA	YANKEE
MIKE	ZULU

Flowery Girls' Names

```
Y Q M O Y R A M E S O R Z
E B T V L O P Z Q S F Z W
I S R B N I H A I W E K U
M C O Y R U V T D N R K A
L B I R W Y C E M I N R C
E U H B M E O E U G V I X
R L F C L I O N L E I A A
R H A T P H R H Y L O G D
O S R V O K A P D L L C M
S Y L L E L W A Y A E M G
M I L Y O N I D Z U T C A
I Y R I V S D V Y R Q V S
F H V I Y Q Y E Y E P Y W
A N G E L I C A R L N J E
E U S C M E N I M S A J D
```

ANGELICA	LAVENDER
BRYONY	MAY
DAISY	MYRTLE
DAPHNE	NIGELLA
DAVIDA	OLIVE
FERN	PRIMROSE
HOLLY	ROSEMARY
IRIS	SORREL
IVY	VIOLA
JASMINE	VIOLET
LAUREL	ZINNIA

GOLD and GOLDEN

```
O S X E L T T A W X A X W
L P E P K Q T H J P N O U
G K P C R A U R P U L G T
I N G O T S H L U G V E B
M C I O R I E S D M G R L
A D R A D T O O D G P T K
B S E O H Z U N U N S E W
R Y T L W C Q N B C A B T
O N E E I N Y Q I E G H K
W N U C R C P L A T E B L
N O B M E Q I G K H Y A T
C Z L I B E L O D M D T N
A I R L V E L C U E E F V
L G Y G I X R F M S J Y Q
F L E C S W V Y K S G H S
```

APPLE	INGOT
ASTER	MEDAL
BROWN	NUGGET
CALF	NUMBER
CHAIN	OPPORTUNITY
CROWN	PLATE
DELICIOUS	SECTION
EAGLE	TRUMPET
FLEECE	WATTLE
GLOW	WILLOW
HANDSHAKE	YEARS

In the Greenhouse

```
G N I L D E E S R I I M Q
Z S U A B X T Z N T A G S
U O K E S N U S V R E R E
C R N I A T U T K Z X I L
C C S L N L A E E E G A D
H H P R A I R K K V B O D
I I R T E R C J E E V L I
N D I F G R U C L I P S R
I O N S B I U D U S S F F
N N K E T G J N C Z H K M
O E L W T A U X A B E G K
T E E L S T N Z B M L P C
H D R O R I I D Q A F O R
G S I O U O E N S B L T F
K L T J H N X S G I E S E
```

BENCH	POTS
CLIPS	RIDDLE
GLASS	SEEDLING
INSULATION	SHELF
IRRIGATION	SIEVE
LABEL	SOIL
MANURE	SPRINKLER
MARKER	STAKE
NETTING	STANDS
ORCHID	TAGS
PLANTS	ZUCCHINI

Varieties of Tomato

```
O S M Z O W A Y I S F P Y
R B F G S I N C A S W N X
E R E D A V I L O R N Q U
P M H M Z R L G E E B L G
A B E R A E F P J A E W U
K G S G R T S P R G E N T
N L R E N A I O E A F I Y
E J G E J E R N N V S B R
C I U Z E U D I A V T O O
T I U L A N L L O S E R W
A O P F I A Z R O S A D A
R M R L G E V E O G K E F
L A T A H A T G B C G R H
V U U M M F A V O R I T A
F V Y E Q A R O K H A M H
```

APERO	JENNY
AURORA	JULIET
BEEFSTEAK	LATAH
FAVORITA	LEGEND
FAWORYT	MATINA
FLAME	NECTAR
GALINA	OLIVADE
GOLDEN GEM	ORAMA
GREEN ZEBRA	RED ROBIN
INCAS	ROSADA
JASPER	TIGERELLA

Palindromes

```
J C V R O O K N M T K C W
S T A T S S O B F A P B E
E T E Z Z O T R Y U N V T
N U E N N L B A T E P P S
I O F P E T K U R D D H T
L P W V O T P O E R A U E
E U E I L N T R A H A T W
F L Y Q W A N W S S B T N
E L D R T O K O S A G A S
L U T O Z W N H P O Y O K
I P R E A F O A A E L A E
N N U R S E S R U N T O Q
E Y D E I F I E D W N S S
S M A G D U M B M U D A R
W S T O P S S P O T S C H
```

DEIFIED	ROTATOR
DR AWKWARD	SAGAS
DUMB MUD	SENILE FELINES
HANNAH	SHAHS
KAYAK	SOLOS
LEVEL	STAR RATS
NOON	STATS
NOW I WON	STEP ON NO PETS
NURSES RUN	STOPS SPOTS
PULL UP	TENET
PUT UP	WET STEW

Under the Ground

```
W S B R C U Q Q B C C U R
T U B E R U M P D E T R E
U B Y V C O L R Z L U R K
N W J I C O R V O S O K N
A A R R I D R A E W T G U
E Y Y N J D R M L R R E B
P P S T O O R L D L T V B
T B B U Y T E Q R U E A D
O H P L Z W U E A L I C Q
R I R C A V J N I C O A L
R Z T F A H S E N I M J I
A R H I Z O M E M E S H B
C V T I U D N O C L L I I
O S V V U H F K Y G Z S C
X E W R Z B M O C A T A C
```

BUNKER	GOLD
CARROT	MINESHAFT
CATACOMB	PEANUT
CAVE	RHIZOME
CELLAR	RIVER
COAL	ROOTS
CONDUIT	SUBWAY
CORM	TUBER
CRYPT	TUNNEL
CULVERT	WELL
DRAIN	WORM

Aromatherapy

```
L E J T N I M R A E P S W
M I M O S A E B R P Z H G
Y G E X H I A G R R I Y D
R Q X I J S V E N T R N U
R O S M I L D E E A O E E
H S N L E N T M T M R S N
G J P R A H U N L I C O Y
H L U I Y S N A I G V R E
V A R M K E T O G L G E E
L O E T R E T G E P J B R
C P E O N Y N N L N Z U T
U E L M U I N A R E G T A
E I E I F E I M R U V U E
F W M O F W O N P D Y N T
B K I G A L B A N U M Q H
```

ALMOND	NEROLI
BASIL	ORANGE
CORIANDER	PEONY
ELEMI	PINE
FENNEL	SPEARMINT
GALBANUM	SPIKENARD
GERANIUM	TEA TREE
LAUREL	THYME
MANGO	TUBEROSE
MIMOSA	VETIVER
MYRRH	WHITE MUSK

The Compost Heap

```
H C I N A G R O B O F D F
J M S Y E D E C A Y I N G
G S G N I L E E P X N U G
N N N B O N F I R E A S H
E X I P N V B D E B R I S
W S P R S B A C T E R I A
S R P N E G G S H E L L S
P E I A I Y W C V Q E E G
A W L W R S A A C B A R J
P O C O R C E L R J V U P
E L E R E W S A R T E N L
R F G M B J K U W S S A A
Y C D S R E H T A E F M N
O D E D L U O M F A E L T
J F H S A W D U S T S D S
```

BACTERIA
BERRIES
BONFIRE ASH
DEBRIS
DECAYING
EGGSHELLS
FEATHERS
FLOWERS
HEDGE CLIPPINGS
LAYERING
LEAF MOULD

LEAVES
MANURE
NEWSPAPER
ORGANIC
PEELINGS
PLANTS
SAWDUST
SCRAPS
SEAWEED
STRAW
WORMS

Mountain Ranges

```
S O S A L T A S S M B T K
X P T L A S S S U O P N W
R F L K A E E E S U A A G
H P S A L G N D A R M H W
I S E R T S I A C N I S I
N A T A A O N C U E R N A
D Y I K I V E S A S S E N
U A M O J U P A C S U I D
K L O R L C P C W R O T E
U A L U E H A Y A H I O S
S M O M O W W L N X I F H
H I D G R D S U R U A T O
F H G R E B S N E K A R D
Q A Q S E I K C O R Q M I
R S U N U A T J D O L P S
```

ALPS	HOGGAR
ALTAI	HOOSAC
ANDES	KARAKORUM
APPENINES	MOURNE
ATLAS	PAMIRS
CASCADES	ROCKIES
CAUCASUS	TAUNUS
DOLOMITES	TAURUS
DRAKENSBERG	TIEN SHAN
HIMALAYAS	URALS
HINDU KUSH	VOSGES

Shapes

```
C I C R E D N I L Y C H E
I S U B M O H R X Y N I Q
R O D S G C R E S C E N T
C L R Y G N O G A R T E T
L Q L R P F N H C O N E S
E O H D I O R E H P S W J
P A R A L L E L O G R A M
Y V Q B E L L I P S E C T
R I O F J T K X D P R O R
A T R A P E Z O I D V E I
M W J T Q R C A R A O R A
I Y I V P U I C L L C A N
D D I O B U C S G Y M U G
U X G E V C W P M I M Q L
N O R D E H A T C O V S E
```

CIRCLE	OVAL
CONE	PARALLELOGRAM
CRESCENT	POLYGON
CUBE	PRISM
CUBOID	PYRAMID
CYLINDER	RHOMBUS
ELLIPSE	SPHEROID
HELIX	SQUARE
OBLONG	TETRAGON
OCTAHEDRON	TRAPEZOID
ORB	TRIANGLE

Very Poor

```
F D E H S I R E V O P M I
O Q R Y G O W I T H O U T
T K I A P M E D I O C R E
E M F N H M F C D T V I J
K O Q S S R I E E U P M N
C N D B U O P K E O C P D
O E T G R P L K S D S E E
P Y A S A J O V K N U C T
F L D R U R B B E A O U E
O E T E B B G A L N E N L
T S V M E A G R E W T I P
U S K J J N C R L O I O E
O V P I N C H E D D P U D
T N A W N I G N D K X S Y
V B D E S T I T U T E I H
```

BARREN	IN WANT
BROKE	MEAGRE
BUST	MEDIOCRE
DEPLETED	MONEYLESS
DESTITUTE	NEEDY
DOWN AND OUT	OUT OF POCKET
FRUGAL	PINCHED
GO WITHOUT	PITEOUS
IMPECUNIOUS	SKIMPY
IMPOVERISHED	SKINT
INSOLVENT	STRAPPED

Weapons

```
A F B E J T E N O Y A B J
W P T T G C M Z O R W I B
V S J I E C Y J I A F Y P
L C D M N C A T A P U L T
A I E A E R C S S I L A V
K M R N G T A O Q E C N O
O I B Y E G T Q O R R C D
O T A D R A E P S E I E E
Z A S A R B A R V A L E P
A R E I T Q E O G O X B R
B T F B U L L E T O D M O
W L X X G V S S C R U O T
E X S I E S I E O T C B T
A Q D R A P T W S M S H J
I T C R O S S B O W C R K
```

ASSEGAI	PISTOL
BAYONET	RAPIER
BAZOOKA	REVOLVER
BULLET	RIFLE
CATAPULT	SABRE
CROSSBOW	SCIMITAR
DAGGER	SCUD
DYNAMITE	SPEAR
EXOCET	SWORD
H-BOMB	TEAR GAS
LANCE	TORPEDO

Insects

```
L M O T I U Q S O M Q O B
H E E Y C T E R M I T E U
C O A L L L T S T J I A M
C H R F T F E V N U J H B
D I A N H E Y A E S U O L
R Z C F E O E A R J E F E
I I V A E T P B M W I A B
B E A C D R P P A R I H E
Y G I W R A E P E O O N E
D D S D X A S A Y R H Z G
A E L F U A N A S U E C I
L T W G W T T E K C I R C
W E E V I L F Q F F V K K
R J L X B L O W F L Y U L
G E E B Y E N O H L Y D H
```

BEETLE	HONEY BEE
BLOWFLY	HORNET
BUMBLEBEE	HORSEFLY
CHAFER	LADYBIRD
CICADA	LEAF-HOPPER
CLEARWING	LOUSE
CRANEFLY	MAYFLY
CRICKET	MOSQUITO
EARWIG	TERMITE
FIRE ANT	WASP
FLEA	WEEVIL

SAT Words

```
S Y R O T C A F S I T A S
S S D O O W N I T A S M S
R A V N M Z M K R A J A S
Y T T E T A R U T A S A J
T U S I Y X X I I P T J S
A R A A R L R R H S O G A
S N T E N I N R U T A S T
R A E J C U S M S A T E D
S L L A I S A T E E N S O
A I L S A T S A M A A Q W
T A I H S A T I A T E G N
A X T N T Y F S I T A S A
N J E I Y A D R U T A S S
I B N Z H L E H C T A S Z
C G I P A R T A S T R A P
```

SATANIC	SATIRICAL
SATAY	SATIRIST
SATCHEL	SATISFACTORY
SAT DOWN	SATISFY
SATED	SATRAP
SATEEN	SATSUMA
SATELLITE	SATURATE
SATIATE	SATURDAY
SATING	SATURNALIA
SATINWOOD	SATURNINE
SATIRE	SATYRS

```
A N A K R U T S G E Y T Q
K J Y E Y L Z B E E R E U
F L O D U R O I Y A R P E
O D A H C A O P U Y Z R S
A X E M G N V T N P F A N
H B H Z A A S E E O J H E
G W I G U T D Z N D R S L
O W U R Y R H A G E N O V
Q L E O A K J E O J G K I
R W Z W T K Q A H T X Z C
M I D J U N O T A L A B T
J E N O T S A L L O W W O
D A E M A A I O M T O C R
S N F X H N L V G M Z M I
R E K A B O T I N A M Q A
```

BAKER	MWERU
BALATON	ONEGA
CHAD	QUESNEL
EDWARD	RUDOLF
GENEVA	SHARPE
KARIBA	STUART
KLAMATH	TURKANA
LOP NOR	UTAH
LUGANO	VICTORIA
MANITOBA	VOLTA
MEAD	WOLLASTON

African Tribes

```
R U T N A B K Q T J B X S
W T P V A D E R E J R Y K
S B A S U T O T M A S A I
T T S O N G A E E A T V P
O A S L M W R E V C F U L
T G E R A U T S R A N G D
N D W K A N G O N I N D R
E B L K C F J G I O P O N
T U R K A N A S J V K L O
T L K U Q S T O G S E L I
O H T O S U M Y J X G A B
H U S W T A O D M A K C I
H E R E R O F K N G D X B
A K H A K N I D V L Y Z I
P G K U N M A M M K P P A
```

AFARS	HUTU
ANGONI	IBIBIO
BANTU	KARAMOJONG
BASSA	MASAI
BASUTO	MERU
BETE	PYGMY
DINKA	SOTHO
FANG	TSONGA
GANDA	TUAREG
HERERO	TURKANA
HOTTENTOTS	TUTSI

Greek Islands

```
B L C S S A N T O R I N I
D W E K A R P A T H O S E
F S U M B Z A G Y F K C T
R O C S N V R P M C R Y S
H R L H O O O Z P R O O D
O Y S E I S S R U E H C Z
D K O M G O S W U T H N S
E S B J Y A S A N E A S K
S A S L S O N I H X W Y U
F E E O N E K D O T T F S
B G L I R A A S R H R D O
K I T T Z P S Q N O A D R
M N C J O Q O O C A S C D
E A D A C F S S A M O S N
W N B K E F F A L O N I A
```

AEGINA	LESBOS
ANDROS	MILOS
CHIOS	NAXOS
CORFU	PAROS
CRETE	RHODES
FOLEGANDROS	SAMOS
KARPATHOS	SANTORINI
KASOS	SKYROS
KEFFALONIA	THASSOS
KYTHNOS	TINOS
LEMNOS	ZAKINTHOS

Feline Friends

```
S S N F E D R A H F K Q C
E M C T X A X Z T L J V M
V L U A L C H F N E E U Q
I C H L T S E T Z A P B W
L Z O A W N R B M S Y E Z
E C O A I Z I K V R A K N
N N L M E R H P Q Z A H V
I C A Q D B S R M P A W S
N N M S I T E E I M I Z Z
X T O T E A H G A G X L R
F Z U K A F C N O Q O Y U
Y I S C G E P I W H D T A
Y A E C N L Y G I K A T D
B R U S H I N G N P B I L
L I A T G X G H G T K K H
```

BASKET	HAIRS
BIRDS	KITTY
BRUSHING	MANX
CATNIP	MIAOWING
CHESHIRE	MOUSE
CLAWS	NEPETA
COLLAR	NINE LIVES
CUTE	PAWS
FELIX	QUEEN
FLEAS	TAIL
GINGER	WARMTH

```
T I K G M B I R D S O E E
H E N O G F P D M N Z Y T
B E T Y D E O L J A J P I
A H L T S N L F A H E S K
L B F I T E L K I N A T C
L U F P C G E D G W E Z S
O B N T E O N O W F I K E
O B M G S R P Y X Z D N R
N L R Q N T L T E Y T J D
T E C B I I L P E N G S Q
D O L R G N H U E R L E A
U L O E V Y O R C D E N N
S B U E R E R H T M I S T
T F D Z B U T T E R F L Y
S V S E C W E L Z Z I R D
```

BALLOON	INSECTS
BIRDS	KITE
BREEZE	MIST
BUBBLE	MOTH
BUTTERFLY	NITROGEN
CLOUDS	OXYGEN
CURRENT	PLANE
DRIZZLE	POLLEN
DUST	STEAM
HAZE	WIND
HELICOPTER	ZEPHYR

```
L G S D U O L C W Y K Z I
A M A D E U S C X O K E R
J U L I U S C A E S A R L
R E G E A N T I G O N E U
O M S L X O G N A T V R T
Y I O C C I H A M L E T H
H M H X A L L U I H G X E
E E T S E P M E T E H T B
Q Z L F L Q E U D A W L E
H T K E V I L E T H P E A
E G M O N T D H R T D C R
N O N M E M A G A G B I O
R H G M J L T J P X Y D H
Y S U P I D E O U Z E N K
V T N E V D A O I Q Z O T
```

ADVENT

AGAMEMNON

AMADEUS

ANTIGONE

ATHALIE

CLOUDS

EGMONT

ESCAPE

EXILED

HAMLET

HELEN

HENRY V

JULIUS CAESAR

LE CID

LUTHER

OEDIPUS

PEER GYNT

SALOME

TANGO

THE BEAR

THE TEMPEST

Aiding

```
O Y D I S B U S E C O N D
F E I L E R J B S E R V E
S U P P O R T G N I D I A
E E R C C C Y L P P U S F
N P A T R O N A G E L C A
C W B E H D S V I K O Y C
O O Y A S E W P B O A U I
U L N Q Z E R M P X D O L
R L E T A O V E A S V H I
A O P P M S R E L H A S T
G F R O W A S Q I K N Y A
E U T R T H Z I B L C I T
R E T E F C E P S J E A E
B O O S T B O L S T E R B
D N E I R F E B P J M K A
```

ADVANCE	FURTHER
AIDING	HELP
ASSIST	PATRONAGE
BACK	PROMOTE
BEFRIEND	RELIEF
BOLSTER	RELIEVE
BOOST	SECOND
COOPERATE	SERVE
ENCOURAGE	SUBSIDY
FACILITATE	SUPPLY
FOLLOW	SUPPORT

Ability

```
D K C A N K U G V S D F Y
A D R O I T N E S S A B F
R E F F I C I E N C Y Y I
E I G C A N N X I I G N F
W S T A E I J L T R D W A
O S A P D D I Q E E M E C
P E L A J T U N X O F L U
O N E B Y Y E T M F I L L
T R N L U G E N I U S I T
E E T E J R B C G T D K Y
N V H F I F A G H Y P S J
C E I T O C C D T F R A G
Y L Y D Y R Y T I L I B A
Z C Y C N E T E P M O C O
F K Y T I U N E G N I B D
```

ABILITY	FACULTY
ADROITNESS	FORTE
APTITUDE	GENIUS
CAPABLE	INGENUITY
CLEVERNESS	KNACK
COMPETENCY	MIGHT
DEXTERITY	POTENCY
EFFICACY	POWER
EFFICIENCY	READINESS
ENERGY	SKILL
FACILITY	TALENT

```
L A M G K Q J X X W R T S
T C H R L Y V V J K O A V
R T S I W T U R T O I A E
E G M B U C K L E B W U G
X A E K E T U L O V N O C
E G R E V I D N T Y F N V
N Q E C R O O K A K J D H
A D S U H S C W G E E W D
R C U R L U S M I F L S G
E H Q V N A F K L N L W N
W L S E C R L E N V D E K
O M T X S E C C N I T R X
L X B H E T P R A W K V A
A O E N I T U D H J Z E G
W I K U G T K F Z K E J B
```

ARCH	FLEX
BIAS	KINK
BOW	KNEEL
BUCKLE	LEAN
CONVOLUTE	LOWER
CROOK	SWAY
CURL	SWERVE
CURVE	TURN
DEFLECT	TWIST
DIVERGE	WARP
EXERT	WIND

Double F

```
F Q I V E N I E F F A C I
F F I L C S U F F S H F O
Y T T H O D F Y I A F Q F
L G H O G W E Y F I J V J
F L N M F R Y F H Y X Q F
F I S A F F I W F R U F T
I W F F B N E F M I U C R
T Z O U C C U E F R M F O
S E A H A L Z F M O T F F
G C U F F L I N K S N I F
I F F A T S Y F F I J D E
F E R E C I F F O J G R K
F Z N O F R J U R V K A Y
U S F R U E F F U A H C L
D F F U B E R Z N F F A R
```

CAFFEINE	GRIFFON
CARDIFF	JIFFY
CHAFFINCH	MIFFED
CHAUFFEUR	OFFICER
CLIFF	QUIFF
CUFFLINKS	REBUFF
DUFF	SCOFF
EFFACE	STAFF
EFFORT	STIFFLY
FLUFFY	TOFFEE
GEOFFREY	WHIFF

Chinese Towns and Cities

U	O	E	A	N	U	H	C	G	N	A	H	C
O	K	A	I	F	E	N	G	L	M	H	N	Q
H	L	U	O	Y	A	N	G	B	W	G	W	J
Z	G	H	N	A	N	S	H	U	N	N	V	X
U	S	I	R	M	N	A	F	G	N	A	I	X
F	H	G	N	A	I	J	U	I	J	Y	G	Q
Q	S	S	H	Q	K	N	Z	Q	T	I	N	U
U	B	S	I	I	Y	A	G	P	Q	U	O	A
S	E	B	Z	N	A	N	J	I	N	G	T	N
L	U	U	Z	G	C	C	G	I	A	F	A	Z
J	Z	Z	O	D	M	H	J	J	H	H	D	H
L	G	Z	H	A	A	A	U	E	S	Q	P	O
H	A	I	K	O	U	N	A	O	E	D	R	U
I	Q	M	U	R	U	G	F	Y	H	Q	R	T
Q	I	O	S	H	A	N	G	H	A	I	F	N

ANSHUN	KUNMING
CHANGCHUN	LESHAN
DATONG	LUOYANG
FOSHAN	NANCHANG
FUZHOU	NANJING
GUIYANG	QINGDAO
HAIKOU	QUANZHOU
HESHAN	SHANGHAI
HSINCHU	SUZHOU
JIUJIANG	URUMQI
KAIFENG	XIANGFAN

```
E D I I E I P R V N R T D
J Y S D D L U I W E A O K
E D E M Z O A Y H N Y I Y
R U Z I L X N T M I O L Y
S G S E A I A Z R L N E D
E D V I T E O R P T K S X
Y P Y A L K H Z Z P A L R
J H S A C K C L O T H D I
H B E H P E L D E K C M A
G E U O A B U E F N N O H
W D S P F H N E N I M R E
P L I S L E U H L J B I S
B V A A I E L P O Q P Q R
D E C C L A O T S Y O Z O
B W I K E P N Y L O N X H
```

ERMINE	PLAID
FELT	POPLIN
HESSIAN	PVC
HOPSACK	RAYON
HORSEHAIR	SACKCLOTH
JERSEY	SATEEN
LACE	SATIN
LEATHER	SILK
LINEN	SUEDE
LISLE	TOILE
NYLON	VELOUR

Short Words

```
C K R C E S I C N O C Z H
U Y S T R A I G H T V V S
R R G F M F L S Y J N O I
T A D E S N E D N O C G F
A M B T S J X X U A Z D R
I M S R M C Y H T I P I A
L U U O U R A F H N Q R W
E S C H N P S N H T Q E D
D U C S C H T B T Y A C V
N D I T I K Z Z T Y T T T
D D N U V B D Q E C A R P
P E C C I R R G R L U M R
V N T V L D U I S C Q H A
A L A C O N I C E D S T H
D Y M T N E I C I F E D S
```

ABRUPT	PITHY
BRIEF	SCANTY
CONCISE	SHARP
CONDENSED	SNAP
CURT	SQUAT
CURTAILED	STRAIGHT
CUT SHORT	SUCCINCT
DEFICIENT	SUDDENLY
DIRECT	SUMMARY
DWARFISH	TERSE
LACONIC	UNCIVIL

Musicians

```
K V W N O S I R R O M K G
Z P G L A R M S T R O N G
W A T E R M A N Q E Y R X
Y D A N K W O R T H R O Y
O H E N D R I X P G U T G
H C O O Y E N T R A C C M
V F U N N O M I S L R E R
N O T P A L C D T L E P E
I S C B X R A O T A M S G
V B E T R S R O B G S B G
N C N O S L I W M A E U A
K P R E S L E Y G D I J J
D R A W Y A H I R U V N H
O L L E T S O C R Y A A Y
T Y F L E E T W O O D U V
```

ARMSTRONG	JAGGER
BECK	LENNON
CLAPTON	MCCARTNEY
COBAIN	MERCURY
COSTELLO	MORRISON
DANKWORTH	PRESLEY
DAVIES	SIMON
FLEETWOOD	SPECTOR
GALLAGHER	WATERMAN
HAYWARD	WILSON
HENDRIX	WOOD

```
A Q P C C R S R G Z R A A
D U R T H B A M I E K X T
U A E I K E A D G D S V E
O R L S F D S R D A D G F
G G A L E H U H L E R E M
E E D I O B Q P I E H N R
T L Y T M H K O B R V C F
O A E I S A S S I S E B R
S T L Y S M L G H A I M Q
T N S E A R I C O T T A K
X E N S A C N O T L I T S
A M E J D Z J O H E R V E
W M W Q Y D G R U Y E R E
R E E U L B H S I N A D A
B R E T S E C I E L V G Z
```

ALPKASE	HERVE
BITTO	JARLSBERG
CHEDDAR	LEICESTER
CHESHIRE	LIMBURGER
DANISH BLUE	QUARGEL
EDAM	RICOTTA
EMMENTAL	RIDDER
FETA	SAMSO
GETOST	STILTON
GOUDA	TILSIT
GRUYERE	WENSLEYDALE

Book Shop

```
W U A L U C A R D Z P I E
W H I T E F A N G Y J D D
K A A I R P O R T K G I I
C M T O A I R O K O N E D
P R O I I T D L F A I H N
C T T A L N A E C F E W A
S E E I Y O H S R I T G C
G Y N L L T L W U S S A M
L B U E L T T S Y D N C O
B L D M I S D L M A E N B
G I U A B U J E N O K M Y
S R W D F I N A V S N I D
S T I B B O H E H T A H I
A C C E B E R E Z X R V C
L F Z E O H N A V I F P K
```

AIRPORT	MOBY DICK
AMELIA	NANA
BILLY LIAR	REBECCA
CANDIDE	RIDERS
DRACULA	ROOTS
DUNE	SHE
FRANKENSTEIN	SS GB
HEIDI	THE FOG
IVANHOE	THE HOBBIT
LOLITA	TRILBY
MEDUSA	WHITE FANG

```
W M B L H H P M Y W A Y R
S E V O D N A N R E F E Y
T H E B O X E R L P S I D
F E H S V H G L T P P J N
A R N O E E I E E T S C A
W J E Q N C N C T D Q K M
T I D E U E T U R B I Y F
O K S L D L Y O S K A H S
N R G H E O W W T M A C X
I O Z I I S M K E L C Z K
G X L N U N L I I B D I Z
H A I R A M G L S P U S G
T N H I O G E V I E N N A
G N O Y A D Z A B A D A K
S E R M L E T I T B E E Q
```

DELILAH	MY WAY
FERNANDO	RESPECT
FREEDOM	ROXANNE
GET BACK	SHE
HONEY	THE BOXER
LEILA	TONIGHT
LET IT BE	VENUS
LUCILLE	VIENNA
MAGGIE MAY	WISHING
MANDY	WORDS
MARIA	ZABADAK

```
J N D R O C N O C K W F A
A S I X J E R T U X X V T
C N A T K I N A D I T H S
K K N N S O J N L N S W U
S Y N A T U L D D E Q N G
O Y L S P A A Y L O I D U
N B O A O O F P M H V G A
T B C Y N A L E I P U E H
R T N Q N S N I Q E I F R
D M I E B A I O S J R A B
F E L E O D B N S A T R C
E E N J I Z C L G I G S E
H Q Y V S M W D A S D F E
N O T N E R T O P E K A D
H Z V V P R U A E N U J M
```

ALBANY	JUNEAU
ANNAPOLIS	LANSING
AUGUSTA	LINCOLN
AUSTIN	MADISON
BOISE	OLYMPIA
BOSTON	PHOENIX
CONCORD	PIERRE
DENVER	RALEIGH
DOVER	SANTA FE
HELENA	TOPEKA
JACKSON	TRENTON

```
U J K S D X O R E X P E X
K K M G Y X E T Z P P E W
T U W N E F R E U A R S O
T V L L A G Z B T Y D P R
L F I O W G G H P I A A L
V S L Y L R C F A F C M O
W E O V E T Q L S X S U N
X N L V O L O N E O A N L
T L O C X R L T E E L O P
T O S O R E R A O J G L L
H A M O N O P O L Y I F S
K J C V G U Q S A B X E Y
S R U O X M Z F R O E T T
W M X V N I E F B E L F U
G B L O M S I B O T P E P
```

COLT	PYREX
GORTEX	ROLAIDS
HOOVER	SCOTCH TAPE
LILO	SILEX
LOAFER	SNO-CAT
LUCITE	SPAM
MONOPOLY	TEFLON
ORLON	TUMS
PEPTO-BISMOL	VELCRO
PERSPEX	VIYELLA
PLEXIGLAS	XEROX

Dams

```
S W S Q S A N L U I S N V
A T I E Q G U U N S G I J
R E K U G Z K S U A V O O
A E D K R R B O R E G O E
T G I Z U U O M E B S H N
O E M T V Q C G K T A O Y
V A A E H Y E U E O T A B
J T N N U G O R T E R O F
A A G I V L S K P A R Y O
K H L V J C V A I U W H R
J T A A H P H B C V K A T
P L I E O C M A H S C O P
G A L L A U W E R S Z E E
Q D T J T A B Q A Y N M C
E K J I D T I U L S F A K
```

AFSLUITDIJK	MOSUL
ATATURK	NUREK
BEAS	OAHE
BORUCA	OOSTERSCHELDE
CHAPETON	PATI
FORT PECK	ROGUN
ITUMBIARA	SAN LUIS
KANEV	SARATOV
KIEV	TABQA
LAUWERSZEE	THREE GORGES
MANGLA	TUCURUI

```
R J D E S N E C I L R O L
P E R M I S S I O N I Y J
W S W Y C N A D N E C S A
C O T O S W A R R A N T T
O V L N P A T I M R E P I
M E A L E C N E U L F N I
M R U L A M R C D R T J A
I E T M O P N F T E U R A
S I H A U R L R R I D L B
S G O S R I T E E R O S E
I N R T Y N S N E V X N M
O T I E Q T O D O T O U P
N Y T R C N R U K C V G I
L B Y R N O I N I M O D R
N O I T C I D S I R U J E
```

ALLOW	LICENSE
ASCENDANCY	MASTER
AUTHORITY	ORDER
COMMISSION	PERMISSION
CONTROL	PERMIT
DOMINION	POWER
EMPIRE	RULE
GOVERNMENT	SANCTION
INFLUENCE	SOVEREIGNTY
INTEREST	SUPREMACY
JURISDICTION	WARRANT

HARD to Start

```
R J R X K E T K G Y K N Y
O S W V R C O Z N O S E D
U H N A H S A C L O S M A
Q O W M K W B O I L E D D
I U S E S A W N V T I W K
L L D C I T E Z I G P D S
B D E A D E F M N D O A C
I E D F C R E I G P C M Y
T R A R O S R W R S A C D
T U E U R A O E L N N O F
E U H S E R S I D E A V I
N Z D H K S A F R X W E I
M N F I E N A R I F O R I
A O N D S S U N I L A R O
V G T A T C S K B M T U R
```

AND FAST	LIQUOR
AS NAILS	LIVING
BITTEN	NOSED
BOILED	OF HEARING
CASH	PRESSED
COPIES	SHOULDER
CORE	SURFACE
COVER	TIMES
CURRENCY	WARE
DISK	WATER
HEADED	WORKING

```
Y I R G E A A R E Z E E G
X B N C P A C X S S B K S
S R E T S A M S H I P A D
Y R T N U O C A E E R S N
N I C K S Z Z Q I H E S A
F A S H I O N E D D M E H
B Z J F K Y L S R W I M N
I W O R L D E D C J T I F
L M T A A N Y L I H W T U
L A T P M T P R I E O K H
G G D X H K A T O A R O B
U X Y I F A W R R T B Y L
A W I V E S T A L E S J K
R T G V N S E N G L I S H
D S Y O B G N O S M V Q I
```

BAILEY	MAID
BILL	MASTERS
BOYS	NICK
COUNTRY	SCHOOL
ENGLISH	SOLDIER
FASHIONED	SONG
GEEZER	STORY
GUARD	TIMER
HANDS	TIMES' SAKE
HAT	WIVES' TALE
LADIES	WORLD

```
Y J O T T F V Y T K V D B
R O R O O F E N F R L L N
N O W L K S E E H O I R F
P N E N R M S R X Y N O G
S Y C E A P B U T Y E W Q
Z N J T E C F O U N D I N
L N S A Y L W B L U P O X
Q E K F E A J A B R O O M
T P N D A W D L V M Y Z B
U V G G O N J S D E E J J
T E S M L T G X R A M J T
D K A K S A V L L A D G N
E N D L J K N A E X E R K
A Z D L O I N D K D O Y R
L G S U S D W B S B T M G
```

BORN	PENNY
BROOM	PORT
DEAL	SPEAK
ENGLAND	TESTAMENT
FANGLED	TOWN
FLEDGED	WAVE
FOUND	WOMAN
JERSEY	WORLD
LABOUR	YEAR'S DAY
LINE	YORK
MOON	ZEALAND

Early

```
D E M I T F O D A E H A F
I N T R O D U C T O R Y U
F D A W N I N G Y E C C T
I M R Q R H X N R O S L U
K M E I N F R O N T U A R
A F M N D T T O K S N N E
E R R I N S C S U U K I G
R R O G N I M O C N I G E
B R F I C E I O B R N I C
Y D A E R V N T P I I R N
A R E H E F P T Q S T O A
D X A R M I Y I E E I V V
X U P F O R W A R D A N D
R O I R P S P W C X L P A
H Q P R O T O T Y P E S F
```

ADVANCE	INITIAL
AHEAD OF TIME	IN STORE
DAWNING	INTRODUCTORY
DAYBREAK	ORIGINAL
FIRST	PREVIOUS
FORMER	PRIOR
FORWARD	PROTOTYPE
FUTURE	READY
IMMINENT	SUNRISE
INCOMING	TOO SOON
IN FRONT	YOUNG

```
J M I G Z O P B V X D P U
W B T X K F U F O A X P G
T E O N C F M F E I C T T
C W I O S O P R V E L E I
U S L Z R J H R A T D E S
T D E J D T G F W I Y B R
P A T B J W D C B I C Y R
T A P R B W T M S K A E L
B O R S Y A Z C W Y D G R
B E H T O T T E N N G G E
E P T L V E R H I G N G D
N A F A N R L L R I R P L
D T L P N C Y B R O L U O
J V J L N C G O O U O K S
E I M L O T G A G W Q M P
```

BATHROOM	PLUG
BEND	PUMP
BIDET	SINK
BOILER	SOLDER
COLD	TAPE
CYLINDER	TAPS
ELBOW	THREAD
FLOAT	TOILET
HOT	TRAP
LEAKS	VALVE
O-RING	WATER

```
Y B N R O C I R T M Q C W
O V T J C L O G S N O U E
S R E P P I L S Y W R G L
W P Z U I P Y A L S E S L
S O M B R E R O S E T N I
V P Z D S T A R A L D O N
S Q O Q E I E K V L B P G
A O B M O N K C A I O M T
H I L V I Y Z S L R O A O
H E M A Z D P T C D T R N
H X R N S A F S A A S C S
J T X B C P O P L P Q H O
S T I L T S A V A S O Z C
K T O P H A T T B E Y K K
A S T R I L B Y S N Q C S
```

BALACLAVA	SKIS
BOOTS	SLIPPERS
CAP	SOCKS
CLOGS	SOMBRERO
COWL	SPATS
CRAMPONS	STILTS
ESPADRILLES	TOP HAT
HELMET	TRAINERS
HOOD	TRICORN
PUMPS	TRILBY
SHOES	WELLINGTONS

Classical Music Titles

V	X	Z	L	T	E	L	M	A	H	T	R	X
E	G	M	O	N	T	C	D	N	I	I	G	I
R	D	T	A	P	I	O	L	A	L	T	C	S
O	E	O	V	S	N	B	I	U	M	A	I	F
I	C	S	N	J	K	L	E	A	Y	N	G	R
C	M	E	U	Q	E	G	N	R	K	Q	A	L
A	Q	A	A	R	U	F	N	U	I	T	R	A
M	N	O	A	N	R	I	A	I	N	A	T	R
U	Z	K	H	E	I	E	X	A	R	J	O	O
A	D	N	D	W	X	D	C	O	P	P	S	T
J	U	P	I	T	E	R	E	T	T	F	S	S
R	E	Q	U	I	E	M	V	S	I	E	A	A
H	T	E	B	C	A	M	P	T	U	O	T	P
J	E	Z	S	M	E	S	S	I	A	H	N	C
T	D	P	A	G	A	S	N	E	H	C	Z	C

ANTAR	MANFRED
DON JUAN	MESSIAH
DON QUIXOTE	OCEANIDES
EGMONT	PASTORAL
EN SAGA	REQUIEM
EROICA	RESURRECTION
HAMLET	SPRING
IBERIA	TAPIOLA
JUPITER	TASSO
KARELIA	TITAN
MACBETH	TRAGIC

Awkward Titles

```
K C X X P B F W O O D E N
Q T L D D L Z F C R N G O
U V I U U N G A I N L Y G
D N K F M C X X T T A L A
E D R G N S O I S L S T W
N R B E N U Y A U F N P K
R A U E F I H I R A J V Y
A W N H Y I R G G S S U F
E K G C U J N E U U E N C
L W L U B N L E B O Q W D
N A I A O E E E D M R I T
U N N G N I N A P T U E P
N H G I U V O O S P D L E
H T U O C N U P H Y W D N
V R G N I H C U O L S Y I
```

AWKWARD	RUSTIC
BUNGLING	SLOUCHING
CLUMSY	STIFF
COARSE	UNCOUTH
GAUCHE	UNEASY
GAWKY	UNFIT
INAPT	UNGAINLY
INELEGANT	UNLEARNED
INEPT	UNREFINED
LUMBERING	UNWIELDY
ROUGH	WOODEN

In the Garden

Q	Y	C	E	Z	F	S	R	E	W	O	L	F
D	V	V	H	F	M	J	O	S	F	F	N	S
T	A	E	C	O	S	H	H	R	H	R	S	X
S	Z	G	W	R	X	E	U	W	S	E	F	B
O	F	E	P	K	A	I	K	E	I	N	D	U
P	R	T	A	R	T	O	E	R	Q	C	H	S
M	W	A	S	R	L	D	R	W	A	H	O	H
O	O	B	X	B	S	E	W	V	U	B	T	E
C	R	L	S	X	B	S	R	I	X	E	H	S
M	R	E	A	W	S	U	U	V	N	A	O	S
L	A	S	A	B	Z	T	N	Z	N	N	U	E
J	B	R	A	L	A	W	N	A	O	S	S	N
H	T	R	A	K	E	S	P	A	D	E	E	A
S	D	Z	U	R	T	R	E	L	L	I	S	C
E	M	A	R	F	D	L	O	C	X	P	F	R

BARROW	LAWN
BUSHES	MOWER
CANES	PLANTS
COLD FRAME	RAKE
COMPOST	SEEDS
FLOWERS	SHEARS
FORK	SHED
FRENCH BEANS	SPADE
FRUIT	STRAWBERRIES
HOE	TRELLIS
HOT-HOUSE	VEGETABLES

Adventurous

```
E T V D A R I N G Y U B D
F N H E K A T S P D C D L
L O T R H S D H J Q O U O
E M O E I H C N A C U N B
X L B L R L U S R Z R C I
C K V R I P L I K C A E L
I H S E K S R S O C G R A
T K A G C H H I F C E T D
E O G N L N P R S Y O A V
M G L A C E A C I E U I E
E C I D R E N O F S S N N
N R D I B H I P G V K I T
T F L F O R T U I T Y G U
T N E V E P A S S A G E R
Y F R E C K L E S S S O E
```

ADVENTURE	FORTUITY
BOLD	HAZARD
CHANCE	PASSAGE
COURAGEOUS	PERIL
CRISIS	RASH
DANGER	RECKLESS
DARING	RISK
ENTERPRISE	STAKE
EVENT	THRILLS
EXCITEMENT	TRIAL
FOOLISH	UNCERTAIN

Hot and Cold

```
N C Y F R O Z E N T H F M
O C Q P B A K I N G Y G B
I G N I L F I T S N N H Z
W K C X G G N I L I O B Q
Z A E A F Q F A M L N Z H
L Z R X I Z D A C Z G D H
E N C M E I L I H Z N T G
B O A B R F S F I I I F N
G O E R Y C A B L S Z R I
F E O P I F Y Q L T E O N
B T L T O I R W Y U E S R
H L C I Y L R I O V R T U
E R E O D U A O G N F Y B
A V B A O T F R V I S K D
T V P X K L E D E Q D A D
```

ARCTIC	FROSTY
BAKING	FROZEN
BLEAK	GELID
BOILING	HEAT
BURNING	ICY
CHILLY	POLAR
COOL	SIZZLING
FIERY	SNOWY
FLAMING	STIFLING
FREEZING	TORRID
FRIGID	WARM

Fruits

```
F G S M V D I L O B G Y E
P R E T D K L E G L E O T
Z E Y O A L G D N T L N E
Z U A R Y R U K A S A E T
D E M C R N F N M R K A G
I O H J H E A R R A U Q E
I E B R U R B U U Q D Z N
E P A R G C C N M I A D I
R H L E L E I U A C T T T
A A M U T L K Q B R E O N
E O P I M L T A I E C C E
P S H P O I Z V Q G T I M
F W C A L M O A Q Q U R E
P I W S A E J U F T Y P L
T S G R E E N G A G E A C
```

AKEE

APPLE

APRICOT

CLEMENTINE

CRANBERRY

DATE

FIG

GRAPE

GREENGAGE

GUAVA

KUMQUAT

LIME

LYCHEE

MANGO

PEACH

PEAR

PLUM

POMEGRANATE

SLOE

STAR FRUIT

UGLI

WHITECURRANT

Very Admirable

```
S S U O I C E R P A V A S
S Y G Q U L L K I N D L Y
T N H S N A A M I A B L E
A P V C H N I T L G M U V
G B S T H O N E S T J R I
G R H R L I E L I Y X I T
E E I U M T G Q U C P N R
R P N S T A R T L I N G O
I U I T Z S T O Q L G V P
N S N Y L N V C H Y O F P
G J G H M E C T H M O X U
L O Y A L S B T M L D Q S
L E E Y E U R M O D E S T
C T N E L O V E N E B S B
K Q Y P W G E N E R O U S
```

ALLURING	MATCHLESS
AMIABLE	MODEST
BENEVOLENT	PRECIOUS
GENEROUS	SENSATIONAL
GENIAL	SHINING
GENTLE	STAGGERING
GOOD	STARTLING
HONEST	SUPERB
KINDLY	SUPPORTIVE
LOVELY	TRUSTY
LOYAL	WORTHY

At the Circus

```
T H J P C T N A H P E L E
I D F L L R P P D F T H V
L I O N S P T A B O R C A
D W O R C A D O G S H S Q
N Y K T E N T S I I O S S
G Y I S O E T Y L B R P E
R I D E R S J D S A S L S
R Y S U L N R L T A E T R
Y H N D J E L S G Q C S S
V W Z E N I O K J A N E Q
S O M E R S A U L T I F M
B L T H J F U M A N N D F
W A T E R T H R O W I N G
S P O O H P O P C O R N Z
Y E S T I L T S Q L M P N
```

ACROBAT	LIONS
ACTS	PONIES
CHILDREN	POPCORN
CLOWN	RIDERS
CROWD	SEALS
DOGS	SOMERSAULT
ELEPHANT	STARS
GASPS	STILTS
HOOPS	TENT
HORSE	THRILLS
KIDS	WATER THROWING

```
M T H A N K F U L R T W G
P J M E T H R E S H I N G
E D R Y I N G X T I A N L
A Z A R H B F R U I T Q Q
C P F M E D Y C B V S U E
H M P G V A E P B N E N S
E T A L H R P N L T L K R
S S R J E X N E E C B D E
P O U A N S C L R P A P W
O E L O C E N U M C T Q O
H E B I M I O U T U E T L
T G D Z A X V M D T G L F
S E V R E S E R P R E G K
R K G H K A V G J D V R Y
E C N A D N R A B R I P E
```

APPLES	HOPS
BARN DANCE	MOUSE
CART	PEACHES
CEREAL	PRESERVES
CIDER	REAPER
CUTTER	RIPE
DRYING	RYE
FARM	STUBBLE
FLOWERS	THANKFUL
FRUIT	THRESHING
GRAIN	VEGETABLES

Egyptian Deities

```
Q A E M U N S I R I S O V
U T B D U E R E N P E T H
D J J N D F T F N Q L E Z
S K T E F E N E T R R T T
H L F B R R W P P W A S A
U E Z P K H U C M A A A W
I S I S U O M E M J T B E
E I S D N T H G I N O V R
B B Y E U E T O U F X D E
O U H M T P A H Y W A M T
L N T E H H V M O X W X Z
P A H A T H O R O T G E A
T M P M I H G Q W N H Y R
A K E Y E M E R E S G E R
H J N M N R B X T D H B J
```

AMON	NEITH
ANUBIS	NEPHTHYS
APET	NUN
BASTET	OSIRIS
GEB	PTAH
HATHOR	QUDSHU
ISIS	RENPET
MA'AT	SETH
MERESGER	TAWERET
MUT	TEFENET
NEFERHOTEP	THOTH

Clever Things

```
A O C D J D L D B S E T Q
F C D A E D W E R H S M S
K U C O N L B M A A H Y B
C N A O R N O R W R Z D W
O D O C M G Y O H P N A V
P E U W A P A F H W J E T
R R H K I D L N E C V R D
O S L C N N E I I K S T K
F T U I G T G M S Z E F H
I A F U E J I T I H E E H
C N T Q N S H O H C E D N
I D R H I V M K R G Z D V
E I A H O J T A H D I S A
N N M Y U A L E R T A R G
T G L A S T U T E T W T B
```

ACADEMIC	KNOWING
ACCOMPLISHED	LEARNED
ADROIT	ORGANIZED
ALERT	PROFICIENT
ARTFUL	QUICK
ASTUTE	READY
BRIGHT	SCHOOLED
CANNY	SHARP
INFORMED	SHREWD
INGENIOUS	SMART
KEEN	UNDERSTANDING

Customer Service

```
R F R O N T L I N E X E V
J X M N X P M N C K P N E
T X W O C K S M O C L O H
C L U I S R I L R P E H D
A I Q T U T S U R T H P M
T S S C C E Y L E S L H E
R T K A O X L E S U T R L
L E I F F T A P P C R I B
L N L S T E N Y O C O G O
Z O L I K R A R N E P H R
P H Y T S N J I D S P T P
T M F A V A L U E S U S E
J E C S L L M Q N B S R C
R N A R D T T N C A A O S
H X G M P C Y E E C D V T
```

ANALYSIS	PHONE
CARE	PROBLEM
CORRESPONDENCE	RIGHTS
ENQUIRY	SATISFACTION
EXTERNAL	SKILL
FOCUS	SUCCESS
FRONT LINE	SUPPORT
HELP	TACT
LISTEN	TEAM
LOYALTY	TRUST
PEOPLE	VALUES

```
S J V E I D I O V A F B W
N G E K D L G N H H F A S
E E X H A U S T Y H F I F
A P C O U E L Z N P O L O
K L S R T H R E I L E O I
O I Q G A K U B G A K U I
F A E E D C B R X Y A T P
F T I G E L S C A T T E R
O N Y D F T F E C R L H V
D R A O E G A F K U R X B
A U W D C A E E O A O V G
V T A P T A D D R N M Z J
E Y T S K I V E A T U H U
F R E N C H L E A V E R M
E B G E L O P E F V E R P
```

AVOID	JUMP
BAIL OUT	LEG IT
BREAK	MAKE SCARCE
DEFECT	PLAY TRUANT
DODGE	RETREAT
ELOPE	RUN OFF
ELUDE	SCATTER
EVADE	SKIVE
EXHAUST	SNEAK OFF
FRENCH LEAVE	TAKE OFF
GET AWAY	TURN TAIL

```
K L H E N O G I T N A V C
A N T H R A X B G H J W I
S U H T N A N T H E M J T
A H K C N R E H T N A L N
V N J S O R E H I T N A A
A N T A C I D U J A A A I
L A R I V I T N A N N U A
H Y X W B R L N F T N A N
A N T I D O T E A H E N T
S N P Y L E D R H I T T I
W I T B R A E Y E L N I L
A O K I C S R V J L A G L
U N O J Q V U T P W T E E
V R T W Q U F M N H G N S
D N H S V R E H Y A F N A
```

ANTACID	ANTIC
ANTARES	ANTIDOTE
ANTENNA	ANTIGEN
ANTERIOR	ANTIGONE
ANTHEM	ANTIHERO
ANTHER	ANTILLES
ANTHILL	ANTIOCH
ANTHRAX	ANTIQUE
ANTHUS	ANTLER
ANTIVIRAL	ANTRAL
ANTIBODY	ANTS

Sea Gulfs

```
T  P  E  R  S  I  A  N  S  I  D  R  A
M  R  C  Q  I  A  O  X  R  E  U  Q  A
E  V  I  A  Z  S  L  C  W  T  Z  P  O
R  E  B  E  R  F  T  O  I  R  O  A  N
I  N  Y  O  S  P  I  M  N  X  K  N  E
G  I  G  R  O  T  E  N  A  I  E  A  G
A  C  O  Z  T  T  E  N  L  L  K  M  K
A  E  Z  S  J  W  H  P  T  A  O  A  V
T  H  E  W  A  S  H  I  R  A  N  A  V
B  T  U  A  R  A  B  I  A  N  R  D  R
O  L  S  N  A  I  N  H  T  O  B  I  A
A  I  N  R  O  F  I  L  A  C  M  B  A
I  J  A  E  N  I  U  G  G  Z  A  N  H
O  R  Y  P  K  F  Y  Q  I  Q  S  B  P
Z  S  L  P  T  M  A  N  A  A  R  Z  V
```

AQABA	MEXICO
ARABIAN	PANAMA
BOOTHIA	PERSIAN
BOTHNIA	RIGA
CALIFORNIA	SALONIKA
CARPENTARIA	SIDRA
FINLAND	ST MALO
GENOA	SUEZ
GUINEA	THE WASH
IZMIR	TRIESTE
MANAAR	VENICE

```
L U I Z H X F F N X W A Q
C O V E N A N T B P S O G
O W E N D G R W O H M D N
N I T G P R O M I S E C I
T Y C A X E O R O U O U D
R L O G E E S C E N E N N
A L N E U T K C C M Y E I
C A S R N X I U K A L B B
T T E E U O R N W T P I W
I S N H Z R S J U C M R A
V W T O K Z X I Q H O C S
C O N C O R D N N V C S S
B A R G A I N X G U D B E
A K S S C O N F O R M U N
D N A T S R E D N U T S T
```

ACCORD	CONTRACT
AGREE	COVENANT
ASSENT	ENGAGE
BARGAIN	HARMONY
BINDING	MATCH
COHERE	PROMISE
COMPLY	SUBSCRIBE
CONCORD	TALLY
CONCUR	UNDERSTAND
CONFORM	UNISON
CONSENT	UNITE

```
N E E N I A T S U S T H G
P E R S E V E R E X O I A
T S A F D A E T S O L E P
R M Y T S I S R E P N E S
E C O N T I N U E A R N N
M Z U E V S E T W M A D R
A T S W U S L A A B T U U
I O A F S L I N I R E R O
N L F T E T E D O E R E J
L E R W T N E H M W N Y O
R R D K T E G D O L Z N S
M A D O L I N H A B I T V
O T W G E Q E D I S E R P
E E S J E C O N S T A N T
E Q I E D L O H T O O F K
```

ABIDE	PERSEVERE
ATTEND	PERSIST
AWAIT	REMAIN
CONSTANT	RESIDE
CONTINUE	SETTLE
DWELL	SOJOURN
ENDURE	STEADFAST
FOOTHOLD	SUFFER
INHABIT	SUSTAIN
LODGE	TARRY
PERMANENT	TOLERATE

```
B K K I U A P X D R Y S F
B L U E M O U N T A I N R
R A A O J E I N O R L O E
P V R C W L Z J I T Y V N
O A U L K B V S I T I M C
T J G I A A H A S H E V H
K W G N T T L A A G J A R
L L I M O U T Z R S L M O
M O C H A R E E A E W R A
E P Y E X P T T B E O V S
F Z F M I N H S I K R U T
G A I C W P N Q C H P D C
C I E Z S E M H A Y W P V
C D D E T A L O C R E P F
N A I B M O L O C Y A E M
```

ARABICA	LATTE
AROMA	MILL
BLACK	MOCHA
BLUE MOUNTAIN	NOIR
CAFE AU LAIT	PERCOLATED
COLOMBIAN	POT
FRENCH ROAST	STRONG
ICED	TABLE
IRISH	TASTY
JAR	TURKISH
JAVA	WHITE

Historic Battles

```
A L M R O S L A D X J Y O
S D R O W S A A N Y K H T
T F U L H Z T Q V E K W N
A U O U A A J Y Q M J A A
M L M G S M C L I U B X P
F U A D G C H S F L A B E
O N H L Y P R E S M L E L
R D A X A L J A H R A Q A
D I Q Q T M E G R G C U N
B E T W A P O G R A L E N
R U H R P K S O L P A B E
I W O E I W M V J W V E V
D N I L E E I Q H M A C A
G D S E N I P N E V E S R
E X A M R U B E B J U N O
```

ALAMO	NILE
BALACLAVA	OMAHA
BETWA	PATAY
BURMA	QUEBEC
CALVI	RAVENNA
DIEPPE	RUHR
GAZA	SEVEN PINES
JENA	STAMFORD BRIDGE
JUNO	SWORD
LEPANTO	ULUNDI
MOHACS	YPRES

Paint your Canvas

```
N H Q G J E E U G U H I V
W W W H S K Q L I R A A G
O E F I C Q O N P T E G E
R P R A P M D R N R R E M
B E L I R I G E A E U A N
C B N U G I G R Y N R P D
N K E O O A B V C O G G E
O H O S M E I X O V H E R
S Q W U I O L N W H I T E
M S D G L O C H R E R Q Y
I M E E J N U Z B B H X E
R X T J L O E Q I T U D L
C K I X Q L U D R F Z C L
A R C J X H U O N U T H O
E V U A M U E U L B T P W
```

BEIGE	MAROON
BLACK	MAUVE
BLUE	OCHRE
BROWN	ORANGE
CERISE	PINK
CRIMSON	PURPLE
CYAN	RED
GREEN	TURQUOISE
GREY	VIOLET
INDIGO	WHITE
MAGENTA	YELLOW

Brave Words

```
E A I T N A I L A V B D G
P I L N E Y M A N F U L Z
L U T H T D A R I N G O X
U M R E H R I E A S F B V
C E A R W A E F G R E E M
K T W O C H R P P Z A M C
S T L I S A J G I S R A H
P L A C I F A D U D L G E
I E T D H L O G S B E U E
R E S O L U T E R T S Q K
I F H A G P T N S I S H Y
T G N H A D P Z F J T P E
E T T W S U X L P G T T H
D Y S X F P Q E V A R B Y
S U O E G A R U O C H G O
```

BOLD	HARDY
BRAVE	HEROIC
CHEEKY	INTREPID
CHUTZPAH	MANFUL
COURAGEOUS	METTLE
DARING	PLUCK
DOUGHTY	RESOLUTE
FEARLESS	SPIRITED
GALLANT	STALWART
GAME	UNAFRAID
GRITTY	VALIANT

Cartoon Characters

```
X J V T W E E T Y P I E Y
S N E R D U M B O E G A F
L H A Y A D A X T L R O O
Q Y E T D E P P U A E T O
B P O R I A B P L D D I G
W U E E E D L R B O L H U
W P G T V K R X E V I C H
U I D S E I H E T R U N A
Z H E E B R L A P P B A P
Z C X V A U P O N W E P P
L Z J L L L N A O I H X Y
E J G Y O G X N N M T N P
S R O S O A O V Y P B K E
W O R C M I J M B Y O W H
X K H M F V C D J B B U B
```

BALOO	LADY
BLUTO	OLIVE OYL
BOB THE BUILDER	PANCHITO
BRER BEAR	PERDITA
BUGS BUNNY	PETER PAN
CHIP	PONGO
DALE	SHERE KHAN
DUMBO	SYLVESTER
GOOFY	TWEETY PIE
HAPPY	WIMPY
JIM CROW	WUZZLES

Art Media

```
G J B G T U C D O O W G R
R H U N G I L D I N G O T
A E A I V S M P S O Y U T
D G D D C C C M K R I A C
A A M A H I K Z E E J C A
T T X H A M C C T L Y H R
I N X S R A A E C I G E T
O O O J R R N W H E R T S
N M T T E R V E F A C B
I N O E R C H T G H P H A
N O E O M H C H N X H I W
N A X J I P K X I N I N J
I S P A S T E L T A C G O
O U T L I N E R W S Z Q A
K I T A B K G L A Z I N G
```

ABSTRACT	MONTAGE
BATIK	MOSAIC
CARTOON	OUTLINE
CERAMICS	PASTEL
DAUB	RELIEF
ETCHING	SHADING
GILDING	SKETCH
GLAZING	TEMPERA
GOUACHE	TINGE
GRADATION	TRACERY
GRAPHIC	WOODCUT

Books of the Bible

```
S Y X G S O M K R Z Q S J
T Z S P L G Y E K U L D R
C O M L E I N A D R J T H
A S S J O I D I E U A I K
R H N M J O H N K P J M U
N O M O L O S F O G N O S
S G S D I A G Z Y L U T M
R J U J I T S W U J W H N
E U C O P Z A P F B I Y A
H D I E Z R A T I B G T H
T G T I J H J S N M S W U
S E I Q O O L O J E W R M
E S V S F C N M O W M Z A
E Z E K I E L A B Z Y A U
V A L B I J U L H J J N L
```

ACTS	JUDE
AMOS	JUDGES
DANIEL	KINGS
ESTHER	LAMENTATIONS
EZEKIEL	LEVITICUS
EZRA	LUKE
HOSEA	MARK
JOB	NAHUM
JOEL	PSALMS
JOHN	SONG OF SOLOMON
JONAH	TIMOTHY

A Trip to Turkey

```
A G M A L A T Y A M S V U
P X B X H C A R P E T S P
B S Q U D D L W R T Y P R
R A T A R A R A T N U O M
Z E Y L P S N R K W R N K
S A D A U O A A K F I I R
V K M N R L K P D X M S A
R P R L E A T A A A Z L P
H C X U I K S U L M I S K
A N K Z T Y S A M S U N I
T B K Q O A B I T Q A K L
A S C R L Y T B N A R M C
Y Q T Y A J O A F O L K N
S B A B E K P N M H N A E
K P W O O T I M H E W U G
```

ADANA
ATATURK
BAYAR
BURSA
CARPETS
GALATASARAY
GENCLIK PARK
HATAY
INONU
ISKENDER
IZMIR

KEBABS
MALATYA
MASLAK
MOUNT ARARAT
MUTLU
PAMUK
RAKI
SAMSUN
SINOP
TROY
YILMAZ

Chemistry Lesson

```
W  I  Q  R  E  H  T  E  A  L  S  Y  P
D  I  U  L  F  P  S  O  J  J  X  Q  R
G  T  Q  P  G  T  H  Y  S  M  P  G  F
L  M  A  V  E  W  N  E  S  A  Y  N  I
U  Y  D  R  F  M  S  K  N  N  A  C  S
C  N  N  G  T  C  U  B  D  O  L  A  O
O  Q  Q  I  L  A  O  I  E  J  L  L  T
S  R  R  A  V  R  R  H  D  W  X  I  O
E  O  T  I  V  E  R  I  U  O  C  F  P
N  X  J  H  S  U  E  V  C  D  H  O  E
J  W  R  D  Y  O  F  Y  R  A  T  R  C
O  C  A  U  S  M  M  I  W  K  C  N  J
U  E  Z  C  S  N  O  E  R  F  I  I  K
L  M  U  I  H  T  I  L  R  Z  Z  U  D
E  G  X  K  R  Y  P  T  O  N  L  M  B
```

CALIFORNIUM	KRYPTON
ESTER	LEAD
ETHER	LITHIUM
FERROUS	PHENOL
FLUID	RHODIUM
FREON	RUST
GLUCOSE	TALC
IRON	TARTARIC ACID
ISOMER	THYMOL
ISOTOPE	VINYL
JOULE	ZINC

Camping Trip

```
G Y E L T T E K K S G E P
M J Q Z N G L M C W B S S
A B E L E W T E A M P C R
R Y I N T F T F R R L A F
S P C V A D O A F N F P V
H T I O O T B T O V C E W
M O O T U U U C O D F O H
A Y S V C N A R R I O K N
L F T V E H T C E D W T F
L R O R O V E R N I G H T
O A R O E X D S Y X G T P
W I C P D N T J D C V F A
S N H E F O X X U C O E L
E T I S P M A C I Y X D F
V T U W Z J D Y A A O Y E
```

AXE	OVERNIGHT
BIVOUAC	PEGS
BOTTLE	PITCH
CAMPSITE	POTS
COUNTRY CODE	RAIN
ESCAPE	ROOF RACK
FLAP	ROPES
FRAME	STOVE
KETTLE	TENT
MARSHMALLOWS	TORCH
NATURE	WOOD

Time for Breakfast

```
T O M O T O E S G J Y K S
E I L S O G U G D E W J E
L C A T A K E B N M A T L
G O I S N D E O E M K O F
T N U U E A H D S A N M F
M A I L J C S P G H B A A
S A I D O E O S J E T T W
V O R F D E G D I R R O P
B N F M N U A N U O C E V
X E I O A E P G A E R S E
E H C F R L O K R R T C Z
P A O B F Y A E C W O E I
B B L N Z U A D Q A B H A
O Z O I E L M U E C L Y O
Q S R E P P I K Q Q I B K
```

BACON
BLACK PUDDING
BOILED EGG
BREAD
CEREAL
COFFEE
CROISSANT
HAM
HONEY
JAM
KEDGEREE

KIPPERS
MARMALADE
MUFFIN
ORANGE JUICE
PORRIDGE
SAUSAGE
TEA
TOAST
TOMATOES
WAFFLES
YOGURT

```
E  I  T  S  E  I  P  P  I  L  U  Q  C
L  V  Y  V  U  Z  R  N  A  W  E  P  Z
P  S  R  K  T  Q  M  Z  I  P  P  Y  T
P  C  E  H  I  R  T  V  G  Q  W  I  M
A  P  P  T  C  D  I  R  P  U  P  P  Y
N  F  P  U  A  C  N  P  O  A  I  P  Z
H  I  E  L  D  R  N  A  P  P  Q  E  S
I  O  P  W  E  R  C  P  P  E  P  E  J
P  P  F  P  H  R  E  O  Y  P  R  U  E
P  P  T  O  L  A  A  P  P  O  E  D  S
I  O  O  T  L  E  U  P  P  P  U  R  O
E  S  P  S  S  E  R  P  P  O  I  C  P
S  E  P  R  E  A  P  P  E  A  R  H  P
Y  Y  L  I  Y  F  G  O  A  K  C  D  U
V  D  E  M  A  P  P  A  R  A  T  U  S
```

APPARATUS	OPPRESS
APPAREL	PEPPERY
APPEAL	POPPY
APPLE	PUPPY
DROPPER	REAPPEAR
HIPPIES	SUPPORT
HIPPOCRATES	SUPPOSE
KIDNAPPER	TOPPLE
LIPPIEST	TRIPPER
NIPPLE	YIPPEE
OPPOSE	ZIPPY

Z	E	C	O	M	B	I	N	G	P	H	R	A
G	F	R	A	R	F	S	R	L	L	W	F	R
K	R	E	U	A	I	V	E	D	X	R	C	A
H	R	E	C	C	K	N	K	H	G	L	M	C
C	A	I	N	S	I	A	S	F	S	I	G	S
C	A	I	L	I	A	D	A	E	R	U	G	A
L	L	G	R	O	L	L	E	R	S	T	R	M
I	D	E	N	D	E	E	O	P	Q	S	N	B
P	P	T	A	I	R	R	Y	N	G	H	A	J
S	C	E	S	N	H	Y	K	E	N	A	I	A
T	K	U	R	I	S	S	E	A	I	M	L	N
I	B	H	R	F	L	E	A	R	T	P	F	I
C	G	D	K	L	U	Y	R	W	N	O	I	F
K	J	B	R	S	S	M	T	F	I	O	L	L
K	C	A	P	D	U	M	E	S	T	X	E	X

BRUSHES / MUDPACK
CLEANSER / NAIL FILE
COMBING / PEDICURE
CREAM / PERFUME
CURLS / RINSE
EYELINER / ROLLERS
FACIAL / SALON
HAIRDRYER / SHAMPOO
LIPSTICK / STYLIST
MASCARA / TINTING
MIRROR / WASHING

Stars

```
Z D A M C E L E C T R A R
A S S L I P N Q R O S I H
J L U W D N O O C G A O A
E B P L K E T L W T L A S
S R O H U S B A L Q T N O
U W N K A G X A K U A T M
E U A C Z C E N R A X A I
G A C M R A E R T A F R M
L S G M L R R N Y F N E W
E B N E A I B C T C Z S S
T R E Z V K S J T A K D U
E G I N Q H I V K U U J I
B M G G E K A R E M R R R
V G W U E D S P I C A U I
C O F P O L A R I S U U S
```

ALDEBARAN	MERAK
ALPHA CENTAURI	MIMOSA
ALTAIR	MINTAKA
ANTARES	MIZAR
ARCTURUS	POLARIS
ATLAS	POLLUX
BETELGEUSE	REGULUS
CANOPUS	RIGEL
CASTOR	SIRIUS
DENEB	SPICA
ELECTRA	VEGA

Weighty Matters

```
W D W M A D B A L W G T Y
O E A M H W X Y R H N F T
J J I O U U V V A O I I F
A F S G L D O A E E H L E
E P R U H E E B C S N H
C R H U N T Y H U N U S Z
R E A O S T I D R U R U E
O S T P I E E N D O C P V
F S N V O Z L C E G H P I
D U A Q S U B A N S L O S
D R E R W C N O C A S R S
G E X M D A A D S S L T A
Y D L E I W N U S R N A M
Z J S S E N I V A E H O B
H E K I L O G R A M M E T
```

BALANCE	LOAD
BEAR	MASSIVE
BURDEN	OUNCE
CRUSHING	POUND
FORCE	PRESSURE
GRAVITY	SCALES
HEAVINESS	STONE
HEAVY	SUPPORT
HEFTY	TONS
KILOGRAMME	UNWIELDY
LIFT	WEIGHTINESS

Poems

```
M A D D T O A L A D Y R O
G X I E U J R U E L E G Y
A N S B R O A X U R R F H
G X E K S F L V H M U I G
A B V V N E N C U O T E D
T A L I A B L A E S A L O
S N O H S R A L M H N D N
O O W G S M E M C H T W J
H I R U A Z A H E Q U O U
G R A O H X Q Z T R O R A
E E D L Z F B Q E T I K N
H P V S E S S E R P Y C I
T Y I Y R A U N A J P O A
G H C T N E E W O L L A H
Y F E J E R U S A L E M D
```

ADVICE	LARA
AMERICA	LESBIA
CYPRESSES	MANFRED
DON JUAN	MAZEPPA
ELEGY	NATURE
FIELD WORK	SLOUGH
HALLOWEEN	THE CLOUD
HASSAN	THE GHOST
HYPERION	THE RAVEN
JANUARY	TO A LADY
JERUSALEM	WOLVES

Examinations

```
G F C T G D C A A G Z P C
R O Y I N S U Y Z E O E Q
A F G V I N Z V F M T F G
D I I K N O W L E D G E Y
U N D E R S T A N D I N G
A A I S A S S C N Q M S Z
T L P C E E T T E J N S I
I S L S L L K U R J A T S
O E O I X P F E D E B L S
N K M L R P P S I Y S U K
V C A E E A W V U W G S S
F H M N P Z I A H R E E M
A A C C O D J A A D V R B
I I C E R E A D I N G E H
L R N B T T E S T I N G Y
```

CHAIR	PENCIL
DESK	READING
DIPLOMA	REPORT
FAIL	RESULTS
FINALS	SILENCE
GRADE	STRESS
GRADUATION	STUDY
KNOWLEDGE	SUBJECT
LEARNING	SURVEY
LESSONS	TESTING
PAPER	UNDERSTANDING

Olympic Sports

```
D Y F S Y P F D I S C U S
R N E G O E S A I L I N G
D A N S N F K R Y V J C S
L Z C C C I T C S T I A W
O H I E S I X B O I W N F
N N A K W L T O A H X O G
G O Y M I A L S B L O E R
J L R V M P L A A T L I O
U H E G M E J K B N T N W
M T H I I M R A I D M G I
P A C W N X L K V N N Y N
M I R D G L M P D E G A G
T R A M P O L I N E L O H
Z T O M C Y C L I N G I Z
Z T U P T O H S Y C K M N
```

ARCHERY	HOCKEY
BOXING	JAVELIN
CANOEING	LONG JUMP
CYCLING	RACE-WALKING
DISCUS	ROWING
DIVING	SAILING
FENCING	SHOT PUT
FOOTBALL	SOFTBALL
GYMNASTICS	SWIMMING
HAMMER	TRAMPOLINE
HANDBALL	TRIATHLON

```
M G A E P Y E K N O D O Z
S A G R E S C P E L V E S
F A G J R O C Z I S D G X
S I I I Y J W H E J Y R Y
K U R N C M C N H N F G C
G Y B E T T S W O B I N N
D L O G S N P G F S A W S
X L S I B I I H A L O B L
S O R N U Y D C F E B X E
A H Z S O U E E H B F M D
C T O A W W U K L O L S L
K T R L A H B B R N L R F
H A P P Y B F A O U L A P
Y R R E M D K E L H T I S
Y A Q A P T L N Z L O Y Z
```

BABE	INN
BOWS	MAGIC
CHRIST CHILD	MERRY
DONKEY	NOEL
ELVES	SACK
FIRESIDE	SAGE
GOLD	SAINT NICHOLAS
HALO	SLED
HAPPY	SNOWBALL
HOLLY	TURKEY
HOLY	WINE

What a Noise!

```
W H I N T L E V C T W J T
G H L C M O A O P H Y H S
Y N A I W R K T I Q O C A
P I I M S H F S T E R N L
Q L E L F C T E E W T U B
C G E G A L R U R N D R D
L R D Y E E L E H I D C Q
A J A H C U P L A L R B D
N X K C K Q M H C M U R S
G H O N K S C W L C M A X
E J O P L A Z X A L M Y W
A C Z U H I S S T I I Y U
K M H I O O A N T N N O F
A N O O I O W W E K G W X
G J E V X G L L R N G L Z
```

BLAST	HOWL
BRAY	KNOCK
CLANG	PEALING
CLATTER	SCREAM
CLINK	SQUELCH
CRACK	TWEET
CRUNCH	WAIL
DRUMMING	WHAM
ECHO	WHISTLE
HISS	YELP
HONK	YOWL

```
D S D N A H R E L G G U J
G R P A S S I N G G A N S
I B M A K E U P E Y R E R
R A A P K C Q C C I T D E
E L N R W Z A A R A F E N
V A I R O B R T L I S X I
O N P B A U C P C G C T A
C C U L C O T P N H G E T
E E L C C Q O I O R M R R
R S A M G X R R N U Z I E
N Q T T D P A F T E K T T
K D I J H N Z S N S T Y N
G I O Y G R O S T A G E E
O K N E P C O C L U B S D
V E S I O P S W F K G B N
```

ACCURACY	MAKE-UP
BALANCE	MANIPULATION
BALLS	ORANGES
CATCH	PASSING
CIRCUS	PLATES
CLUBS	POISE
COSTUME	RECOVER
DEXTERITY	RINGS
ENTERTAINER	ROUTINE
HANDS	STAGE
JUGGLER	THROW

What Are You Dreaming Of?

```
T S D U O L C M W S J E H
E R U T U F E H T E W J R
C Q J Z L L G H J I K P I
D G T Y C O E K S R S S R
G O I C H W T D E O N P O
X N O O I E T K S M E S N
G T U F L R I F A E I S I
O S E F D S N Y H M L E N
C A M I H X G S C A A N G
S P T N O Q L A R Y X D N
E E S S O K O T O R C E I
C H O U D S S N W O R K K
J T Y J L H T A D N K A N
G N I L L A F F S F Y N I
L W V A F C A S T L E S S
```

ALIENS   FOOD
CASTLES   GETTING LOST
CHASES   IRONING
CHILDHOOD   MEMORIES
CLOUDS   NAKEDNESS
COFFINS   SHEEP
CROWDS   SINKING
FALLING   THE FUTURE
FANTASY   THE PAST
FLOWERS   THE WIFE
FLYING   WORK

```
E D I S Y R T N U O C N J
Y K S Y M B O L S Z V R U
F O R E S T A S L C T P F
H S I N I F E N S S A F Z
E C E A Q N S R O Q W L F
T X F T T S E P F R O U E
A N Q I A N N O W R A P W
C M F P I G R M T O W K A
O C M A I M I N U U H B L
L O R S L C O V W T I S K
C T C I R C L E A E S R I
I R N T W S A Z T N T U N
S E P A R A T E B S L A G
R E D N I F H T A P E F E
O S B E A R I N G S M M S
```

ANORAK	NAVIGATE
BEARINGS	PATHFINDER
CIRCLE	ROUTE
COMPASS	SCALE
CONTROL	SEPARATE
COUNTRYSIDE	SIGNPOST
FINISH	SYMBOLS
FITNESS	TRAINERS
FOREST	TREES
FORM LINE	WALKING
LOCATE	WHISTLE

```
I E M R S P O C K R B D R
T E D D Y B E A R D A W N
P J H P W D K V S A T L A
A I P R I N C E S S M B T
L H Q U X E A A F V A T N
A I L T Y T R M V A N O A
D P W P H D C U R E I B S
D P U G N I K I V E M R A
I Y I N C O W B O Y P A Y
N N B A R P I R A T E U N
K C O M L G Y M M U M U S
U T L W H A L L I R O G Z
C L E O P A T R A K H M N
J Q S N W I T C H E T W U
O T K S S N Y F C Y D L M
```

ALADDIN	MR SPOCK
BATMAN	MUMMY
CAVEMAN	PIRATE
CLEOPATRA	PRINCESS
CLOWN	SANTA
COWBOY	SNOWMAN
FAIRY	SUPERMAN
GHOST	TEDDY BEAR
GORILLA	TURKEY
HIPPY	VIKING
KNIGHT	WITCH

Vegetable Box

```
I N I H C C U Z P F U D H
T O M A T O B G G Y K S B
E C S Y S R N K K J V T S
E O Y O O Z R A H S U B M
B R A I S K L I O U T A M
L N E A K E A A I P Y C N
S T V P S U W S S A E L R
N O K R A W Z S V E U A R
Y C Y D M F E D N O L A S
G I H A R R V D A E L P P
A R T I C H O K E P I U H
R A U M V Q C K B D C Z T
L H O R S E R A D I S H R
I R X R E P P E P V A G J
C L M X E L E T T U C E D
```

ADZUKI	LEEK
ARTICHOKE	LETTUCE
BEAN	OKRA
BEET	PEAS
CHIVE	PEPPER
CORN	SAVOY
CRESS	SOYA
GARLIC	SWEDE
HARICOT	TOMATO
HORSERADISH	YAM
KALE	ZUCCHINI

```
O R Z A L E C A R H T G H
B V K N E O S G K Q Z H Y
T K P I G L O L L O P A G
U T Q S E L S W R Y Y V N
S I H T N A S E N U S C O
S K B E D P O A D I X N N
G A I R S A N E N O Z U E
C R L A S S K N Y I H C H
S X W O T N A C A J G R T
O U Z O N H E L O E P E R
S L E R D I O H O R G T A
Z O I A U W K S T N F E P
F E X V R M L A W A I U A
D C U A E I T P F L A K A
C S C S N S P L A K A F I
```

AEGEAN	PARTHENON
AEGINA	PIRAEUS
APOLLO	PLAKA
ATHENS	RAKI
CORFU	RETSINA
CRETE	RHODES
KNOSSOS	SALONIKA
LEGENDS	SKIATHOS
NAXOS	THESSALONIKI
OLIVES	THRACE
OUZO	ZEUS

Shells

```
R M Z I N Q E B T O O N A
F N A U T I L U S X X N N
N E N C R I N I T E W O S
E L V W L O X O F R D T W
E K O E N O L A B A I I I
D C M U R E X E E C N H N
L O O U S K L E H W O C K
E C I S S C J F Q L T N L
S X U R O Z A R O S H G E
H M Q R E T S Y O D E O F
E Q I C S T U L O L R H K
L S Q T O T E R U X I A E
L W K O R N A A B L U U M
Z D T Q X E C R Q A M Q V
K H G M D D T H S V N X M
```

ABALONE	NAUTILUS
CHITON	NEEDLE SHELL
COCKLE	OYSTER
CONCH	QUAHOG
CONE	RAZOR
COWRIE	SOLEN
DINOTHERIUM	STAR
ENCRINITE	TOOTH
MITRE	TURBAN
MUREX	WHELK
MUSSEL	WINKLE

```
B M H I I R M A P L E W K
H I U C O V B O T M L I R
S F R W R E A U T A Z L C
A L A C E A N W U E Z L E
N N U C H T L R N B U O N
I U H F S R A S L N P W G
A D G E A L S K A R Y Y L
T G H D P E P I W O E H I
N C E O R O E U A H K A S
U C P P L A N E Q O N W H
O L Y W Y C H E L M O T O
M C A S E Q U O I A M H A
I Y R R E H C N N S T O K
T B E A C H D K D X U R Z
T P E N I P S T O C S N B
```

ASPEN	MAPLE
BEECH	MONKEY PUZZLE
BIRCH	MOUNTAIN ASH
CEDAR	PLANE
CHERRY	POPLAR
CHESTNUT	ROWAN
CYPRESS	SCOTS PINE
ENGLISH OAK	SEQUOIA
HAWTHORN	WALNUT
HORNBEAM	WILLOW
LARCH	WYCH ELM

```
G Y Z F E L R S S A E O N
D M A R G U Q A R L E A R
G U N D W Y R E E T S X H
G I D E C A D E H Y D U Q
N N H C D V T G E N N A C
I N O C V X I C O U O U C
N E G Y O N I I H M C Z E
R L P E D P T C T V E S N
O L C I B A E A G E S C T
M I M V R N T L E V I C E
W M A E T C U E R E L H N
Y F N U L H N N N N L T A
X E R O E O I D T I I N R
G Y C G O U M A N N M O Y
C K G N M R A R N G U M Y
```

AEON	HOUR
AGE	MIDNIGHT
CALENDAR	MILLENNIUM
CENTENARY	MILLISECOND
CENTURY	MINUTE
CLOCK	MONTH
DAY	MORNING
DECADE	NOON
EPOCH	SECOND
EVENING	WATCH
GENERATION	YEAR

```
S  I  N  E  L  L  E  Y  T  H  N  X  N
S  C  E  N  T  U  R  Y  A  V  A  A  L
O  S  J  R  V  G  A  J  Q  W  W  G  I
R  M  E  R  C  U  R  Y  A  S  R  E  V
C  V  C  A  N  B  E  R  R  A  C  O  B
N  X  Y  R  P  J  G  O  L  N  H  A  N
R  F  X  X  Y  R  R  N  A  A  I  R  G
E  A  C  T  A  I  I  R  R  I  T  O  S
H  I  A  G  O  L  F  N  O  R  R  R  H
T  D  L  N  R  T  A  T  C  O  A  U  T
U  A  Y  H  T  K  N  G  I  E  L  A  I
O  C  P  B  R  I  T  A  N  I  S  R  N
S  R  S  X  T  Y  A  V  E  N  U  S  E
M  A  O  M  O  R  S  O  V  A  O  T  Z
B  G  X  E  B  H  Y  E  N  Y  A  F  P
```

ARCADIA	GALAXY
AURORA	MERCURY
BRITANIS	NORWAY
CALYPSO	ORIANA
CANBERRA	ORION
CENTURY	ORSOVA
CHITRAL	SEA PRINCESS
CORAL	SOUTHERN CROSS
ELLENIS	VAAL
FANTASY	VENUS
FRANCE	ZENITH

Birds

```
L E C R E I T N Z F B Q A
O A O O K C U C U R L E W
Y S G C O R M O R A N T M
S P P N M E R L I N O D N
T R H R I V M R J T R Z E
E E E E E T B W J I E D R
R B L O A Y N N V S H Y U
C K G S K S O U H M B C T
A D A T S E A R B O A O L
T S E R G W I N O G R C U
C N V I P K A B T Q N K V
H I P C E D L N E R O A Z
E P B H F H A F U L W T M
R E I L E R T S E K L O S
E L S J Y R A N A C Q O X
```

BARN OWL
BOOBY
BUNTING
CANARY
COCKATOO
CORMORANT
CUCKOO
CURLEW
EAGLE
HERON
KESTREL

MERLIN
OSPREY
OSTRICH
OYSTER-CATCHER
PHEASANT
PIGEON
SHRIKE
SNIPE
SWAN
TIERCEL
VULTURE

```
G B V G B R A B W O R C E
W E V O X A L E V E L V R
C Z C P V E P M N X B S A
R I X O W L W Y A Z R V U
E S F S A N D E R E W H Q
V P I N C E R S I Y A A S
I T E L L A M L W A A C C
R T R Q X L P L A I L K R
D R C M E C H I S E L S I
W O K N I F E R G R J A B
E W R E N C H D N E H W E
R E K S X O O Q I M J K R
C L W A D A R B P M A L C
S P A N N E R P O A U J P
Q R E T U O R X C H Y M J
```

BRADAWL
CHISEL
CLAMP
COPING SAW
CROWBAR
DRILL
HACKSAW
HAMMER
KNIFE
LEVEL
MALLET

PINCERS
PLANE
PLIERS
ROUTER
SANDER
SCREWDRIVER
SCRIBER
SPANNER
SQUARE
TROWEL
WRENCH

British Monarchy Forenames

```
S P L Y Z N T X Y L H P A
P O M U J V E N B M A L G
E I P U K X G R M C R P O
T F T H S Y R B I G A D P
E R B E I R O X C A S Q A
R E E Y U E E R H B K K L
U D A H N U G Y A R G X E
C E T H E G S I E I T S X
G R R E N E A E L E O P A
A I I L N N N N S L I Y N
D C C E A I G I Z L Z Y D
M K E N X E U D I A R A R
A L I C E O S H I N V P A
R S M N L W P X E I O Y X
Y D R A W D E H D A R A Z
```

ALEXANDRA	GEORGE
ALICE	HELEN
ANGUS	HENRY
ANNE	LOUISE
ARTHUR	MARY
BEATRICE	MICHAEL
DAVID	PETER
EDWARD	PHILIP
EUGENIE	SARAH
FREDERICK	SOPHIE
GABRIELLA	ZARA

Reptiles and Amphibians

```
M N A M R O W W O L S W X
R K G C I F T U A T A R A
E C T O A Z F F M R T S J
D N O G A R D O D O M O K
D N R B O A A L I Z A R D
A A T O R R Z R Z X A E T
B M O S T A F V A T Y D E
M Y I P K A D L T J C B G
A A S A G F G L L Q U E U
M C E L V V E I G U A L E
V I P E R S D Z L D B L X
G R E E N T U R T L E Y I
M A T A M A T A N A A W N
D Q K S E L I D O C O R C
Y E S T E L L I O N E W T
```

ADDER	MAMBA
ALLIGATOR	MATAMATA
BULLFROG	NEWT
CAYMAN	RATTLESNAKE
COBRA	RED-BELLY
CROCODILE	SLOW-WORM
ELAPS	STELLION
GREEN TURTLE	TEGUEXIN
JARARACA	TORTOISE
KOMODO DRAGON	TUATARA
LIZARD	VIPER

```
U S V U K F D T M X L P Z
R K N D U A E Q N G K F S
E M H O G E P T A B L E C
S E U K W A Y G S M E R X
E N C S R R G E A T E R Y
R U A T A P H I R E A X R
V R Y I Q D N A K R F E T
A E T X R C C C Y O N I S
T P A H O A U O C I U R W
I P B U L T T S D H L E D
O U R A L G E E S S N S R
N S M E M R Y I G B M S I
E K R E F I F F I E K A N
V Y T L A L Z L E J V R K
S S A L G L L T A E M B S
```

A LA CARTE	MAIN COURSE
ALFRESCO	MEAL
BILL	MEAT
BRASSERIE	MENU
CUTLERY	PARTY
DINER	RESERVATION
DRINKS	SEATS
EATERY	SUPPER
FISH	SWEET
GLASS	TABLE
GRILL	VEGETARIAN

Bitter Words

```
Y Z F P D N B X O M R S E
Q J D C K I A S S E U U L
E C R E I F R N B S O O I
C I R I L L A C G O S R T
M A I E E T L G A R W O S
V B U U S A N S E O Y C O
I L R S C E O U E M J N H
N C B I T I N G R V J A J
D H N E F I A T A G E R B
I Y A G V V C A F Y S R Z
C I N R A T V R G U S I E
T E M S S I A T T H L V D
I C M J P H M N A R P R U
V N E L L U S R G D I C A
E K Y X A U P R N Y X S T
```

ACID	MOROSE
ACRID	RANCOROUS
ANGRY	RESENTFUL
BITING	SAVAGE
CAUSTIC	SEVERE
CRUEL	SHARP
CYNICAL	SOUR
DISGRUNTLED	SULLEN
FIERCE	TANGY
HARSH	TART
HOSTILE	VINDICTIVE

Sharks

```
Z T I B D E L L I R F S R
K H R E Q U I E M H H E N
Z R H H K T Y W T O T I K
Y E K A S Y H U R T L P G
L S B T M I O T U B O N N
K H L R T M F C O T N I I
C E B E A I E G I B G F K
I R T G N I U R O B F P S
R I E E K O L A H D I U A
P M U O P M B X O E N O B
L L O J T R T H J P A S N
E C E L B M A R B Y B D Y
M V W Z V S E C T I G E R
O D W L S T R L E G N A X
N X C I D H G E S R U N M
```

ANGEL	LONGFIN
BASKING	MEGAMOUTH
BRAMBLE	NURSE
CARPET	PRICKLY
COOKIE-CUTTER	REQUIEM
DOGFISH	SHORTFIN
FRILLED	SOUPFIN
GOBLIN	THRESHER
GREAT BLUE	TIGER
HAMMERHEAD	WHITETIP
LEMON	ZEBRA

```
G A R B D R A C E E R H T
S K A A S R K L Z L E C B
N D N K P X A V E T D R E
E S A O A I Y W A V D H U
V T T M D L Q R P E O Q C
E R N B E E A U X O G D H
S E A R S C M P E N K L R
I E F E C B O O Y T Q E E
S T D A X N K L N I F J R
O S B S T O P O N A C F L
K P N O H O X S R D P W H
N A O A S I Q O R U M M Y
U N U Z P X L N J I H O V
B Q R D T P P O X H J B G
J E N O Y T N E W T O W L
```

BACCARAT	RED DOG
BUNKO	RUMMY
DEMON	SEVENS
DRAW POKER	SKAT
EUCHRE	SNAP
FAN-TAN	SOLO
FARO	SPADES
HI-LOW	STOP
OMBRE	STREETS
PIQUET	THREE-CARD BRAG
PONTOON	TWENTY-ONE

```
N R M H N E G L C X G L K
U B O L T S C H A I N L P
T I J M K E E A W W X E J
S R V C C L M A O U O B R
P Y O L Y D A L T S D S E
E L I B G D R I U R A U Z
E P Y I W A F G A I T Q I
D E I Y H S V H S E N Z L
O L E V E R S T K I B S I
M E S O E V A S W G E S B
E O Z T L R A E S P B L A
T G T O O B T K L R Q A T
E T Y R E S H O Q I A D S
R P M U P B S P A N N E R
A P B R A K E S U Z K P G
```

BASKET	NUTS
BELL	PEDALS
BOLTS	PUMP
BRAKES	SADDLE
CHAIN	SEAT
CLIP	SPANNER
FRAME	SPEEDOMETER
GEARS	SPOKE
LEVERS	STABILIZER
LIGHTS	TYRES
LOCK	WHEEL

```
T A E S O A B P E T S N I
W I N L N E O X E T O R M
Z A K K O E A R C D X E F
H C L N R S U O N Y A T A
N E K K B C R E E X T S S
N L E O I N T G F A M I U
E V N D B N N I R Z W L S
X E E A A I G S E S V B R
S P R I P F A A W Q Z V A
N E L P P L Y R D I G I T
S S O T O E S C L E E H A
G H F H K K J H U P Q D T
C H I R O P O D I S T R E
V T W F B U N I O N Z T M
B J D I O B U C T A L U S
```

ANKLE	HOPPING
ARCH	INSTEP
BARE	METATARSUS
BLISTER	NAILS
BONES	PEDICURE
BUNION	SOLE
CHIROPODIST	TALUS
CORN	TARSAL
CUBOID	TENDON
DIGIT	TOES
HEEL	WALKING

```
E D X R S R Y G O G T S G
S W U L E S Q U A U H N F
E T E L W B R O O F W O I
V E A O D I M L U O U O C
P X R R U T L U D L N Z H
F D U B G I R W L Z B E R
O P N K H A O T R S E I E
R T W C M L Z C A T N A P
T S I E S T A E W C D H O
Y N N K V A E Y E T U H S
W D D M A E R D Y A D B E
I M A G I N E A O F R D R
N W O D E I L F F O D O N
K P U N E S O O L K A Z C
S X P E Y N S L A C K E N
```

CATNAP	REPOSE
CHILL OUT	SHUT-EYE
DAYDREAM	SIESTA
DOZE	SLACKEN
DROWSY	SLEEP
FORTY WINKS	SLOW DOWN
IMAGINE	SLUMBER
LIE DOWN	SNOOZE
LOOSEN UP	STARGAZE
NOD OFF	UNBEND
RELAX	UNWIND

On a Mission

```
C T A R G E T F J T I X D
M H V C R E X L N M R N P
V A A O C H W E E W A S Y
H F H R V A M L R R R M F
N C O J G N D V R C M K C
O F O D G E B E E K I A H
I B X I E X T R Y M L S Z
T H S A N A V R K L J W E
C S L R S U T S I R T R E
A J C K E S S N I L O H Z
E Y Q O I O G J Y A A W L
G R N N O P E R A T I O N
Y A I T N O I T A C O V G
M M G N I K A T R E D N U
Y T U D Q U E S T C A I M
```

ACTION	JOB
AIM	MANOEUVRE
ASSIGNMENT	MINISTRY
CALLING	OPERATION
CHARGE	QUEST
CHORE	RAID
DUTY	TARGET
ERRAND	TASK
EXERCISE	UNDERTAKING
FORCE	VOCATION
GOAL	WORK

```
P E X E R F D X S G E V N
L F A E Q U I V A L E N T
E L E V E N T H P T M R E
F L A H I H L M R F E L S
N D Z D T Z I E F P P B E
I G E X R S D A O I S H V
N N I N F R C R T D C R E
T S H N O T P L C Y X C N
H B T R O M U F H X E O T
T R N R I M I M J G R M H
H Z E Q D F M N Z P A P T
I F T S T E B O A V P L H
R P F H S N X U C T M E G
D E C I M A L I L C O X I
H T N O I L L I M T C R E
```

COMMON	IMPROPER
COMPARE	MILLIONTH
COMPLEX	MIXED
DECIMAL	MULTIPLE
DENOMINATOR	NINTH
EIGHTH	ORDER
ELEVENTH	SEVENTH
EQUIVALENT	SIMPLE
FACTOR	SIXTH
FIFTH	TENTH
HALF	THIRD

```
E G C M E F I W D I M J C
C N A M T S O P C W U R D
U I P R R S B W A I T E R
D C T O R E I D L O S T N
P U A L X E T T M X Y H A
O B I I R G H E N E Z G M
L S N A T E C S K E G I R
I C F S W P V H U C D F O
C O N U R S E I E Q I E O
E U W K D X U F R F C R D
M T N J P J G R O D E I C
A N H V O I S T G T S F Q
N R E N A E L C R E E U R
R E L L A B T O O F O B B
T H M W M F P V T N W N G
```

BUS DRIVER	MIDWIFE
CAPTAIN	NURSE
CHEF	PILOT
CLEANER	POLICEMAN
CRICKETER	PORTER
CUB SCOUT	POSTMAN
DENTIST	SAILOR
DOORMAN	SOLDIER
FIREFIGHTER	SURGEON
FOOTBALLER	USHER
MAID	WAITER

Better and Better

```
A A S U L R E T A E R G T
B X Z L R E C I N W R R R
D I E G D O R U L E A E R
D W G E J D W Y G G T I M
X E R G E T O N A R R H E
D U R D E R O L A E P T D
C V N O E R L M D R O R E
D E I T T A S N E E L O V
M E T S R S U F N V I W O
F I P G W O E C R I S L R
F I E M S R J R I S H Y P
I R K T A O M K C E E A M
N J C B B V V I H D D F I
E X L G V D E D E L A E H
R E T E E W S R D Y V J D
```

BIGGER	POLISHED
CURED	PREFERABLE
ENRICHED	RESTORED
FINER	REVAMPED
FITTER	REVISED
GREATER	SMARTER
HEALED	SOUNDER
IMPROVED	STRONGER
LARGER	SWEETER
MENDED	WELL
NICER	WORTHIER

Give Aid

```
A O S N F P C L N A I R F
P S P W C A V X J A L E H
E L E B F T N H D I I M B
T K E C O R P V J L L E S
U A D H O O A M E L N T U
B F U N D N S R J E R Z B
I E P U C A D T F O U I S
R F O E B G R I P C E E I
T S U E X E T P T X F N D
N V T R T F U O P T J J Y
O D M S T S H E V R E S X
C X L R W H D T N A R G L
C O P D D I E T A N O D P
B H A S T E N R G V C D J
W F Q E G N I K C A B M C
```

ABET	FURTHER
ADVANCE	GRANT
ALMS	HASTEN
BACKING	HELP
BENEFIT	PATRONAGE
BOLSTER	RELIEF
BOOST	SECOND
CONTRIBUTE	SERVE
DONATE	SPEED UP
EXPEDITE	SUBSIDY
FUND	SUPPORT

Jewellery Box

```
O E G S M V K J D Z H G Z
A A N S T N A D N E P U M
T E I N E C K B A N D R R
J A R P H C O O R B D E N
A R S I H Z W E R V D K I
N D S L Z N P A M B B O A
K R E C Y E C V R A O H H
L O R J A E V E N A C C C
E P D R L V A G C L A S P
T K L E T S L G S D I G W
B S T A T E M T V M Z G W
E Y R P H R K K I B D S E
A B I W A G R C B A R R L
D N B H C T A W O B R U B
S Z C R O W N C O L L A R
```

ANKLET	CLIP
BANGLE	COLLAR
BEADS	CROWN
BRACELET	DRESS RING
BREASTPIN	EARDROP
BROOCH	LOCKET
CAMEO	NECKBAND
CHAIN	PEARLS
CHARM	PENDANT
CHOKER	TIARA
CLASP	WATCH

```
N E E L V R V C Q I R B Z
E Y D P U P A A S Q A K X
V D E O M E Q R H G U O D
O D L A K I Q O E M F K T
A F N D S S L L B J S N F
B R O W N T Y L J U G E T
B A K E R T M S E N A A N
O G Y C S I F A I R E D P
A G Y U H C B S G H T L A
R E R N A A I R W Z I N H
D C C F R R P L I Y H C P
V J M U P P D A R O W W A
S E U P A G P D T A C A G
B W Y L G S E Y B T G H I
L D P R T O A S T R I S E
```

BAGEL	MILLER
BAKER	NAAN
BOARD	OVEN
BRIOCHE	RISING
BROWN	ROLLS
CHAPATTI	RYE
CRUSTY	SAUCE
DOUGH	TOAST
FLOUR	WHEAT
GARLIC	WHITE
KNEAD	YEAST

```
R F U T A Z T R W M M L S
O A Q G I I E T U S I Q H
O R B I B R D Y H H Y S A
P T L D A A V D L G S J L
R H E E Y A E T D R I O L
H E N T E V J R Z G O R O
P R R H R K T O T N N E W
H I E U I E S H K B V C A
D A C C R V G S S V Q E O
Z K Q E I I R I C H F I Z
V T W U A G N E S G P V J
T O A R I A T A H Z G E X
L A T E E E U F P G R G R
G S L L F X T F E N I H I
V X C L I G H T A L X H S
```

CLEAN	DIRTY
CURVED	STRAIGHT
DEEP	SHALLOW
FARTHER	NEARER
GIVE	RECEIVE
HEAVY	LIGHT
HIGHER	LOWER
LEFT	RIGHT
NOISY	QUIET
POOR	RICH
SHORT	TALL

Dickens Characters

```
Y R E B W A C I M G B Y C
E N I G A F E E E U C H V
H M D O R R I T L N U P P
S I B V C G S L A Z T T P
E T G U V A S N Z Q Z O O
K Y C S M E R L H B L U I
Y N Y T Y B E O I I N H M
S I E E L W L O V N B C P
L T L R I I Y E L P A T E
L D R T S C R O O G E I G
I T A H Y N I K P I P W G
B L M P E L M M U R D G O
E M Y B A R K I S Y F A T
H K T I H C T A R C L M T
E E S H G E B U Z F U Z Y
```

BARKIS	MARLEY
BILL SYKES	MICAWBER
BULL'S-EYE	MUZZLE
BUMBLE	NANCY
BUZFUZ	OLIVER
CHUZZLEWIT	PEGGOTTY
CRATCHIT	PIPKIN
DORRIT	PYKE
DRUMMLE	SCROOGE
FAGIN	TAPLEY
MAGWITCH	TINY TIM

```
G N I H C T I W A H U U I
L Y I T A L I S M A N I C
A N L D E W A Y X C R E D
N S L D E L Q E A K E K E
O P U J R C U N D Y A I T
I E S P I A N F R I L L N
T C U N E Y Z Q I O E Y E
I T O I M R M I W C E R V
R R L F P Y N A W F N I N
A A U L H R T A E X P A I
P L C E Q Y E H T R I F F
P E A V R R H T I U D A J
A V R K S U O R E C R O S
D R I E W K C J Q N A A T
B E M G H O S T L Y D L L
```

APPARITIONAL — MYTHICAL
DREAMY — PRETEND
EERIE — SORCEROUS
ELFIN — SPECTRAL
FAIRYLIKE — SUPERNATURAL
FANCIFUL — TALISMANIC
FEY — UNCANNY
GHOSTLY — UNREAL
IDEAL — WEIRD
INVENTED — WITCHING
MIRACULOUS — WIZARDLY

On a Cruise

```
F Q U O I T S P X K L N C
F S T E W A R D I G H A Y
O C E A N J S Q R H V E E
D B A T T N D E C K S B M
N D R B A L B T M M I B R
E I E E I P A X W Y L I O
S S G Y A N X N B A O R T
W E N O E F S A T D F A A
A M E Y X Q L I R I V C G
E B S D N T P S E L C A I
L A S A I S D D S O N B V
I R A C O R U A R H I A A
N K P H O B H Z U E Q R N
Q U P J E N O H P E L E T
D V F I R S T M A T E T K
```

AEGEAN	HOSPITAL
ATLANTIC	NAVIGATOR
BALTIC	NILE
CABARET	OCEAN
CABINS	PASSENGER
CARIBBEAN	PURSER
DECKS	QUOITS
DISEMBARK	SEND-OFF
FIRST MATE	SHIP
FJORDS	STEWARD
HOLIDAY	TELEPHONE

```
B P Y F Q C M G H Z I F H
N A T R O P S I D A W H G
R S A O H G O E J P T J U
M T N L A I E N E H R X A
I I U I F M A L G D E X L
R M T C A B A I Z F L G S
T E I G X G L V G S A G E
H L C L E E L E D A X M S
E N K R D P A N S Q N X A
N I L I E L R C X M J V E
G C E W S A H T H R I L L
A H F I U Y T Q J A M L P
G E D K M P N I Z M R Z E
E E F L A G E R O X O M O
J R O C C U P Y I N R H L
```

AMUSE	MIRTH
CHARM	OCCUPY
CHEER	PASTIME
DELIGHT	PLAY
DISPORT	PLEASE
ENGAGE	RECREATION
ENLIVEN	REGALE
ENTHRAL	RELAX
FROLIC	SMILE
GAME	THRILL
LAUGH	TICKLE

Associated

```
A R W Q U V G M G Y V N K
F A Q X J K J F E N H O Y
F I O T Y O E T C T Y I X
I L V S I L A O O B M N X
L I Q T L I M I U I I A B
I M B O C P R C P X N P E
A A W O A T E O L X G M U
T F S N A J E N E Q L O G
E S Y P A R T N E R E C A
A D M F R A T E R N I S E
N O A P T T E C T P L Y L
C G U R E L A T E I I X L
A L L Y M F F R I E N D O
E N I B M O C F T W K U C
T R O S N O C V N I O J J
```

AFFILIATE	COUPLE
ALLY	FAMILIAR
ASSOCIATE	FELLOW
COLLEAGUE	FRATERNISE
COMBINE	FRIEND
COMPANION	JOIN
COMPANY	LINK
COMPATRIOT	MINGLE
COMRADE	PARTNER
CONNECT	RELATE
CONSORT	UNITE

Let's Advance

```
E  R  E  H  T  R  U  F  H  D  F  S  I
E  S  B  B  G  R  T  E  C  O  Y  G  E
R  V  O  B  V  Z  O  L  R  V  A  P  C
T  V  O  P  E  F  P  W  A  C  Z  M  N
W  O  X  R  O  N  A  I  M  X  G  K  A
Q  E  H  X  P  R  E  P  P  N  E  B  H
T  V  D  J  D  M  P  F  O  Q  N  E  N
R  I  F  F  A  C  I  L  I  T  A  T  E
O  R  N  N  E  U  A  L  Z  T  M  T  R
P  H  O  V  R  E  G  J  E  A  L  E  Z
P  T  O  F  V  S  R  M  X  P  P  R  V
U  H  V  O  B  E  O  J  E  S  O  V  X
S  O  M  C  V  N  W  W  O  N  A  R  T
E  S  I  A  R  D  U  R  M  P  T  O  P
N  O  K  L  A  W  P  O  L  E  V  E  D
```

AUGMENT	MARCH
BENEFIT	MOVE ALONG
BETTER	PROPEL
DEVELOP	PROPOSE
ENHANCE	PROSPER
EXALT	RAISE
FACILITATE	SEND
FORWARD	SHOVE
FURTHER	SUPPORT
GROW UP	THRIVE
IMPROVE	WALK ON

```
S A P P H I R E L F C O C
Z Y S A R D O N Y X H P R
E M E R A L D H R H S T B
E T W T O D I R E P U X F
A Z I R C O N B B R U B Y
E M J R G A O A Q C L P R
T K B B D H Q U A R T Z H
I S U E G N O J T M I E I
Z Y H J R I A S F N U N N
N T E Q S L R X P G E I E
U T O E A S P H E N E V S
K P K P Q E E Z A L U I T
D N O M A I D J R W A L O
P R U F K Z P A L E E O N
Z S G E T A G A J L V S E
```

AGATE	PEARL
ALEXANDRITE	PERIDOT
AMBER	QUARTZ
BERYL	RHINESTONE
DIAMOND	RUBY
EMERALD	SAPPHIRE
JADE	SARDONYX
JET	SPHENE
KUNZITE	TOPAZ
OLIVINE	TURQUOISE
OPAL	ZIRCON

At a Distance

```
M O H T A F Q D Q J B X R
S N O I T A C O L C G B R
I M B N Q V H E C T A R E
Z B E O O E X E F I E L V
E R R T K Y S T F A P Z K
X V L R R N P O C C A H R
T E U G A E L H L Q L E L
E U R P X I L S W C G I E
N B X D M G V M D S T G O
T E X I N E N W I D T H Y
O Y T I I I Y O R L Y T Q
X O S H T G N E L A E R W
X N S D N A H V R R O O D
F D R Z C R F D R O U M G
T O O F V B H O N R A F A
```

AFAR	LEAGUE
BEYOND	LENGTH
CLOSE	LIMIT
EXPANSE	LOCATION
EXTENT	METRE
FATHOM	MILE
FOOT	REACH
FURLONG	ROOD
HANDS	SIZE
HECTARE	WIDTH
HEIGHT	YARD

```
T T Z B W D L I S Y S Y R
U S A Q S L X U L G L A M
R L Y B I T N D N L D I I
K A I R A S E O I I I L K
I O G D H S T A S E W H F
S C F I E E C H M G Z N C
H S N R R W R O N R H E N
B E T I H D W E F O T A N
A H F T A R L B P F R E O
T C R A Y A S X N P A R I
H T S N P T T N E R E E N
W A S H E S C Z V J H P O
Q M X U X U E V O T S M Z
H A L R E M M U S M B E J
B Y F U R N A C E R S T N
```

ASHES	ONION
CHILLI	OVEN
COALS	PEPPER
DESERT	RADISH
FIRE TONGS	STEAM
FORGE	STOVE
FURNACE	SUMMER
GRILL	SUNSHINE
HEARTH	TABASCO
MATCHES	TEMPER
MUSTARD	TURKISH BATH

Words of Anger

```
C H A G R I N L A T M F F
C H N C X R E H T O B B D
G Q A R X D K I R L E T C
W D E F P N O X K V A V S
K F G H E H S I K T F Z P
R M A E T S D N E F F O U
I X R A N T A G O N I Z E
S E N C E A T E A B M A L
T V E M Y D F R S U U H P
I S P R K B G F G C T G X
F E U M L S S A R A H A R
R F R C F W O N R O N I I
I I P U D N I W T L N U Y
L O O G W N E A E X R T R
E S U O R W S R A T T L E
```

AFFRONT	IRK
ANTAGONIZE	MIFF
BOTHER	OFFEND
BUG	RATTLE
CHAFE	RILE
CHAGRIN	ROUSE
ENRAGE	STEAM
FITS	TEMPER
FURY	VEX
GET AT	WIND UP
HARASS	WRATH

```
W I G V N D D B Q E S N S
G C O N F I N E C D S E D
H O L D I N N Z S U E U T
K H V K L I M I T S R D Z
U A Z E N S U R E I P B J
M O D E R A T E E R P U D
M W G R I N S U R E U S P
E A U E V R E P R E S S J
V L S S R K Y B B F T D V
E N W T A S C E R T A I N
R V E R E W Q E O I M D S
I D Z A D R I L H U I L E
F R N I S R I P D C G C B
Y I A N U P C O M M A N D
E T A L U P I N A M J V G
```

ASCERTAIN	MASTER
CHECK	MODERATE
COMMAND	PILOT
CONFINE	REIN IN
CURB	REPRESS
ENSURE	RESTRAIN
GOVERN	RULE
HOLD IN	STEER
INSURE	SUBDUE
LIMIT	SUPPRESS
MANIPULATE	VERIFY

Indoor Games

```
A W K K O G N O J H A M O
T U T I D D L Y W I N K S
O E I M C Q I N J Q M C E
L T S C H E C K E R S R H
E A T S A N A C I I M I R
P R H E R D F B X A D E E
E A G V A S I F R E K G T
E K U E D U Q B A O D I T
P U A N E A L N O I S I E
O N R S S E D N R P O U L
B G D B S S S B Y U F O U
L F C H E S S W U D O G O
S U D E H Q N Y W P I P R
J D K H B I L L I A R D S
S Q S O L I T A I R E Y R
```

AIKIDO	KARATE
BILLIARDS	KUNG FU
BO-PEEP	MAH-JONG
BRIDGE	MARBLES
CANASTA	PELOTA
CHARADES	POOL
CHECKERS	ROULETTE
CHESS	SEVENS
DRAUGHTS	SNOOKER
HIDE AND SEEK	SOLITAIRE
I-SPY	TIDDLYWINKS

```
D O N N S H O G G O T H R
M S I M A C R A F K A U C
N F E A Q Z X F A R A S V
R D T G G J G O S T A L K
U Z S R R G M U O W C E B
A A N R E U E N L E Y I A
S R E I N A I D T V C P L
R D K T F M F Z O I L N R
E Y N T A S B E K R O I O
B H A E F P M O N U P R G
Y I R R T A F E L D S O M
C F F G O R N C D E A N A
V G N I H T E H T U H H X
P U J D N E K A R K S S L
R E Y O R T S E D K Y A I
```

AGGEDOR	KRAKEN
BALROG	MACRA
CYBERSAUR	MEDUSA
CYCLOPS	MINOTAUR
DESTROYER	NAZGUL
FAFNER	SHELOB
FASOLT	SHOGGOTH
FENDAHL	SLEIPNIR
FRANKENSTEIN	SMAUG
GRETTIR	TETRAPS
HYDRA	THE THING

Shakespearean Characters

```
Z C U W B Z J I P I A G O
T R O I L U S U J B B C B
S E P K K I N G L E A R E
B S D V A R I E L I O E R
E S A N T O N Y I M E K O
W I S Y T O S S E Y F T N
B D F H I H A O M L Q Q G
O A E M Y B A E N E A S E
C B R C E L T T E H X R T
W E O L I O O A Y T K I Y
H V S T T R T C C G U R J
A Y L A T Q T H K N X L E
E N C L E O P A T R A H F
J P N F D Q M F E Q J I V
T Z M T E L M A H B A M B
```

AENEAS	FLUTE
AJAX	HAMLET
ANTONY	HERMIONE
ARIEL	IAGO
BEATRICE	ISABEL
BIANCA	JULIET
BOTTOM	KING LEAR
CATO	OBERON
CLEOPATRA	ROMEO
COBWEB	SHYLOCK
CRESSIDA	TROILUS

```
H U R O M I T M Z T A I N
L Q V A D L R V A E P N F
S N R E A K H E T A E V K
S E Q N L A V A U A K X K
S M A P W A I H O N S H U
V I A A N A U P P I I E H
A R I U R U A N C L E O E
O I A F G B A N A B A E N
R T M K B F I J I V H N Y
U J R K I R I B A T I R E
R A E U B N N C A N T O N
U R T I I V G V K C F B U
M V S M O Z B M F U N X Q
C I A H P I T C A I R N Q
D S E D I U V A D N A K C
```

BANABA	KIRIBATI
BORNEO	LANAI
CANTON	MURUROA
EASTER	NAURU
FIJI	PITCAIRN
GUAM	RAIATEA
HAWAII	REUNION
HONSHU	SERAM
JARVIS	TIMOR
KANDAVU	VANUA LEVU
KINGMAN	VANUATU

Quick off the Mark

```
K V I Y D E E P S Y F E L
C N O L V E L B M I N W I
V E L O C I T Y K J F T G
D E D Y L T F I W S S P H
H W L O T S E R P M T M T
I K T I P R A H S H R O N
H M C R G K T Y D A E R I
A U N G F A T L C P A P N
E N R A S R R T W O K N G
L B S R E L I R C H I G S
I T X L I V G A Y D N A P
B Y A V E E F M B I G J E
O W E V E G D S Y P L U E
M L O R D C R L I A Q N D
Y T S A H N F Z B R I S K
```

ACTIVE	NIMBLE
AGILE	PRESTO
ALERT	PROMPT
BRISK	RAPID
FAST	READY
FLYING	SHARP
HASTY	SMARTLY
HURRIED	SPEEDY
LIGHTNING SPEED	STREAKING
LIVELY	SWIFTLY
MOBILE	VELOCITY

Children

```
R E T S G N U O Y R N Q S
O L A D D I E Q B I B X T
A I U H L I P U P D H G U
D N S E O U H P T P I R D
O E O T W Y E N O H K K E
L V F Z E R D B A B Y J N
E U F E Z P C E A S C T T
S J S J Z R S M N H I O T
C X P R J L B O E A N K E
E U R C H I N R N V F T E
N R I G N E U C K E A O N
T E N O S B J H F R N D A
Y Q G G Q Z N G I U F T K G
C Y R G A W Y L L A C S E
H N A E W M C D M I N O R
```

ADOLESCENT	NIPPER
BABY	OFFSPRING
BAMBINO	PUPIL
CHERUB	SCALLYWAG
CHILD	SHAVER
HOYDEN	STEPSON
INFANT	STUDENT
JUVENILE	TEENAGER
KID	URCHIN
LADDIE	WEAN
MINOR	YOUNGSTER

```
G P E R E I S S A R B J H
F D A D R H I D C M A A D
C K A R O N A J A S S W X
I R Q E K J E C P W L A F
G R S G U A K M F A L R T
J L A M N I U R C I O M E
P S P S N P A A U S S E K
T E R T B C R G W T M R C
R D O B S D A A T C I S A
I S N K I L L M C O L C J
H G C G O K E G R A P H H
S E A S S T I L E T T O S
N N H I I C S N R U A L X
H E M M S W O E I Y M C X
S S S E R D R E V O S D I
```

ANORAK	OVERDRESS
APRON	PARKA
BIKINI	PLIMSOLLS
BRASSIERE	PUMPS
CARDIGAN	SARI
GALOSHES	SHIRT
JACKET	SHOES
JEANS	STILETTOS
JUMPER	VEST
MACKINTOSH	WAISTCOAT
NECKSCARF	WARMERS

Ice Hockey Terms

```
T U W Q R G L B K C U P U
G S H J V N L U Q G D X Q
G P I W H I S T L E Q U J
N E N S E N S T N I O P F
I A T D S N G E N J E I S
K R E C E A K N Z C V C E
O I R O E M K D I E W F N
O N F U R D A I O C Z F P
H G E T E A T N F T I O E
J C R S F E T G L O V E S
E E E I E H A K T H M C T
R N N D R K C E X A A A S
S T C E G H K F J M R F X
E R E S N T E O S C O R E
Y E R Y L B R O N I M P P
```

ASSIST	JERSEY
ATTACKER	MAJOR
BUTT-ENDING	MINOR
CENTRE	OUTSIDES
FACE-OFF	PESTS
FIVE-ON-THREE	POINTS
GLOVES	PUCK
HEAD-MANNING	REFEREE
HOOKING	SCORE
ICING	SPEARING
INTERFERENCE	WHISTLE

Archery Contest

```
E W W O B E R A B Y G A E
U A I G R P X M X K N Y S
Q Y L L E B I N G C F C O
R M C S E L U L H T L O O
O K W I R T S O E F L V L
T U Q E H P R E O A T E H
Y J W G Y P A R D H E R A
Z O I N O T C H E S A D I
L E B I I X G E B G G R J
W E N L Z N J Q N T S A F
R T J S I U O I P I A W H
O N C R K L M C H L Z I H
U C T O R I J Y K L H N O
N S C A A C A Q V E W G L
D V H R M R E H C R A F D
```

AIMING	NOTCH
ANCHOR POINT	OVERDRAWING
ARCHER	PILE
BARE BOW	ROUND
BELLY	SHAFT
FAST	SLING
HOLD	STRING
LOOSE	TILLER
LOWER LIMB	TORQUE
MARK	WEIGHT
NOCK	YEW

Kennel Work

```
K R T B U W H L D X G A Y
X T O A R N N G I X I W B
B W P B O U M B U N J Y C
L M I A S C S A M O Y E D
C T W X C Y H H N T H C Z
E G G N I K C A R T O S J
F O K Y S Y M L B L T O L
R D L V H R A S L M I W L
S R W L E E H A P H O Q B
P E X B E L R T E H M M V
I G O K P U E I T U O N B
T D L E D A P A S C C O L
Z A S G O A S N D V X J G
W B R O G N E Q G E W Y E
E L Q E G T C X R T X U Z
```

ALSATIAN	HOWL
BADGER DOG	LEAD
BITE	PACK
BOWL	PETS
BOXER	SAMOYED
BRUSH	SHEEPDOG
COAT	SHOUGH
COLLAR	SPITZ
COMB	TRACKING
DOBERMAN	VET
HEEL	WALK

```
O  I  O  M  R  U  T  J  F  B  B  E
A  B  M  K  N  I  Y  L  M  F  V  U  X
A  R  I  O  T  Q  F  U  R  U  P  R  N
R  H  R  K  L  Z  L  M  O  A  X  U  O
C  A  A  T  J  Y  U  U  T  G  D  K  I
I  O  O  H  R  V  T  T  S  I  I  F  S
E  M  N  R  U  A  T  P  H  T  S  I  U
Y  L  U  V  P  O  E  X  A  A  O  N  F
E  L  T  W  U  U  R  W  H  T  R  O  N
F  L  W  S  R  L  H  B  O  I  D  I  O
K  W  T  O  U  I  S  D  O  O  E  T  C
F  S  N  S  R  H  O  I  H  N  R  C  T
L  U  T  L  U  K  T  D  O  C  X  U  C
Y  K  S  I  E  B  C  H  A  N  W  R  D
M  M  B  S  R  U  J  C  R  N  H  L  O
```

ADO	HUSTLE
AGITATION	RIOT
BROUHAHA	ROW
BUSTLE	RUCTION
CONFUSION	STIR
CONVULSION	STORM
DISORDER	TO-DO
FLURRY	TUMULT
FLUTTER	TURMOIL
FUSS	UPROAR
HOO-HAH	WHIRL

```
K L T L O B R E D N U H T
T N U O C S I V V H A W K
C O N C O R D E E I N I T
A N H O R N E T H A X D L
V E S A X X J S S E G E A
E G T S S H I S U C M L N
N G U L A F G P V B O V E
G I K D D N B I I J R I X
E V A R A P O T L O V I N
R M O T M N E F G N A T A
J W S O R M I I O I M V C
S U P M O H N R M M P H L
M L B C U V G E L R I H U
M C Y A R Y K S Q O R R V
L G U T A X P J V D E D L
```

AIRBUS	SKYRAY
AVENGER	SPITFIRE
BOEING	STUKA
COMET	SWORDFISH
CONCORDE	THUNDERBOLT
EAGLE	TOMCAT
GNAT	VAMPIRE
HAWK	VIGGEN
HORNET	VISCOUNT
MUSTANG	VIXEN
NIMROD	VULCAN

Religious Leaders

```
S U S E J S U M S A R E H
R S U I C U L R O O A R T
E U S E B I U S V H K Q O
Y E L S E W X S D M C G O
L U T H E R U D M A O R B
Y G U D Q I U A O K N O K
R E D Y T B H K H A F B H
S I S A B A A A A R U N O
E L N L R E L Q M I C E M
E G V G O O N C M O I D E
I N J V Y W Z E E S U E I
T I S O S G K A D E S W N
X W L L E S S U R I R S I
U Z L R E M N A R C C C Q
A R T S U H T A R A Z T T
```

BENEDICT	LOYOLA
BOOTH	LUCIUS
BUDDHA	LUTHER
CONFUCIUS	MAKARIOS
CRANMER	MOHAMMED
ERASMUS	RUSSELL
EUSEBIUS	SWEDENBORG
GRAHAM	WESLEY
IGNATIUS	WOLSEY
JESUS	ZARATHUSTRA
KHOMEINI	ZWINGLI

```
D K I S N I S I A R M E S
E S U L T A N A S A N A E
C F C P V C R R J H N S I
O M R L E N N M M D P R R
R Q A U B J J I W A S B R
A B G Q I O C I T S T U E
T S U C K T C U Z U N T H
E G S R R H L I N D A T C
I S R E W A F T H X R E E
H S X A P A R L H O R R C
I I P M T C T N O Q U Y A
M T F O E E U E Q U C P L
J H R G O J R G R U R D G
U W G A T N E M H C R A P
N S L B Y B Q F I C I N G
```

BUTTER	MIXER
CREAM	PARCHMENT
CURRANTS	RAISINS
DECORATE	SANDWICH
EGGS	SPATULA
FLOUR	SPOON
FRUIT	SUGAR
GLACE CHERRIES	SULTANAS
GRATER	TIN
ICING	TRAY
JAM	WATER

Rocks and Minerals

```
S G L S P Q E Y U G E E B
A R R R C T C T U L L T A
N A A B A H R Q I Q B A A
D N M G A S I M P S R L H
S I A L H S E S C J A S H
T T K A Q S A O T H M O D
O E L R T E R L H E R U S
N E L O C I I O T N D Z L
E Q N I A G R I B O T M A
A E M O N N N L L R S C C
T U Y E F U E O A T Q L P
P U I E D N M U O Z A P O
F S L Q D I Q U C Y N E G
S S P E T I H T N G G P H
H S N E T I T A L N U G M
```

AGATE	LATITE
BASALT	LIMESTONE
CHALK	MARBLE
CLAY	MARL
COAL	PUMICE
DOLOMITE	QUARTZ
DUNITE	SANDSTONE
GNEISS	SCHIST
GRANITE	SCORIA
HORNBLENDE	SHALE
HORNFELS	SLATE

```
F E A B B E H L P E R R Y
A G B I J V E Q D L Z T T
R E E R R N E M M A R G F
A L N O U I O Z D Z D O W
D T Z R Q M C B E S R O M
A T B R R T D H E F B D Z
Y I P C E E J U T L E Y J
K H X S O X L Q N E N E U
M W L L V C C M Y L R A V
V A K O A A K E I Q O R S
Y M L M R C S E W A D P C
J T Y L K D S C R N D A H
A X S T R K G A I E W K I
N O S I D E S L P P L C C
N R B M A R C O N I D L K
```

BENZ	GRAMME
BIRDSEYE	MARCONI
BIRO	MORSE
BRUNEL	NOBEL
CARLSON	PASCAL
COCKERELL	PERRY
DAIMLER	RICHTER
DUNLOP	SCHICK
EDISON	TESLA
FARADAY	VOLTA
GOODYEAR	WHITTLE

On the Road

```
D A O R P I L S E F U L N
F S T H G I L S F V K H O
Y K S E I R R O L E Y G I
E M C C L M N J R D P P T
N R E I R R A B H S A R C
I L N V U O T R E G A Y N
L A Y T N R S R K C B A U
E Y W A U O V S A I L W J
R B P C W I I R I F N H Z
T Y K V C R S T V N F G V
N S H E Z W O U C S G I S
E T S E F A C T C E N H C
C A T S E Y E S O Y R A K
R O A D S I G N L M O I V
Y A W E V I G L H J O K D
```

CARS	LIGHTS
CAT'S-EYES	LORRIES
CENTRE LINE	MARKINGS
CRASH BARRIER	MOTORWAY
CROSSING	ROADSIGN
DIRECTION	SERVICES
GIVE WAY	SLIPROAD
HIGHWAY	TRAFFIC
JUNCTION	TRUCKS
KERB	TURN OFF
LAY-BY	VANS

Study the Heavens

```
X Z S Y T M S A G R F K J
G C R D F N T S W I O M C
I F A C V D A U N O O H S
N Z M Y A Z R I T U Q W I
P O U Q R L S U G G S Y D
L W O U X A L I H D C Y N
A O K M H P N I D J E N O
N Y R T R O V I S L O R I
E U R O P A E N B T B U T
T A E R H N N B E I O T E
E J T A C V U F T B H A R
K C S R O H S R S B U S C
F B U H P Q O R I O N L C
H A L L E Y S C O M E T A
X T C E L E S T I A L D R
```

ACCRETION DISC   MOON

BINARY   NEBULA

CALLISTO   ORBIT

CELESTIAL   ORION

CLUSTER   PLANET

EARTH   PLUTO

EPOCH   RED GIANT

EUROPA   SATURN

HALLEY'S COMET   STARS

HUBBLE   SUNS

MARS   VENUS

```
X A Y L B M E S S A P A P
D E C Z X A O S A A Y X U
K E C O Q E Q U O R U M O
F T P R U T T L U S U Y R
U A A U O N S J T N P T G
S N N G T F C G O O R R S
E E E Q X A K I H N K A U
R S L H U D T S L N C P C
G Y O U O A K I A F O G O
R R K N G R N T O T N N F
O T Y E O W K G O N G I J
U S L W Y N T R O M R K U
P E N O I S S I M O E R R
D V A H B O A R D T S O U
C R T C A U C U S N S W U
```

ASSEMBLY	QUANGO
BOARD	QUORUM
CAUCUS	SENATE
CONGRESS	SYNOD
COUNCIL	TASK FORCE
DELEGATION	TEAM
DEPUTATION	THINK TANK
FOCUS GROUP	USER GROUP
JURY	VESTRY
MISSION	WORKING PARTY
PANEL	WORKSHOP

```
M E V I T A R E P O Y L B
S B I Y E Y C R X A A A I
B U S T L I N G D T A T V
P U N T N A R B I V A P I
B R I S K S B V U Y E R G
R N M U E O S O C U L O O
X D B P L F C O R G Q M R
Y E L P I O E C S I D P O
G R E L G R O R U J O T U
Q N P E A C C N V P T U S
U Y I S L E A D T E I T S
I F P V F F L M L H N E R
C L D P I U E B I H E T D
K O M G I L R H V F P G J
C I N A M Z T G Y K J D O
```

AGILE
ALERT
BRISK
BUSTLING
BUSY
FERVENT
FORCEFUL
LABORIOUS
LIVING
MANIC
NIMBLE

OCCUPIED
ON THE GO
OPERATIVE
PROMPT
QUICK
SPRY
SUPPLE
VIBRANT
VIGOROUS
VITAL
ZIPPY

Catch Words

```
B N T B A E K H C T A N S
M P A S N N C W N J G L D
H R U E B T P O G R A S P
G O T G U A G R L S H Q P
E R O L N N T S E R R A Y
N A C K A G J I D O R T Y
S L V H L L Z X U T G Y B
N L P N D E W V N A J S V
A O V A P P R E H E N D D
R C S N A P U P N I R L D
E R U T P A C M V A O L Z
X E K A T R E V O H Q R H
X A I J E S I R P R U S P
O T N O H C T A L P O T S
G S A Z F X O E Z U F C B
```

APPREHEND	HANG ON
ARREST	HOLD
CAPTURE	HOOK
CLUTCH	LATCH ONTO
COLLAR	NET
ENMESH	OVERTAKE
ENSNARE	SEIZE
ENTANGLE	SNAP UP
ENTRAP	SNATCH
GRAB	STOP
GRASP	SURPRISE

Dressmaking Table

```
R J S K O O H P S U K N G
D M L E V J S B V P V T S
V I R C O T T O N V O J K
S Q E A S E W I N G X O C
S T G L L C D S L G M H L
A H D D K T P L S V A F T
K R E S I N B E N L I K P
S E V N B C H E K T L K R
N A L I V C F R T T Z B F
B D E P T S C I S S O R S
Z W S I I I N M O D E L Q
V I T E D G I N G Y A R N
J S P A T T E R N K K X R
K L X O B U T T O N T N K
C B F A B R I C P B J W T
```

BUTTON   PINS
CHALK   REELS
COTTON   SCISSORS
EDGING   SELVEDGE
FABRIC   SEWING
FITTING   SILK
HOOKS   SPOOL
LACE   STITCHES
MODEL   THREAD
NEEDLE   YARN
PATTERN   ZIP

Scary Stuff

```
I E L Q Y V G P Z Y B R B
B M I C X R S H I V E R Y
I O V E I R E E A T F F X
H S E F W N Q D S S R X G
O E P H J X O I D I T A M
R U Y O B X N M G U L L N
R R P R O I Y H E A H J Y
E G E R S K T V R D L S J
N Y E I S E Y M O R B I D
D Q R F N Z I Q C L G A X
O R C I I N B H O R R I D
U U N C G E M O S R A E F
S G D L U F D A E R D K H
D R I E W Y U G R I S L Y
G N I S I A R R I A H Y F
```

ALARMING

BLOODY

CREEPY

DEMONIC

DREADFUL

EERIE

EVIL

FEARSOME

FRIGHTENING

GHASTLY

GRISLY

GRUESOME

HAIR-RAISING

HORRENDOUS

HORRID

HORRIFIC

MORBID

SHIVERY

SHUDDERY

SINISTER

SPOOKY

WEIRD

The Garden Pond

```
B Z H R C W W S D I N I T
O D W H E C O Q B C L O M
A E R A T I O N Y A K K L
B S Y K L P J S N E L O E
C T L E B B E C G I O S E
K W F M N N A D S P M E N
I E L C O R I R L I E Y G
N N E T P R O F I B M B P
G E S O B C L R I P I Z U
C C M E K S E G H L P I M
U T A S C N T R Q E T L P
P O D X I T G A W Y D E E
A A Y L J O S V T D Z Z R
L D H Z U H D E J U J D U
Y S K S J Z A L P Q E V I
```

AERATION	MINNOW
BRIDGE	NEWTS
CARP	NYMPH
DAMSEL FLY	POOL
DEPTH	PUMP
FILTER	RIPPLE
GRAVEL	ROCKS
INSECTS	SLABS
KINGCUP	STATUE
KOI	STONES
LINER	TOADS

```
R R D E L B U O R T N U G
O A K Y S G S X L B H B O
L Y D J R D E T A M I N A
U I N I O R L I S G U R A
C S G N A L E D U D R A J
K E M H U N L M O E L P O
Y F D I T S T Y L L U T C
W J R D L H C A O L F U U
G P A W L I E X V I Y R N
Y L E V I L N A I R O O D
G E L R C W V G R H J U S
H A A U K P G V F T L S T
J S T V C Y C O N T E N T
C E E Q K L A I V O J D P
Q D D Q J L A U G H I N G
```

ANIMATED	LIVELY
CONTENT	LUCKY
ELATED	MERRY
FRIVOLOUS	PERKY
GLAD	PLEASED
JOCUND	RADIANT
JOLLY	RAPTUROUS
JOVIAL	SMILING
JOYFUL	SUNNY
LAUGHING	THRILLED
LIGHT-HEARTED	UNTROUBLED

```
R E D R U M E V D F F J Y
F R Y R A L G R U B E E K
B O B L A C K M A I L C X
R B R L H C A E R B O I M
K B K G Y Y B I F R N V S
Y E M I E C Q K C O Y G I
V R C M D R A O S N W N R
I Y H L E N Y R V I G I O
O T A X E V A S I O N K R
L F T H E F T P A P U C R
A C F E G N C T O N I A E
T D C E T N T L C G C H T
I Q S L N A I M Z L V F T
O S D G C C O N V I C T A
N Y B K E P E R J U R Y V
```

ARSON

ATTACK

BLACKMAIL

BREACH

BURGLARY

CONVICT

FELONY

FORGERY

FRAUD

HACKING

KIDNAP

MURDER

OFFENCE

PERJURY

PIRACY

POLICE

ROBBERY

TAX EVASION

TERRORISM

THEFT

VICE

VIOLATION

Helicopters

```
J D M A I T S E A K I N G
E N A R C Y K S E L C S P
B I M U S J P N C F H I T
E H G Q P E Y A O I I O H
L O A C H H A S M O N U G
L K Z V O U I H B H O Q I
H U E Q O M F N A N O O N
B M L A N C A T T W K R K
A E L M M L S N S I K I A
P R E T O U C R C T G O E
A L K Q G T P D O H D E S
C I I N X G K A U E E J R
H N A C P W O R T O G R H
E M I R A K C C O B R A Y
X N Y L B L A C K H A W K
```

APACHE   HOKUM

BELL   IROQUOIS

BLACK HAWK   LYNX

CHINOOK   MANGUSTA

COBRA   MERLIN

COMANCHE   PUMA

COMBAT SCOUT   SEA HAWK

DAUPHIN   SEA KING

GAZELLE   SEA KNIGHT

HAVOC   SKY CRANE

HIND   TIGER

Recyclable Items

```
T S T F R E P A P S W E N
Y S Y C S R A J E U F X Q
R E A O M E R L A S S E S
E N J L T Z I V E E I C G
S I C E D T B I U U I G N
W Z I S X V R G C M S A I
R A H E P E O A O H L R H
R G T L T L R C Z A A D T
E A H T A D I S C I C E O
B M A T B G G I H H I N L
M B A O S L T Q E O M W C
I C A B S S E E A Z E A H
T R O J A N Z E C N H S I
D K X L L J W E T B C T N
K Q P T G Z G R A S S E A
```

BATTERIES

BOTTLES

CANS

CARDBOARD

CATALOGUES

CHEMICALS

CHINA

CLOTHING

COMICS

GARDEN WASTE

GLASS

GRASS

JARS

MAGAZINES

NEWSPAPER

PLASTIC

SHOES

STEEL

TEXTILES

TIMBER

TOYS

TYRES

Anyone for Tennis?

```
Z Z U T G X B T L Z S L T
B S E V O H T O G U F A L
R N Z Y C I N S L T T D U
N J O A W G P Z H M A A A
C A O E L M B G F O S N F
S C H I A V O N E U T E D
Y M N B C Y V E V R E W S
E E A N Y H X C H O P P Y
L L S S A J V Y H L A D Q
L G R I H G N K A K N P K
O F K Y N R B Y Y L E F G
V O H V T N E X A H K S K
L J Z H N R E O G R A S S
S E O H S R O T U Q H M T
B R T P Q W B F F T G B Z
```

BALL	NET
CHOP	OUT
COACH	PLAYER
FAULT	SCHIAVONE
FORTY	SHOES
GRASS	SHOT
HEWITT	SMASH
LET	STEPANEK
LOB	SWERVE
LONGLINE	TENNIS
NADAL	VOLLEY

Bingo!

```
S B N D P V S K X T T Y R
S T G A M R N Y H W R O P
G G Z C E I V N J J O C N
N N K B L B W G P D O Q Y
I A M A A O E Y E M S K E
N U C L D D D H V Z L A N
N L L S I N T S M L N E O
I S E S I O E L A V W R M
W Y A L T N U H M B O B B
E E B Y I C J V Q C S W X
S T E L K K A O O Y T D A
U K G Y L A G R T A I X I
O T A B L E N A D T N J O
H B M R Z E B H T S O L M
C W E C R A N D O M Q L F
```

BALLS	LINK
BLIND	LOST
BREAK	LOTTO
CARDS	LUCKY
CORNER	MONEY
EYES DOWN	NUMBERS
GAME	ON ITS OWN
HALL	RANDOM
HOUSE	SEASIDE
KEY TO THE DOOR	TABLE
LINES	WINNINGS

Druids

```
S A E F Q E I M I R S M O
E N I G L E M O N O A J G
I C Y P D S B D C J C B H
R I M J N L O S A F R A A
O E T U A A L I N O I J M
T N G G W U C W T S F F C
S T N R H T P H A A I E H
I R W G S I E R T C C O A
D Q U H A R L H I R E T R
H L M X H X V C O E X E A
O W F O M C E X N D S L C
L S O A S L O B M Y S T T
L D G C T O G R O V E S E
Y I Z I S A M H A I N I R
C K C N O K A W D P X M S
```

ANCIENT

ASH WAND

BROTHERHOOD

CELTIC

CLOAK

GROVES

HOLLY

IMBOLC

INCANTATION

LUGH

MAGIC

MISTLETOE

OGHAM
CHARACTERS

PRIEST

RITUALS

SACRED

SACRIFICE

SAMHAIN

STORIES

SYMBOLS

TEMPLE

WISDOM

```
N T G C B T R R E Y W A L
D E F E N D A N T M T X I
C V B U U G E K I E O P W
C L P G T T W K S B L B E
P A E X Q N Q T R U I C X
X R S R G I I A F Q I L J
L P O E K M W W C T M U A
E E E S O R A R S R D D K
V L C N E L B U N I I F K
A B Y N Y C J A C A A M P
G I A R E D U I I L U R E
A B U W F F A T S L M Q N
N J E A A L E E I T I H A
S T H G I R E D R O H F L
O M J V J T D I C P N F F
```

ALIBI	JUDICIAL
AWARD	JURY
BAILIFF	JUSTICE
BIBLE	LAWFUL
CASE	LAWYER
CLERK	ORDER
CRIME	PENAL
DEFENCE	PROSECUTION
DEFENDANT	RIGHTS
FALSE	TESTIMONY
GAVEL	TRIAL

```
R E U Q N O C C G X N O C
T R E V N O C O O E C C L
B C B W A R D N T V O C R
C C A E R O T C E N N O C
C O N T I N U E T O S N N
C N N A N D W N H C I C O
O T V C N O A T E A G R I
N R X O L T C R S W N E T
S O C N S U O I R X N T I
C L T N N C D C E E V E D
I O O I G O Z E V L C Z N
O C N V N N C N N S O S O
U L A E C N O C O N N N C
S O E G D C O N C A V E P
C O N C O N S E C R A T E
```

CONCAVE	CONSCIOUS
CONCEAL	CONSECRATE
CONCENTRIC	CONSIGN
CONCLUDE	CONSTANT
CONCRETE	CONTACT
CONDITION	CONTINUE
CONDUCT	CONTROL
CONED	CONVENE
CONNECTOR	CONVERSE
CONNIVE	CONVERT
CONQUER	CONVEX

Herbal Remedies

```
C M A R S H M A L L O W D
H O Z I V I O L E T M D T
A C R G I N K G O G A E K
M R E I D T A Q W U D C G
O A D N A V H E B Y O I W
M N C K O N D J E L N R H
I B L L W N D L M S N E I
L E O C U Y S E E V A M T
E R V S S R H N R U L R E
Y R E T A A G G C E I U P
B Y R P K M F A I V L T O
X A L Y N E C F L N Y A P
D N S D H S B O R A G E P
R M D I S O T K A O D E Y
X R P E L R T E G F N W R
```

BASIL

BORAGE

CHAMOMILE

CORIANDER

CRANBERRY

GARLIC

GINGER

GINKGO

GINSENG

HEMLOCK

LOVAGE

MADONNA LILY

MARSH-MALLOW

ORRIS

PARSLEY

RED CLOVER

ROSEMARY

SAFFRON

SUNDEW

TURMERIC

VIOLET

WHITE POPPY

```
P L S N J T H V Z O D Y X
E R P L H J L C B T R H H
T Y O W L A F Q R E S U C
A S C T D E T I D I S F E
C E R E E U B L D U B D E
I E M Z E I O D I D E R B
F L F S W S N C E T F D Y
I I D P L A T E C E O O B
T B R O M I D E A L V Z X
R U O O V S O N L L N D V
E J W N R A F A K U N Q R
C F S A F L R I C B X R C
U L T E M M M S E N I M Y
T S F F S O T A N K A R D
H C R E P N W K B E L T S
```

BEECH	MINES
BELLS	NECKLACE
BIRCH	PERCH
BROMIDE	PLATE
BULLET	PROTEIN
CERTIFICATE	SALMON
DOLLAR	SOLDER
FOX	SPOON
IODIDE	STARS
JUBILEE	SWORD
MEDAL	TANKARD

```
E P O C S O H T E T S Q K
M I N I A R P S T S I R W
P L N I A P H E N O L W C
Y L E S U O I L I B C H C
E S R H K X A O O A O A C
M Z V G G L F T T L X B J
A Z O K O E U A E T A A P
O C U E H L R R G M N N H
X I S K I R A U H U G D B
A O L S H G U T T M I A X
R M M O M Z S C A C N G Y
O I E U P A L L I X A E S
H E M Z D F J A O T I R C
T P B F C G U W K X H A F
S I T I L E Y M O E T S O
```

ANGINA	FRACTURE
ASTHMA	MUMPS
ATAXIA	NERVOUS
AXILLA	OSTEOMYELITIS
BANDAGE	PHENOL
BILIOUS	PILLS
BOTULISM	POLIO
CATARRH	ROSEOLA
CHOLERA	STETHOSCOPE
ECZEMA	THORAX
EMPYEMA	WRIST SPRAIN

Bearing Up

```
W O L L A D R E A D T U D
B X Z C X N N Z D S W L I
R S U B M I T A U I E H E
I C O N V E Y F T I B R R
N S A V F Z F U Y S U A N
G U E R P E H O L D U P S
F P C T R O P S N A R T U
O P L U A Y T E M Y I I S
R O L R Z I P T A A M D T
T R J Y M R M N I W T E A
H T T D O Y X B N A I P I
Y L A D B Y F V T E M O N
G Y U P H O L D A K R R O
F C F T Z Z A O I A E T R
E T A R E L O T N T P O F
```

ABIDE	PRODUCE
ADMIT	STAND
ALLOW	SUBMIT
BRING FORTH	SUFFER
CARRY	SUPPORT
CONVEY	SUSTAIN
DEPORT	TAKE AWAY
ENDURE	TOLERATE
HOLD UP	TRANSPORT
MAINTAIN	UPHOLD
PERMIT	YIELD

```
Z A D J L V M Q M H E T Y
H U E F L A V A G O Y I V
Y O C O H U C F E O E W H
R G O S U S H M V D S T U
E F Y E N Q E W I W R U S
N P E H U F A B E I W O T
A D U L G X T A C N J T L
C L B D Z R E K E K V E E
I O S D S O B R D Q L Z F
H K X W E O O T A D X F L
C C W W C F R B N N O M C
O U T P C A R I M P S U T
N C W B P B W A I A Y N Q
R E K C U S P R U K B M E
U V M I S L E A D D K E T
```

BAMBOOZLE	HOODWINK
CHEAT	HUSTLE
CHICANERY	MISLEAD
CON	OUTWIT
CUCKOLD	RIP OFF
DECEIVE	SCAM
DECOY	SHAM
DEFRAUD	SUCKER
DUPE	SWINDLE
ENSNARE	TRAP
FOOL	TRICK

European Regions

```
B Y N O X A S R E W O L M
Y Y I A N L I M B U R G P
D C N Z V O L B Z K W A L
N A R A Z A E Q P B S U I
A M Y U C U R L C C J Y L
M P G D D S R R Q A G O A
R A S R Z N U B E R R A I
O N V J R R X T A I A I V
N I D H E A R Z T N I C A
I A O R S T E I X T C U R
S N I R G E I X K H R L O
E O D O L M G S N I U A M
L J O A H T Z S E A M D C
S M N E S S E H O R X N O
P D G L A R U S X V E A S
```

ABRUZZI	MORAVIA
ANDALUCIA	MURCIA
CAMPANIA	NAVARRE
CARINTHIA	NORMANDY
GLARUS	RHONE
HESSEN	TARN
ISERE	TIROL
LEON	TUSCANY
LIMBURG	VOSGES
LOIRE	ZEELAND
LOWER SAXONY	ZUG

Children's Book Characters

```
N U J B Z T F R E G G I T
R C Z A N L M L R L T Y F
E Q Y L R R K T I N M A N
R G M O T A B I I C R S Y
A B A O N A F S I E K C X
H I A G D A M N T G O A I
H D A G M A D T N X R R N
C V E F U E A A S H I E E
R R M G R H F R H K N C O
A Y R E D E A D V O O R H
M U L A T B A K D H C O P
T L M I B K G D E N O W O
A G H I R A Y I L G W O M
W W T A E Q B P I G L E T
Y G T R E P U R L Q J E M
```

BABAR	ORINOCO
BADGER	PHOENIX
BALOO	PIGLET
CINDERELLA	RABBIT
FLICKA	RUPERT
KANGA	SCARECROW
MAD HATTER	SMAUG
MARCH HARE	TARKA
MOWGLI	TIGGER
MR TOAD	TIN MAN
NODDY	WHITE FANG

```
Y N I E T S L O H Q F S J
I X A N D A L U S I A N W
P A C K H O R S E N Z Y P
X E L H A E G Q V C E H P
L I P P I Z A N E R Y A I
O W H T L N B G F I U F N
P S S A C R N L H O V L T
F P O X O A A E P L N I O
D A R N T P R I Y L A N T
O L C S M M E T U O I G H
N O U J A B U G H T B E S
K M Q K A U Q L O O A R L
E I V L N A I S E I R F E
Y N D A R B E Z A A A S W
Z O S K E W B A L D E D E
```

ANDALUSIAN	LIPPIZANER
ARABIAN	MULE
ASS	MUSTANG
BRONCO	PACKHORSE
CARTHORSE	PALFREY
CRIOLLO	PALOMINO
DONKEY	PIEBALD
FRIESIAN	PINTO
HAFLINGER	SKEWBALD
HINNEY	WELSH
HOLSTEIN	ZEBRA

Warships

```
D K F L A Y O R K R A F V
O C M T V E T E L M O O T
O R S B N N K N O R R U C
H A C C T D G T R I I B Z
H M H S N O Z E K N R E K
V S A S X R S R R D U L Y
T I R P I T Z P O L O F S
Y B N K A S D R Y E S A U
H R H L U Q A I A I S S L
Y O O G M D K S L F I T I
W A R T K B A E O F M T T
I A S N C J G P A E U I U
O L T X E I I E K H Q G A
W Y S Y G T V N O S L E N
A P G R A F S P E E Y R B
```

AKAGI

ARGUS

ARK ROYAL

BELFAST

BISMARCK

ENTERPRISE

FORRESTAL

GRAF SPEE

HOOD

HORNET

IOWA

KIROV

MISSOURI

NAUTILUS

NELSON

RODNEY

ROYAL OAK

SCHARNHORST

SHEFFIELD

TIGER

TIRPITZ

VICTORY

Happy Words

```
S U O Y O J P I Y J A I V
D D V U M E R R Y O O X L
L E Z W Z T I B E L M U Y
E T T L H A P P Y L F N P
H A C H I P P E R Y E T R
T M L I G H T S O M E T I
I I Q I J I B J Z B A D H
L N S J V G L B W E W N C
B A H U Q E F E B N H U T
U C F Z N D L P D Q X C N
T M H Q Y N U Y T R A O A
Y K R E P J Y C P S X J Y
N O O M E H T R E V O G O
A K I N P R D A L G A H U
M N W G P S Y W G Y O I B
```

AIRY	JOCUND
ANIMATED	JOLLY
BLITHE	JOYFUL
BUOYANT	JOYOUS
CHEERY	LIGHTSOME
CHIPPER	LIVELY
CHIRPY	MERRY
DELIGHTED	OVER THE MOON
GAY	PERKY
GLAD	SUNNY
HAPPY	UPBEAT

Volcanoes

```
Z N Y O M T E G M O N T V
V H I O B R U A P E H U T
Y E S T R U S N R E L O W
N K S R U Y T A Z C K K E
W L I U V C B A A E F R L
K A L H V A A N N M N A T
F E O T U I O R T I K K E
U Z B L A E U E A I P A I
J J M X S M R S N P D T D
I Q O M B E B H B O R O E
Y C R D B M Y O X L Y A T
A K T U X A S A R E L A G
M Y S K A T L A F A Q L M
A M I H S I R I K E T N A
R M Q I U X T W Y T U A I
```

EL TEIDE	MT EREBUS
ETNA	PARACUTIN
FUJIYAMA	PINATUBO
GALERAS	RABAUL
HEKLA	RUAPEHU
KATLA	STROMBOLI
KIRISHIMA	SURTSEY
KRAKATOA	TAMBORA
LAKI	UNZEN
MAYON	VESUVIUS
MT EGMONT	VULCANO

Coats

```
J E R K N I K R E J O H K
W K B B R Y L P C A M H N
B I A B C E A F T K A B A
T E N O L C E E V R C O H
A L O D L A K F B A K D G
O U R R C C Z V E P I Y F
C O A G A H R E O R N W A
H G K J R O E N R R T A O
C A P H D E C A A L O R V
N C T E Y H A I T Q S M E
E K X W O X N T R E H E R
R U W D E C E E C G R R C
T W T A O C R U F O Q W O
Z V N A T A I L C O A T A
R J T X B L O U S O N T T
```

AFGHAN	JERKIN
ANORAK	MACKINTOSH
BLAZER	OVERCOAT
BLOUSON	PARKA
BODY-WARMER	PONCHO
CAGOULE	RAINCOAT
CAPE	REEFER
CLOAK	TAIL COAT
FUR COAT	TRENCH COAT
GREATCOAT	TUXEDO
JACKET	WINDCHEATER

```
G D F G E T E E B E N R U
I R N S L S Z H C H Z Z M
E E E H N E E T H G I E E
E O N E G F E E C Q N G E
K E O I C Q U E G O A S D
A Z R C L E Q S B R D P E
T E M O O E S L E W D E R
S E E L D Q E E X B R E E
P R I M W E P B E F E D L
E B R V H X V E E S S E T
E E E L E M H E R E S D E
W X E G T I D E T I E K E
S L E E V E V K Q S E H B
B T D E R O X Z L D E F G
E R O C S E E R H T R V J
```

ADDRESSEE	MELEE
BEEHIVE	OVERSEER
BEELINE	PEERAGE
BEETLE	REDEEM
BREEZE	SEETHE
EERIE	SLEEVE
EIGHTEEN	SPEEDED
FEEDER	SQUEEZE
GEESE	STEVEDORE
GREECE	SWEEPSTAKE
HEEL-BONE	THREESCORE

```
S D T X E F X E E I O S C
Y H S Q R C L J Q P L F K
B P I O D D O G U L P A G
B O W Q E Y G L A M P X E
O S T E T N L B O I P R Y
H A N K S O S Z C U B E A
R R J D V S G O R I R Z R
V L N E Y E T E F X Z S N
P F R Y O L T E T V X U S
Z T R P W B P A G H L J M
N W A Q C A U R E Z E S E
L O L P H C X D U P P R D
T P L K A Y P P U O E E D
D L O Y I M Z R O E F R S
Q Y C V N F L L A D T C M
```

BALLS	NYLON
CABLE	PICOT
CHAIN	PULLOVER
COLLAR	PURL
COLOURS	REPEAT
FIBRE	ROWS
FOUR-PLY	SPOOL
HANKS	TOGETHER
HOBBY	TWIST
JUMPER	TWO-PLY
NEEDLE	YARNS

Babbling On

```
E G D U F W Q K B T B S I
D O R R E Z I L H B F R D
W R O P P H A S S O R D
E T I U F B G G H C A C P
H R E V A L A P W W H R B
X E C B E T N N A I A A T
L H G A A L Z W T T L S U
M T S T W S R C T D T L H
L A T P X N H L E K V E Z
M L A R Z A E R R A T E R
E B M A T S D R E B B I G
Y Y M T W A D D L E I J S
R H E E S T S T U F F O G
H R R H M O O N S H I N E
P K F L U M M E R Y F W U
```

BALDERDASH
BLAB
BLATHER
CHATTER
CHITCHAT
DRIVEL
DROSS
FLUMMERY
FROTH
FUDGE
GIBBER

MOONSHINE
PALAVER
PATTER
PRATE
PRATTLE
STAMMER
STUFF
TATTLE
TRASH
TWADDLE
WISH-WASH

Around Manchester

```
Y L L I D A C C I P D Y O
T S I B R U I R W E L L P
C R U M P S A L L V E C E
Z Y I P O G P Q U T I A R
U R R N R L G O A Q F T A
V K I U I E D G K N E H H
H R W N B T S H Z J L E O
D Y D F G N Y T A X T D U
R U D E A W N W W M S R S
O M T E N O A O A I A A E
F U D Q R T M Y T Y C L L
L Z T U B P O Q L Y A H C
A M E N A R E N A S O E C
S T R A N G E W A Y S R E
T E E R T S T E K R A M M
```

BURY	OLDHAM
CASTLEFIELD	OPERA HOUSE
CATHEDRAL	PICCADILLY
CRUMPSALL	PRESTWICH
DEANSGATE	RINGWAY
DENTON	ROYTON
ECCLES	SALE
HYDE	SALFORD
IRWELL	STRANGEWAYS
MARKET STREET	TRINITY WAY
MEN ARENA	URBIS

```
S Q T B E V T S I P Y T Q
P U D S G B S W G Y N A R
S E R I P R I N T E R E R
C U Q G T K T W W T Y E K
N L W C E O R G U U B D R
C L E R K O A R B M O O E
I K E A G C N G U A O C R
U V R U N E R L T C Q T U
W B V E R E P Z P H Q O O
D A A V E H R H T I I R B
O Q I K F N V V H N L A A
J K R T E E I Y K I T O L
F A R M E R H G T S I T T
Y N N A N R J C N T K E B
A H M A N A G E R E I P J
```

ARTIST	MACHINIST
BAKER	MANAGER
BUYER	NANNY
CHEF	NURSE
CLEANER	PILOT
CLERK	PLUMBER
COOK	PRINTER
DOCTOR	SURGEON
ENGINEER	TURNER
FARMER	TYPIST
LABOURER	WAITER

Molluscs and Sea Creatures

```
S G T E P M I L Y Z U W E
E H N F F C O C K L E L B
A S E A S N A I L Z K D S
A N S Q U I D E I N O C L
N H W M Y T H E I P A A K
E V C A A S I W O L T L E
M Z F Q R R E L L U E M N
O E R O W P A O U H U L O
N K Z O M H P Z W S O C L
E A C I P M B L S B T J A
R M R E O C D E S O Y H B
Y H C A L Q L T P M P E A
S C R A B A E U J K G K M
T S M Z M R S E A H A R E
N C C U T T L E F I S H V
```

ABALONE	OCTOPUS
CEPHALOPOD	PRAWN
CLAM	RAZORSHELL
COCKLE	SCALLOP
COWRIE	SEA ANEMONE
CRAB	SEA HARE
CUTTLEFISH	SEA SNAIL
LIMPET	SHRIMP
LOBSTER	SQUID
MUSSEL	WHELK
NAUTILUS	WINKLE

Summer and Winter Olympics

```
C L Y Y H S T M O R I T Z
A U M E X C I Z B L W N O
L O P L A O I A O Z L S D
G E C L T Y E N U Y T A V
A S G A H K D M U L A R H
R T I V E O H T O M P A N
Y U N W N T S U W R L J I
Y S N A S H I I E J C E L
E A S U L S E W R D O V R
N P B Q M T T L K A F O E
D P R S D N A X S W P D B
Y O U N A C O R T I N A P
S R C M E L B O U R N E W
U O K U E Y L D Y K V K R
R V C I L A E R T N O M I
```

ANTWERP	MUNICH
ATHENS	PARIS
ATLANTA	ROME
BERLIN	SAPPORO
CALGARY	SARAJEVO
CORTINA	SEOUL
HELSINKI	SQUAW VALLEY
INNSBRUCK	ST LOUIS
LONDON	ST MORITZ
MELBOURNE	SYDNEY
MONTREAL	TOKYO

Signs You Might See

```
Y M F N O I T U A C S S G
S A V O P H W F Q L E T R
B K W V R N O D I V I N G
D I V E R S I O N W D E G
B A K H N E A N M A A G N
V U A I U O A L N Y L L I
I M S C W H U G E O E V K
T F E L P E E K N U H S R
Q X J E A R B O W T L T A
N W K S E N E G N K O A P
P O I S O N E I J P O I L
G O N E T O L U N C H R W
C A S R E C I L O P C S X
B V Y K D E T O U R S J B
T V S T A F F O N L Y G K
```

BUS LANE	NO ENTRY
CAUTION	NO VEHICLES
DANGER	ONE WAY
DETOUR	PARKING
DIVERSION	POISON
FOR SALE	POLICE
GENTS	SCHOOL
GONE TO LUNCH	STAFF ONLY
KEEP LEFT	STAIRS
LADIES	WALK
NO DIVING	WAY OUT

Fungi

```
S S R H S Q E P I T S V F
U C I O X L E F B S J Y L
L Q K W S C L P R T F L E
U R O I D E O I X S L L H
N D N J N R R R G U E E S
N D E R C P T U A R L J Z
A L L I E E A E S L Y G X
V B N O K V K C I S M O X
L O S C O A I R N U U E F
O K A S T T O E M W D L S
V R P I J M S G C Y O M A
B N I A O M W D N E U R L
V H Y O L O V O A T D U B
S T G E O R G E S O H Q U
S L O Y S T E R U C T Q A
```

ANNULUS	OYSTER
BRACKET	PORCINO
BROWN CAP	ROSE RUSSULA
CEP	RUSTS
CORAL	SHELF
DECEIVER	SHIITAKE
ENOKI	SMUTS
GILLS	ST GEORGE
JELLY	STIPE
MORILLE	TOADSTOOL
OVOLO	VOLVA

```
T K J Y Z J S X B L N X O
D L P R C A N N E R Y T J
J E X E X F G G A N E C O
G N Z N F H L L T N X Q F
C N Y N G E U E N W V N H
H A A U N N O O M R O S H
A L E N N O S R E P I R L
R F E A N I X L R U P E O
D F K E N E E I R N G N E
O V I N T N T E Y N A N Y
N S E N N A N N I E R A N
N T P A N N N N A T F M N
A B H L A I N N E R E P A
Y C R P K I S D I N N E R
G M S S W O W H I N N Y G
```

ANNULAR	MANNERS
ANTENNA	NUNNERY
CANNERY	PERENNIAL
CHANNEL	PERSONNEL
CHARDONNAY	PUNNET
DINNER	SKINNY
FENNEL	SONNET
FINNISH	SPANNER
FLANNEL	TENNIS
GRANNY	WHINNY
INNATE	WINNING

Timber

```
A B H M Q A A R M W D N T
X S K A E T E E D O Y I M
A D L D B D K O Y L N S S
Y W T F L A O I Q L O A M
R E Y A O W J M U I B P N
R Y M D P U A W G W E E G
E L E I G P A M G N C L K
H R L D L A A B I W Q E A
C U W E N D G P R S S H O
T I D A S B N G A E Q E E
B B R L L L I W D P M M T
C A E N A N B R E A Q L I
P X J E M S U Q C B S O H
W L E L C X B T R H K C W
D Q U J M H M R M M U K Q
```

ALDER	MERBAU
ASH	PARANA
BEECH	PINE
BIRCH	RED OAK
BUBINGA	SAPELE
CEDAR	TEAK
CHERRY	TULIPWOOD
DEAL	WALNUT
EBONY	WHITE OAK
HEMLOCK	WILLOW
MAPLE	YEW

```
J N J N D M W S U C U O T
K O N D H R S P L I U P S
C P A P A E V G H O W P R
E E S S C S S E R U D R Y
S N S C C F S Y V G S E R
S E A S Y O E Y R W H S A
E N U S A E S A C R O S S
N F S B Y T S S T R E S S
I U V S S S I E E T C S E
F F S S Y W V O S T K E C
U E Y W X E A Y N S I N E
M B W T S P U V D B A I N
A N C S X A M O S S I L N
S C E P G U E S S I N G G
M L K I M P R E S S C U Q
```

ABYSS	HUSS
ACCESS	IMPRESS
ACROSS	LISSOM
CESSATION	MESSY
COSSET	NASSAU
DURESS	NECESSARY
FINESSE	OPPRESS
FUSSY	TRESS
GLASSES	UGLINESS
GRASSY	VESSEL
GUESSING	WRASSE

Art Titles

```
T A S E G U L E D S L O U
H A N E S H I P W R E C K
E E I N V Q Q W S A L Z R
M N L P O A V M E M K A S
I A E A M D L P L D I S E
L R E B V Y A S B N R A G
L O A R M M L M B A I L N
R R N W C A A O U S S O I
C U D V E S W H B U E M R
U A F M B H E X D N S E P
P U X D S C T H Y E J S
I P E R S E U S T V D E N
D A C I N R E U G B E K O
H K R W F O U N T A I N A
O O E F N I A W Y A H U H
```

AURORA	OLYMPIA
BUBBLES	PERSEUS
CUPID	RAINBOW
DEDHAM VALE	SALOME
DELUGE	SHIPWRECK
FOUNTAIN	SLAVES
GUERNICA	SPRING
HAY WAIN	THE MILL
IRISES	THE SCREAM
MADONNA	THE WAR
NOAH	VENUS AND MARS

```
A R T U P A M H A R B I I
L E R B L A C K W A T E R
R B I C S E D R P O U U Z
I L O H I O M E C O I G N
N E G S V E B O C C Z E P
O B R R K U N I A G A R A
S S A O N I C T I G R I S
D U N A R D N I E P E R E
U G D O Y I Z E B M A Z M
H V E N N O Z S E M M F A
T E Q N I O S O G N O C H
Q V L Z I A K U N U R A T
J W S A A E O U Q P J I C
E G T R A G S B Y E V T C
S U G A T V I S T U L A T
```

BLACKWATER	ORINOCO
BRAHMAPUTRA	RIO GRANDE
CONGO	SAAR
DANUBE	SEINE
DNIEPER	TAGUS
ELBE	THAMES
HUDSON	TIGRIS
INDUS	VAAL
MEKONG	VISTULA
NIAGARA	YUKON
OHIO	ZAMBEZI

Clock Work

```
U O K S V K Q F E H I B T
L A X I E W A L L U Y U S
O E L Y T M V Y F A C E C
G D U A E C I W C M K R R
O R H A R V H H G E X D M
L F E N J M D E C C Q I O
A Y S T X Y E E N H L A V
N H A I E U S L T A B L E
A A C Q D M K N C N L Q M
R N G U V R O O I I O O E
E D N E H S S N M S O O N
T S O F Y K L Q O M H K T
A E L Z Z W L T T R R C F
W C C W Q X L G A U H U A
N J D O O W E S O R B C M
```

ALARM	HANDS
ANALOG	KEY
ANTIQUE	KITCHEN
ATOMIC	LONGCASE
CHIMES	MECHANISM
CHRONOMETER	MOVEMENT
CUCKOO	OAK
DESK	ROSEWOOD
DIAL	TABLE
FACE	WALL
FLYWHEEL	WATER

Scottish Islands

```
A Y H I L F V K G V H B J
E X A Y A S L I G E Z C U
C B E R C A Q Q S I T J R
I Q I T A S B S W G U U A
L L O C E I O F G G L N B
M L Y I Y N F O R V P S N
Y G L G U N N A A Z W T W
F C B E A R T E U D C A L
Q A C A Y I A Y Z S F E E
S R G A P N R K M G O C C
W R H R O P M S M S T A T
I A Y W E U Q I A O R C Y
T N S P W I V W R Y T W Q
H U H V X P O S N T H O Y
A D C A J O A Z V Q R S X
```

ARRAN	SEIL
BUTE	SKYE
COLL	SOAY
EGILSAY	SWITHA
EIGG	SWONA
FIARAY	TAHAY
GAIRSAY	TEXA
GUNNA	TORSA
HOY	ULVA
JURA	UNST
NOSS	UYEA

```
G M A T S U R I X G Z Q K
N N A W E D D I N G H Q M
I O N M A T R I M O N Y U
K I N U Y O N A H C O F R
L T I I S E U U H M P U T
A A V V P N P B H A O N S
W C E O D T A N G I Q E U
E I R Y X D E E M R I R L
R F S M H D A R T W L A W
I I A S H N U P T I A L S
F R R I T E G A I R R A M
E U Y T H A P P U H C M V
E P W P H E T F I E S T A
T M X A P O T L A T C H V
V J M B E H E S O D B C U
```

AMRIT	MATRIMONY
ANNIVERSARY	MATSURI
BAPTISM	MAUNDY
CHANOYU	NIPTER
CHUPPAH	NUPTIALS
DOSEH	OPENING
FIESTA	PAGEANT
FIRE-WALKING	POTLATCH
FUNERAL	PURIFICATION
LUSTRUM	TANGI
MARRIAGE	WEDDING

Accounts in Order

```
G V W I Y Q C S Y K G X R
G S Q T E A S V S D O I Z
N L T H G O A Q F V P T R
I E N T R Y N R E V I O T
N D V G A A O W V D T A R
O G T L H J I V E I L E E
K E I R C N T R D L H M B
C R S J I R C U Y U O I M
E J O U R N A L B C O W U
R R P G S I S Y N O B C N
N V E P U G N I M M U S W
E V D C B D A Y B O O K O
Z W M I O U R I S L U W R
J X L A U R T R E P O R T
X L L O S S D E B I T V H
```

AUDITOR	LEDGER
BILL	LOSS
CHARGE	NETT
CREDIT	NUMBER
DAY BOOK	RECKONING
DEBIT	RECORD
DEPOSIT	REPORT
ENTRY	SUMMING UP
GROSS	TALLY
INCOME	TRANSACTION
JOURNAL	WORTH

```
P H V G K S I B B G U Z J
J N U D K J T A N M N H E
U H E N W A L I P P E D W
N C O M I A T D E T S I F
C T U R P T T Q C G S D S
T N A T I R C E T F A L T
I U I S K E P O R W A H R
O E U K A Z L B R C E H E
N I S O S D I N E N Z M T
N C Y R T Y R D O K E R C
E M M O N E Y U L I E R H
N P T L N H H B M P U Q Y
D K I G N I T T I F Q X E
S C N H D G T O J Q S G N
R T K P S H O L D I N G V
```

AIR	LACED
AS A DRUM	LIPPED
CORNER	MONEY
ENDS	ROPE
FISTED	SHIP
FITTING	SITTING
HOLDING	SKIN
HUG	SQUEEZE
JUNCTION	STRETCH
KNIT	WAD
KNOT	WATER

Famous Charleses

```
D N C B M W I D P E A C E
P O M H G A R E Y O B Q A
I A D F A R C E D J B R K
L F T G D P A A K A Y U K
L A Z P S P L C R R V P O
E Z P N R O R I I T I I O
R V J O K I N G N E H M D
A V F T J E C E N A L U S
S X M H N H E E V T U Q R
A N K G A D D F S H Y E R
P I I U R A E Y D O O G Z
A H V A I N I C H O L A S
V E B L O N D I N U A E Z
L I N D B E R G H O N W T
N W O R B B Y R D M G A Y
```

BLONDIN	LANE
BOYER	LANG
BROWN	LAUGHTON
BYRD	LINDBERGH
CHAPLIN	MACARTHUR
CHAUVEL	NICHOLAS
DAVID	PASARELL
DODGSON	PEACE
GOODYEAR	PRICE
GRACIE	SHYER
LAMB	SMIRKE

Museum Piece

```
K S S U L G X Q U M S T E
H R C A R V I N G M C S R
E S E O M U M M Y O I I A
R C D C C I W W D S L R B
I U E I O P L N B A E U S
T L O R S R Y I H I R O T
A P F M U P D R T C C T R
G T L Q R S L S O A J H A
E U V Y Z A A A S T R V C
Y R E T T O P E Y W S Y T
W E A P O N S A R W N I L
N R R A N C I E N T A H H
I E G D E L W O N K M F K
B O N T R K W M G J O B I
Z J T C L O T H E S R D C
```

ABSTRACT	MOSAIC
ANCIENT	MUMMY
ARMOUR	POTTERY
CARVING	RECORDS
CASES	RELICS
CLOTHES	ROMAN
DISPLAY	SCULPTURE
HERITAGE	TOURIST
HISTORY	TREASURE
KNOWLEDGE	TUDOR
MILITARY	WEAPONS

```
C L V U E U V O C V Y T I
M Q U S O C H O R S E R O
X Z O H H H H S F F O E Y
R O T E E J F O B B W T Q
G O A T T E K R I X C S K
U Q P L O Q S D H A H M M
P W L A V R N U N U N A P
Y E K N O M T A O O F H L
T T L D T S R O H M E S I
Q A I P R Y U T I B R I Z
T F R O G N Y D N S R F A
M A L N Y P P U P D E D R
M J C Y K G D U C K T L D
D O N K E Y L P A R R O T
A F R A B B I T P T G G D
```

CANARY	HORSE
CAT	LIZARD
DOG	MONKEY
DONKEY	MOUSE
DUCK	PARROT
FERRET	PUPPY
FROG	PYTHON
GOAT	RABBIT
GOLDFISH	RAT
GOOSE	SHETLAND PONY
HAMSTER	TORTOISE

```
I X Y G T E H S E W Z F L
C A S I N O U T H O U S E
B I I Z E N W E W A Q C S
B G T K D D I E G S V I Y
R L N E X P Z Z R T Y N N
P A P H N H Z P X H T I A
B O O J Y E B B A O I L G
T W H H G J O P C U S C O
S Z K S C H O O L S R R G
D N K C N F O F L E E K U
K E L C A Z S C G G V K E
H Z H L R H T X A N I V R
Q Z H S A P S R R O N I S
C H U R C H A A S E U K W
Y B T D G G B K A M T S B
```

ABBEY	INN
BANK	KIOSK
BARN	OASTHOUSE
CASINO	OUTHOUSE
CHURCH	SCHOOL
CLINIC	SHACK
DEPOT	SHED
GARAGE	SHOP
HALL	SYNAGOGUE
HUT	TOWER
IGLOO	UNIVERSITY

Bones of the Body

```
R N C A Q H T O F W J C L
B S P H E N O I D E P L D
S U L A T X H N U U M R X
X L S A N L U L B F I U W
T R A P E Z O I D B I T R
A N V I L S S N S F I S D
C H E E K B O N E L K M S
Y Q F Q C R A N I U M A T
F S Z Z O M B U L N E N E
C N R D E U M L P A K D R
A I D N L R S V J T T I N
R H Y W K C G Z E E I B U
P S E G N A L A H P B L M
A W S L A S R A T J I E Z
L G C C Q E X I D S A C O
```

ANKLE	RIBS
ANVIL	SACRUM
CARPAL	SHINS
CHEEKBONE	SKULL
CRANIUM	SPHENOID
FEMUR	STERNUM
ILIUM	TALUS
LUNATE	TARSALS
MANDIBLE	TIBIA
PHALANGES	TRAPEZOID
PUBIS	ULNA

At the Casino

```
D Q M K E Y Y R G I E C L
M S C K Z W H E E L G R L
H E A Z Y D S S K S U T O
D T W T E X D A D S O N R
S A S A I R J D H Z R R Q
I A L A A V O O A E E K S
R E M C B R E R L K W S R
R M P L A E S B N I E A O
E Z L T C I E A A A M R L
V C G L C P B L O N E I E
C F I V A U V E F Y D T T
E H W D R O N H A F N I E
N O I R A R C L G D U U T
B B F P T C P O K E R H D
Y C C A S I N O M V W O S
```

BACCARAT	NOIR
BANDIT	ODDS
BANKER	PLAYER
CARDS	POKER
CASINO	ROLL
CHIPS	ROUGE
CROUPIER	SHOE
DEALER	SHUFFLE
DECK	STAKE
DICE	WHEEL
LIMIT	ZERO

Cookery Terms

```
E T U O R C N E G R I B R
E N N A S Y A P S A C O H
E A Y J Q M T H P L R N E
T L L J H F E K C D A N N
T A L A C R E C Y O F E I
O G I R O S H E L U M F A
L R T D B E Y R Y D M E C
I E N I T N E R O L F M I
P Q A N X N N U N M A M R
A U H I D E D E N O L E E
P E C E I I A B A R F M M
N S W R A L U U I N O M A
E X F E B U B A S A R D A
Q V A J L J E G E Y N L H
U C P U E S P A G N O L E
```

A LA CRECY	EN PAPILOTTE
A LA GREQUE	ESPAGNOLE
AL FORNO	FARCI
AMERICAINE	FLORENTINE
AU BEURRE	GARNI
BONNE FEMME	JARDINIERE
CHANTILLY	JULIENNE
DIABLE	LYONNAISE
DORE	MOCHA
EN CROUTE	MORNAY
EN DAUBE	PAYSANNE

```
C N O R F O L K S A L T R
R O O M P L D U I T U E D
M J R V T D O R S E T R E
A G Q N A X B X E S S E F
X I E N W M E D D C R Y Y
D W G L U A U S I M K N D
G U V C E R L T S Q R A R
S L T L H T R L Y U Q I N
B O M A D R Q A A T S R O
E U M Y G B R W T X G N V
S S W F H A M P S H I R E
F L I N T M O R X T L E D
C E R I H S N L O C N I L
P O W Y S Y E R R U S E O
N Z L A N C A S H I R E K
```

ANGUS	GWENT
AVON	HAMPSHIRE
CLWYD	KENT
CORNWALL	LANCASHIRE
CUMBRIA	LINCOLNSHIRE
DEVON	NAIRN
DORSET	NORFOLK
DURHAM	POWYS
DYFED	SURREY
ESSEX	SUSSEX
FLINT	TAYSIDE

```
D Q D E N T E D N A L E A
D I R E C T S E C C Q M Y
F I M O S P H C D I M O J
T N R P G C Y S R I T C W
N U I E N M R J G I B E E
E M F R I W U I E F B L Y
D E B A O S J T B X B E E
N R B T G G E B A A A U D
E A O I F E Q C P I B C U
P T U V F M M A U U J L T
E E N E I B C A E R N Y E
D F D R N P M B L E I M T
T G G N I T T U P F A T F
W N O I T A N R A C Z N Y
V R X A E C Y H K W J W I
```

BOUND	FINITE
CAPABLE	FIRM
CARNATION	FLAME
CITE	GOING
COME	JURY
DENTED	LAND
DEPENDENT	NUMERATE
DESCRIBABLE	OPERATIVE
DIRECT	PUTTING
EDIBLE	SCRIBED
EXACT	SECURITY

```
D E C R U O S S F S M D G
L Z Y W O B I E I T K E T
A R L I N E S L F A J T N
Q B O A R D K L E N U T O
P C L A S S E D S D P I R
S T R E T C H Q D I D W F
D I I Q G S G E I N Z Y C
R M G N N N N G S G P E O
A A G D I B I R T U C L D
W T E O D U K K A S O F A
R U R O L E N H N D G H J
A T B R I Y A Y C A G C C
G U D S U T R Z E H L N N
E N U M B E R I N G R F O
D H G I E W G N I D D I B
```

BIDDING	RAGED
BOARD	RANKING
BUILDING	RIGGER
CLASSED	SELL
DISTANCE	SIZED
DOORS	SOURCED
FLANKING	STANDING
FRONT	STRETCH
HOUSE	WARD
LINES	WEIGH
NUMBERING	WITTED

```
I O S R A E Y W E N X Y E
D T Q H B K V T E Z E M Q
N T O B V F L F L O I F F
I R N D R Z B I U T R U P
L I M R A E E H G D W E F
B P R V U Y A S B H W G R
O P W N X T X K A G T S E
F E O F T H E W E E K W M
R R D R N E U R L I L Y A
E A Z W G O N H A A C E E
S C O B Y R E S R U N I R
T R G Q R L O O H C S L D
K P B O C U S C H O L A R
W L O O L A B O U R E R G
R M C H R I S T M A S W N
```

BLIND	OF THE WEEK
BREAK	RELEASE
CARE	RETURN
CHRISTMAS	ROOM
DREAMER	SCHOLAR
LABOURER	SCHOOL
LIGHT	SHIFT
LILY	TIME
NEW YEAR'S	TODAY
NURSERY	TRIPPER
OF REST	WORK

Time for Bed

```
Y Z K C O L C M R A L A R
D R O W S Y O M R N T X O
T W N G S G C N H D X A P
S U I I S N O R I N G L I
Y A W N G I A D C G P E L
H C S Q M H A G O Q R R L
B Q O G V S T O S H A P O
L H T M R A W D Y J Y L W
A P U S F W Y D R J E A A
N K M K Q O O E A E R M H
K E R N U Z R M S G S P B
E B F L I C A T P R E S T
T F A N L S D E R I T N P
Y W G T T U S M R J V E K
V Y D S H E E T S C C D S
```

ALARM CLOCK	PRAYERS
BATH	PYJAMAS
BLANKET	QUILT
COCOA	RELAX
COMFORT	REST
COSY	SHEETS
DOZING	SNORING
DROWSY	TIRED
LAMP	WARMTH
NIGHTDRESS	WASHING
PILLOW	YAWN

```
E F E D R A T S U M S P P
L L M G O S L I N G A E R
P I A T G V R G K R N S I
P D G W F Y L Z U B D E M
A O C H R E O H A R D E R
E F J C M L P L R G U H O
N F U O P L C W K A N C S
I A N I U O I A R N E U E
P D L S W W F G O A L S S
Y U I S F H J L T N Y T U
T N L X D A E M H A R A C
Z I J A S M I N E B A R O
P F K X E M J M S R N D R
H P U C R E T T U B A P C
O P P P E R A B N U C M H
```

BANANA	LEMON
BUTTERCUP	MELON
CANARY	MUSTARD
CHEESE	OCHRE
COWSLIP	PINEAPPLE
CROCUS	PRIMROSE
CUSTARD	SAND DUNE
DAFFODIL	SULPHUR
EGG YOLK	THE SUN
GOSLING	TULIP
JASMINE	YELLOWHAMMER

B List

```
X T E B B N A N A B B B Q H
L E X U X A F Q I P L T A
R Z Y R M V N T T U U E X
A I E G B K T A T F R V W
G B Q E G E V X N N B B D
I N S O R U T K R A T L C
R A Y N K E B I B T U S N
E A T I K C A B D F R Z W
G A T N E B L H G E I Q R
D U A G I E B R A V E D T
U L L S N K X G I S B A X
B I D B P S D R U H O K S
B A R I U M G O O L H N Y
B L E S S O Y O B L L E B
A Q F I O S Y V N F X U E
```

BABBLE	BLESS
BAIRN	BLEW
BANANA	BLOAT
BARIUM	BLURB
BEIRUT	BODKIN
BELLBOY	BRAVE
BETIDE	BRUIN
BILGE	BUDGERIGAR
BITTERN	BUGGY
BIZET	BUOY
BLANKET	BURGEONING

Orchestra Conductors

```
R B V Q P P E P M E K N D
M X B E R N S T E I N Y O
I L R E C N A H M O T T L
O S V K H V O N O M I S K
B I O T A G S D R A W D E
N A H L W R N D A N O N C
E T B O U F A I I N T A O
R N O B V O C J L M O L N
A D S J A W P M A R A E L
B K K A G D A O M N H F O
D U R L L E O A R C H E N
D E A K G O N E L T T A R
I T U M Q D N F O S I H C
D R S B Y X U E T N O M Y
H I S S A R G E N T H G B
```

ABBADO	KRAUSS
ANCERL	MITROPOULOS
BARENBOIM	MONTEUX
BERNSTEIN	MOTTL
CONLON	MUTI
DANON	ORMANDY
EDWARDS	PREVIN
EHRLING	RATTLE
HOGWOOD	SALONEN
KARAJAN	SARGENT
KEMPE	SIMONOV

```
E V Y V D O U A K G L L E
B Y B O S W O R T H R L Y
A E D A M K A B E R T A M
N N U D Y U O M P L W N Y
D N N B Q L A R I E M B L
A I K E A V I H A V O O A
L V I F U S N T D O V I P
I E F C K F I G U R O D P
M U R O E F C N O P U Y I
B L F T M Q N H G A R I A
U B A T L C O J A C K C X
R Y D A E I C U Y T F B M
G G Y G T K C E D Y E A J
E I T E T Y O Z J P G L B
R S J C U B B I T F K I R
```

ABERTAM	EMLETT
AIRAG	FETA
BANDAL	GOUDA
BASING	LAPPI
BLUE VINNEY	LIMBURGER
BOCCONCINI	LLANBOIDY
BOSWORTH	MEIRA
BUFFALO	NEUFCHATEL
COJACK	PROVEL
COTTAGE	QUARK
EDAM	YARG

Adventurous Undertaking

```
Y S T U G H D L O B Q P I
O P N T E S A D I I H U N
Z E Q R A A R O S M W S T
N R O E U R I N S P U U R
A I E N D M N W E R N O E
C L D X A M G L L U C D P
O O A C C D R Y K D E R I
U U N G I I L N C E R A D
R S G U O T T R E N T Z K
A H E I U K N I R T A A W
G Z R Y S Z S A N K I H Y
E F O O L I S H M G N K C
O L U F T N E V E O S S Z
U K S Z G N I L L I R H T
S B H E A D S T R O N G H
```

AUDACIOUS	HEADSTRONG
BOLD	HEROIC
CHANCY	IMPRUDENT
COURAGEOUS	INTREPID
DANGEROUS	PERILOUS
DARING	RASH
EVENTFUL	RECKLESS
EXCITING	RISKY
FOOLISH	ROMANTIC
GUTSY	THRILLING
HAZARDOUS	UNCERTAIN

```
K I M L A V R E S T G Z Y
B O B G O L D E N C A T O
B T D C T M E N K O P T D
P R U K A A K O D U O V E
U Z E O O R C N P L U F T
M T F G D D A D E A B M O
A T O L I O N C N I R L O
R L Y N X T O T A A M D F
M A R G A Y R B T L S W K
H A T E E H C I E N Q S C
C W R A D G Y O F N D D A
T A C B O B T U U F G I L
T A C E L G N U J G A A B
P A N T H E R H E X A K L
R A U G A J D U O A M R P
```

BENGAL	LEOPARD
BLACK-FOOTED	LION
BOBCAT	LYNX
CARACAL	MARBLED
CHEETAH	MARGAY
COUGAR	OCELOT
GOLDEN CAT	PANTHER
JAGUAR	PUMA
JUNGLE CAT	SAND CAT
KAFFIR	SERVAL
KODKOD	TIGER

Fish

```
S S P D Q H T J S W Y S M
L T P D H Y C N K H V A A
M I I C O S O A C E O I C
E A R N I E B A O R H L K
H E Q O G N R R D R C F E
P W K R H R E D D I N I R
J T U B I L A H A N A S E
V T H W H V M Y H G X H L
S N I L R A M E L O S Y W
A L E W I F E N T T P O N
M N J G Y A O O U P N O I
Q C T X L P B O U N M B U
F C H A R R R G I L I Y D
N F B A U T G M A X I R L
K D T T D B S S E Q O J B
```

ALEWIFE	MINNOW
ANCHOVY	PERCH
BREAM	ROACH
CHARR	SAILFISH
GUPPY	SALMON
HADDOCK	SOLE
HALIBUT	STINGRAY
HERRING	STURGEON
KOI	TARPON
MACKEREL	TROUT
MARLIN	TURBOT

EARTH Words

```
T R E M O R S B B A A D C
Z N R O B T O R H R N K S
V O C I U U E E Q Y R S D
W S T N N D C N O C S T R
I P S D G N R I N U Y J A
K I C H E O D H G N I L W
R K G I A G D S K S T O E
O E C P K K W D I B O D I
W S Q H Y G I Y E G Y R Z
M O V E R U A N T S N E S
X L O O Z W J B G M S H F
S H A T T E R I N G A T Q
L I G H T C O X B K F O D
U H A W Q U A K E P J M V
P J M T R U X R M G G X P
```

BORN	SHAKER
BOUND	SHAKING
BRED	SHATTERING
GODDESS	SHINE
LIGHT	SIGN
LING	SPIKE
MOTHER	TREMOR
MOVER	UP
NUTS	WARDS
QUAKE	WORK
SCIENCE	WORM

```
B P P K X C P N D D T D C
A L J Y L L A U C J N I O
R A P P O R T T K N K O M
N E F A S T E N O N T D B
A T L N Y J G I Q I I K I
C E Z A C T T C W G N L N
O M S M T C I M Y U T U E
N B K A N E L U G L E N T
N C W U B J B E C P R I A
E J J D A H L L J R L T I
C R N C J W C P I A I E C
T I E O H U G U S M N C O
B X I H U A L O O C K V S
U N L F D H I C F T J S S
D E I T C A T N O C U S A
```

ADHERE	FASTEN
ALLY	INTERLINK
ASSOCIATE	JOIN
BIND	JUNCTION
BOND	LINK UP
CHAIN	PLUG IN
CIRCUIT	RAPPORT
COMBINE	RELATE
CONNECT	TIED
CONTACT	TOUCH BASE
COUPLE	UNITE

```
S A E P G U N C A A I Z W
C T R S M L O O H C S K V
T S R R O Y A L R E V O V
I I R O A P S Z T P A F Q
A N B O K N X D E S I G N
R O R K C E G S L I O Q K
T I U H Q O S E A S E L W
R S S C U K C S M N J I L
O S H O C F B O X E P A A
P E T C A R T S B A N R O
N R L Z E E U K P E W T C
M P K E X S B E B D A I R
Z M K Q D C R T O O S S A
R I T X C O L O U R H T H
T Y R A N I M I L E R P C
```

ABSTRACT
ARRANGEMENT
ARTIST
BRUSH
CHARCOAL
COLOUR
DESIGN
EASEL
FRESCO
GLAZE
IMPRESSIONIST

MODEL
OILS
OVERLAY
PAPER
PORTRAIT
POSE
PRELIMINARY
ROCOCO
SCHOOL
STROKES
WASH

Diamonds

```
Y L Q A R T Y T I R A L C
T A P I R O U J E W E L L
I R N F K A U C M L Z V Q
M K A I C Y I G E Z U H S
R M I N I N G T H L C C O
O E C N A I L L I R B C L
F T T S S E W S O J U A I
I U N T F K L W G L K N T
N F F A U W N K L S P Y A
U H C A D C E I R P A X I
J E Z U R N N I L A V B R
T B E D I A E U G F P Q E
T U C T N I O P O H F S H
S F Q H G I R D L E T U P
M I G P S Q N S T A R A C
```

BRILLIANCE	MINING
CARATS	PENDANT
CLARITY	POINT CUT
CROWN	RINGS
CUFFLINKS	ROUGH
CULET	SOLITAIRE
CULLINAN	SPARKLE
CUTTER	TABLE CUT
FACET	TIARA
GIRDLE	UNIFORMITY
JEWEL	WEIGHT

Sports Equipment

```
G X N M F K U I C D O T W
N C I B E T R I E R Y W H
O I B B K W P L P E N Z I
R B L U T C X R N K G S S
I R I E G D A O O C N U T
P U C K V N S J C O W S L
P X K Q W A A B F C S G E
D O R C S A J L D E G K S
T S D G A L A A O L Y E Z
N T N A L T S H U T Y M M
A I F U R Y S O Z T M A A
R I C C P T Z W Z U S R D
R S C U E O S M T H D F O
O A R S R S L W I S K K O
W X T M E L G E H L Y E W
```

ARROW	NIBLICK
CUE	OARS
DARTS	POLE
ETRIER	PUCK
FLAT	RINGS
FRAME	ROD
IRON	SCULL
JACK	SHOES
JAVELIN	SHUTTLECOCK
LUGE	WHISTLE
MASHIE	WOOD

African Capitals

```
Y A A W J J B P M X L Y E
C K J S A H D G M Y O E M
Y A U H D O N D L T W M O
B S B A N J U L U G G A L
A U A K A K G P N D M I F
K L J O U O A O J C F N W
T H I U L M L F K A S H G
U R A Z M I H Z I I D A A
K A I R L B M R N R X R B
A B V P T U U U S O C A A
M A O E O O T R H C W R R
P T R Q W L U Q A F H E O
A K N R F Q I M S F G Z N
L U O T A N E M A J D N E
A Q M O G A D I S H U J K
```

ABUJA	LOME
ACCRA	LUANDA
BANJUL	LUSAKA
BUJUMBURA	MAPUTO
CAIRO	MOGADISHU
GABARONE	MONROVIA
HARARE	N'DJAMENA
KAMPALA	NIAMEY
KHARTOUM	RABAT
KINSHASA	TRIPOLI
LILONGWE	TUNIS

Being Awkward

```
M E D E N R A E L N U U K
P D Z E Z N W K N D T N D
T U M O M W E W J I M G E
T R P A R O I D F U O A N
G A W K Y L S N O H R I I
K F U N C S U R A O V N F
B U N G L I N G E P W L E
H U E C E O V W K B T Y R
T N A O A I R A R V M I N
U W S A I Q U L D O O U U
O I Y R M B S Y S M U L C
C E M S Z T T I L E H G D
N L Z E I N I N E P T E H
U D I F F I C U L T V O U
A Y F K F H G G A U C H E
```

BUNGLING
CLUMSY
COARSE
CUMBERSOME
DIFFICULT
GAUCHE
GAWKY
INAPT
INEPT
ROUGH
RUDE

RUSTIC
SLOW
STIFF
UNCOUTH
UNEASY
UNFIT
UNGAINLY
UNLEARNED
UNREFINED
UNWIELDY
WOODEN

Creepy-Crawlies

```
M G M O Y F B E Y Q B L G
S Q K E W M U Z H L V F M
L E G S D A M S E L F L Y
T G Y M P D B P E G D I M
S I B M I J L I N Z Y W O
S M C X T Y E R Y M I T E
M Z C K E M B H P G R S G
R W P G G Q E T V T T D M
A E D S N V E A A I I E
W E R D A N T E N N A H O
S D E U R Z H G S W G P D
D R A G O N F L Y H E A D
Q O R E P P O H S S A R G
D N Y L F D A G P S G Q V
R E U C C Q J V C O X A F
```

ANTENNA	HEAD
APHID	LEGS
BUMBLEBEE	MIDGE
COXA	MITE
DAMSELFLY	ORANGE TIP
DRAGONFLY	SEDGE
DRONE	STING
EGGS	SWARM
GADFLY	THRIP
GNAT	TICK
GRASSHOPPER	VAPOURER

```
V Y W D P E E R A G E C L
B A R O N E U I O R S O E
L Y E L I L W G G K C A T
A R G I E T J M S O E T T
D T A R A I O L T A P O E
I N L N K T A O Q X T F U
E E I S K Y R M J C R A Q
S G A M O P B A F R E R I
P U T R R U M X E O P M T
L A C D D A S A J W I S E
K R G N J U W G R N Z R T
C D A E Z E K F N Q I D Y
R S S E A K W E O U U U L
K T G U O N N Y Q U D I A
Y U Z Q I K T S I K U R S
```

BARON	PAGEANT
COAT OF ARMS	PEERAGE
CROWN	PROTOCOL
DUKE	QUEEN
EARL	RANK
ETIQUETTE	REGALIA
GENTRY	ROYAL
GUARDS	RULER
LADIES	SCEPTRE
MAJESTY	SQUIRE
MARQUIS	TITLE

Hairstyles

```
P A F E B W N B B O M T I
O F R V E D A O Q U K U Q
R V I A X Q B F L Z V C L
C M Z W T H N L R B D R C
N W E L E D E M A O A E O
C Q T E N T W C B P L D R
R E T C S B K H U L I N N
I V E R I C A Q N A E U R
M I P A O X M N R I V Q O
P H R M N C U B G T A U W
E E B A S V U O Z S E I S
D E P L Q D U R J L W F J
D B J E Z M N X L W S F G
W D G D R I N G L E T S A
R E V O B M O C P L D J U
```

AFRO	CURLED
BACK-COMBED	EXTENSIONS
BANGS	FRIZETTE
BEEHIVE	MARCEL WAVE
BOB	MULLET
BRAID	PERM
BUN	PLAIT
COMB-OVER	QUIFF
CORN ROWS	RINGLETS
CRIMPED	UNDERCUT
CROP	WEAVE

```
X W R E T R I E V E R Q L
P W O R O T T W E I L E R
E O X H D A C H S H U N D
K L O U C A L S A T I A N
I F Y D B U L L D O G I N
N H K U L E I N A P S T G
G O S I Q E U A F G H A N
E U U E K O B M C M R M X
S N H A H I A O X E O L R
E D J Y K S L E X L D A E
T K E U T L L O E A D I
Y R L I I S V G W J R U R
G A F E F I Z A V X B U R
S F F S V G U E A Y A V E
R E T T E S X B A R L P T
```

AFGHAN	LABRADOR
ALSATIAN	MASTIFF
BEAGLE	PEKINGESE
BOXER	POODLE
BULLDOG	RETRIEVER
CHOW	ROTTWEILER
COLLIE	SALUKI
DACHSHUND	SETTER
DALMATIAN	SPANIEL
GREYHOUND	TERRIER
HUSKY	WOLFHOUND

```
N I N E L H N H L Z W M Q
L W Z J W I O I K J L I C
I E N A R U S A R T R E F
V Q H A D T D N P L Q H A
I S G I E A N D L S Y D A
N A N R E E I E G F L N
G I P W K G H T T R Z A F
S L I A A C A A A D P W P
T N R U R R M N L O Z Y A
O D L U C E K Q L D D D S
N L H O R L I E K N S E T
E C S L I N O T W E N N E
P C A N O N B I S I O N U
J N N A M K E L V I N E R
E Z C A S A N O V A B K D
```

CASANOVA	LISTER
CHURCHILL	LIVINGSTONE
DARWIN	MANN
DE GAULLE	NAPOLEON
DRAKE	NEWTON
FRANKLIN	PASTEUR
GAGARIN	SARTRE
HOUDINI	SHAW
KELVIN	SOCRATES
KENNEDY	TAMERLANE
LENIN	WALDHEIM

Space Vehicles

```
S E E Z V T W C L H K F B
S A K I G A K E T V A G Q
A E T H X R O Y E V R U S
V R K R L N A L L E G A M
E T I U Z X G W S N T M R
G X N E L L F K T L P E D
A A B B L O I O A V N S O
E Z L Y X N C A R I D T H
N U Z I U R R M R K G A K
E Y V L L E E A F I F R O
L O W Q N E M E O N K D N
E S M E T W O T N G N U U
S B V V O S T O K O H S L
R E G A Y O V U Z E I T Q
Z P R A N G E R E O T P W
```

ARIEL	SELENE
GALILEO	SOYUZ
GIOTTO	STARDUST
LUNA	SURVEYOR
LUNIK	TELSTAR
LUNOKHOD	VEGA
MAGELLAN	VENERA
MARINER	VIKING
PIONEER	VOSTOK
RANGER	VOYAGER
SAKIGAKE	ZOND

Bendy Words

```
X B U Y C P E R S U A D E
W Y A R R P S X X P Z Q P
Q V O E O S A G E S G S K
N O W O T U Y S L R U W D
K O T T O B X L F G T E E
L S I D J D M X E M A R F
A V U S C U K E X E C V L
N L P U S E N E G U N E E
G C R W L I T I R N G K C
L V W D L A M V S R D Y T
E C P C I M A B E L S V W
Q I N V Q T N V U L E A N
B I E E U R I O F S F U L
C D T R U D M C Z B I A S
M F E T T E G I V E W A Y
```

ANGLE	INCLINE
BIAS	KNEEL
CROOK	LEAN
CURVATURE	LOWER
CURVE	MOULD
DEFLECT	PERSUADE
DEVIATE	STOOP
DIVERGE	SUBDUE
EXERT	SUBMISSION
FLEX	SWERVE
GIVE WAY	TURN

```
X A N X Z Y B E N I L I S
E J O V N O B D G K S J B
D H O A R Z E A L A N D Y
R R M N W N K D J W P E Z
A O Y A D S R A E Y S U W
W Z V H D V H U E R S M O
R E K E N H F L E P M Z R
O O D J A M Q J C T S D L
F A N G L E D L U O F E D
Y X U X G X A A K W I A Y
A C O Q N I V M L N E L N
W Q F A E C K R O Y P Z T
P E N N Y O T O S O O U I
M J Y Y W Q B D E Y R Y O
Q Q T N E M A T S E T B J
```

BORN	PORT
BROOM	SPEAK
DEAL	TESTAMENT
ENGLAND	TOWN
FANGLED	WAVE
FOUND	WAY FORWARD
JERSEY	WOMAN
LINE	WORLD
MEXICO	YEAR'S DAY
MOON	YORK
PENNY	ZEALAND

```
S D F F B E D L S R R Y F
I J E O R E M O T E S L W
N D W T R Q Q R A E T N F
G S I I C S D C F U N O O
L L T S S E A L E N E A R
E E H R T O J K T W D N L
R X O E A A L E E A N M O
A C U D D N N A R N E A R
U L T C E U D T T T P R N
N U H I Y D T E X E E O T
I S E J R L I I D D D O E
Q I L H Z G E A L K N N I
U V P H C Z K N N O I E U
E E Z C N S O L O U S D Q
I I U N L O V E D L X A W
```

DISTANT	REMOTE
EXCLUSIVE	RETIRED
FORLORN	SINGLE
FORSAKEN	SOLITUDE
INDEPENDENT	SOLO
ISOLATED	STRANDED
LONELY	UNAIDED
MAROONED	UNIQUE
ONLY	UNLOVED
QUIET	UNWANTED
REJECTED	WITHOUT HELP

```
T G Y C F N U E C E D T F
R C A L E U L P F T U M I
O E T U L I R A Q A Q S A
U J E B P Z E E A G F H Z
P B A N D S H L X E F E W
E A M O B S T B U R O A G
D U C D Y A A M P G D F S
W R S K T M G E Q N G M W
T Z E U R N Q S Y O N B A
S W F H A Y E S L C U Z R
S T T G P A D A R A K V M
K T Y J B J P S C O T W Z
A B A C Z A I A Z R F M E
Q D D C E B R E I L E T M
Q C Y H K B A T C H Z W N
```

ASSEMBLE	MOB
BAND	PACK
BATCH	PARTY
CLUB	PILE
CONGREGATE	SHEAF
CREW	STACK
GANG	SWARM
GATHER	TEAM
HEAP	TROUPE
HERD	TUFT
MASS	WAD

Having a Baby

```
Y T I N R E T A M U E S R
Y C N A N G E R P T P E W
T O S N D A N U T E H E M
A H H T H G E E C T T U I
E D T E F A Y R A H H F D
B E N N K A O F A Z G A W
T L O A L F X H U S I B I
R I M T T N R O B W E N F
A V E A R U O B A L W A E
E E N L F I R S T C R Y C
H R I A Q L D A H Q Q H F
N Y N M R E T L L U F O Y
S A H T R I B K J W H P J
D O C T O R M O N I T O R
B I P S P U S H I N G I S
```

ANTENATAL	LAYETTE
BIRTH	MATERNITY
CAESAREAN	MIDWIFE
DELIVERY	MONITOR
DOCTOR	NATURAL
FATHER	NEWBORN
FIRST CRY	NINE MONTHS
FORCEPS	PREGNANCY
FULL TERM	PUSHING
HEARTBEAT	SCAN
LABOUR	WEIGHT

In Prison

```
P P D E D N E H E R P P A
D Y U H X Y W S L Y N D E
E F L D V E T S C Y Y N M
N P O N E O R E Z A I A I
I E R R O K B C L X P M R
A N W I G I C L I A J E C
T E C G S E T O A S N R G
E D H L A O R C L E E E G
D R L O C T N A E A P J P
V A L W O T E E W R I P S
W W C E L L S A G R R R A
L M R B U J I D Y Y A O T
R D O C T O R G D B J E C
T W O Q N H Y O A E Y V R
Z I K T Q F O Z O N V L N
```

APPEAL	FORGER
APPREHENDED	HOOLIGAN
BARS	JAIL
CELLS	LOCKED UP
CORRECTION	NEWGATE
CRIME	PENAL
CROOK	PRISON
DETAINED	REMAND
DOCTOR	TRIAL
ESCAPE	WALLS
EXERCISE	WARDEN

Glaciers

```
A B D R A V R A H J M Q R
F R E I C O L U M B I A N
U I E R L A D E T S O J E
D K K E I D R A B B U H E
R S F N Z N G P P Z Y Z F
M D V O B D G F N N Z I D
E A O H P A S T E R Z E E
R L F R A N Z J O S E F L
D V A T N A J O K U L L A
E S A N Q U I N T I N B Y
G Q Q F G L A T M A J F N
L N N A M T R U T N U R I
A L E T S C H D G R Q V E
C N R O H A Q N G F O X T
E N A M S A T G V I T L S
```

ALETSCH	JAMTAL
BERING	JOSTEDAL
BRIKSDAL	MER DE GLACE
COLUMBIA	PASTERZE
FEE	RHONE
FOX	SAN QUINTIN
FRANZ JOSEF	STEIN
FURGG	TASMAN
HARVARD	TURTMANN
HORN	VATNAJOKULL
HUBBARD	YALE

```
S A Y J T G E L E V R N N
T E N T H O U S A N D E E
E I V E N O Y T H G I E E
I G H E N E E T R I H T T
G H H F N D W T V W W H X
H T H I R T Y T W O E G I
T Y T J F S Y A H V Y I S
Y N C U Y B T U L T S E Y
S I X T Y O N E F I G T T
I N A P P D W I X O N M X
X E T N R T F T N E R E I
E T R E V T Y L V E A T S
W E D E E T R E B X T Y Y
H E N E W V L Y L Q O Y M
W N N O N E B I L L I O N
```

EIGHTEEN	SEVENTY
EIGHTY-NINE	SIXTEEN
EIGHTY-ONE	SIXTY-ONE
EIGHTY-SIX	SIXTY-SIX
ELEVEN	SIXTY-TWO
FIFTEEN	TEN THOUSAND
FIFTY	THIRTEEN
FORTY	THIRTY-TWO
NINETEEN	TWELVE
NINETY	TWENTY
ONE BILLION	TWO HUNDRED

Fancy a Beer?

```
T R J F Y K O O H I F N K
L U L A G O N D A D W W M
A Q O G I A N A R E B O S
M V T T Q X R T D U C R N
S G S T S E B D L O G B A
P N A Z Y W O L A G E R A
E E E O J H P I L S N E R
C T Y A C I E C G B P B Q
K S E M F T Z P B F A M R
L L J T H E S O W J N A E
E O W E L B H P A R A T T
D H L F Q E D F O U M U T
H L X L M E Y B J H A C I
E R L I Q R S A L T A N B
N U A L B A R L E Y E U I
```

ATLAS	LAGONDA
BARLEY	MALT
BITTER	PANAMA
BOHEMIA	PILSNER
BROWN	SOBERANA
GOLD BEST	SPECKLED HEN
HELL	STOUT
HOLSTEN	TETLEY
HOOKY	UNCUT AMBER
HOPS	WHITE BEER
LAGER	YEAST

Seaports

```
R S Y C N E Y E N D Y S S
E S B J E R G J E R I N O
V Y P O R T S A I D X C A
U R L M U M B A I Q Y B U
O E T I M Y H F R G A U K
C V S S S G X C R Q A R R
N O J M N B O U A L O Y E
A D X A M B O V I Y I G G
V F H D H B X N W H Q D N
B S J R R T G E C B U A A
E P R E W T N A O R J O V
L N H T N Q R P B Z X S A
E C Z T R A C A D I Z A T
M L D O K U N O I E M K S
N E G R E B G R U B M A H
```

ANTWERP	KARACHI
AQABA	LISBON
BELEM	MUMBAI
BERGEN	NEW YORK
CADIZ	OSAKA
CHERBOURG	PORT SAID
COBH	ROTTERDAM
DOVER	SHANGHAI
DURBAN	STAVANGER
ESBJERG	SYDNEY
HAMBURG	VANCOUVER

Famous Women

```
C P I B T R A H R A E P D
A A C N O S H E L L E Y E
V N N E J U Z F D L L K I
E K D T I O D X L M W S T
L H K S G R A I A O X N N
L U C U E G U N C J O I O
E R I A A G D C O C C W T
I S D N R E N M C F A E N
T T D K L T R I E M A L I
S H O A T H A T C H E R L
I G R P B G C P S D H Y C
R X K I E S A L O M E B X
H C X L I R N R J E U L Z
C G M X D S O Z B I L I D
G K A U A M O N R O E C N
```

AUSTEN	LEWINSKY
BOUDICCA	MANDELA
CAVELL	MEIR
CHRISTIE	MONROE
CLEOPATRA	PANKHURST
CLINTON	PERON
CURIE	RODDICK
EARHART	SALOME
GANDHI	SHELLEY
GARBO	THATCHER
JOAN OF ARC	WOOLF

Human Body

```
E P W R R S L S S D N A H
T Z C H E S T B G A I E Y
D H B A C K B O N E H N F
F M R T H I G H S H L T I
E E U O D Q G O U M E V N
J B E S A F S M R E F W G
A U U T C T D T T G S C E
U N E C K L J H O K A G R
S H O U L D E R S M K N S
I N C O E W T S T N A B S
V M O M I D O A E O T C V
L Z J D G F S R X T E N H
E I R G N L V M N Z R S K
P A N K L E S S F D N T B
E N Y M S I T F K N E E S
```

ANKLES

ARMS

BACKBONE

CHEST

FEET

FINGERS

HANDS

HEAD

KNEES

LEGS

MUSCLES

NECK

NERVES

ORGANS

PELVIS

SHOULDERS

STOMACH

TEETH

TENDONS

THIGHS

THROAT

TOES

```
S G K G J V L F T D D N G
L P A Y N P G X N T T Z N
W O Q L U I U M E E A N I
E G P D O H R K R D O D L
T E D S U S C U R Y C R L
N L D D R A H P O S N O A
E Z K U J L D E T P I P F
S Z A O G P V L S E A L A
S I R L J S S T E D R E L
S R O C P O G I G E D T L
O D N M M E E N T L O S E
D L A V O Q K G M U O R R
D D R E N C H I N G H V B
E R E W O H S F N E F U M
N Q M A C K I N T O S H U
```

ANORAK	MACKINTOSH
CLOUDS	PELTING
DAMP	POURING
DELUGE	PUDDLE
DRENCHING	RAINCOAT
DRIZZLE	SHOWER
DROPLETS	SODDEN
FALLING	SPLASH
GALOSHES	TORRENT
HOOD	UMBRELLA
JACKET	WETNESS

Very Deep

```
G S E M E R T X E R E S B
F S O N O R O U S U P W N
I Y U P R O F O U N D I T
N B N O C N O Y N A C F G
T A N Y I G Y T R T A E N
E Q A Z N R A D G N V R I
N D Y O T S E N R A E V N
S N R D T N I S S N R E W
E T B U T P A V E O N N A
S F T A A W Y I V S O T Y
P E A G S G G V E E U Q C
J K Q M J S Z I R R S C Z
S P G R A V E D E M H R J
P A S S I O N A T E M Z Z
N M N S S E L M O T T O B
```

ABYSS	GRAVE
ARDENT	INTENSE
ASTUTE	PASSIONATE
BASS	PROFOUND
BOTTOMLESS	RESONANT
CANYON	SERIOUS
CAVERNOUS	SEVERE
EARNEST	SONOROUS
EXTREME	STRONG
FERVENT	VIVID
GAPING	YAWNING

Currencies of the World

```
W X I A A N X D M W W L Z
V R E N M I N B I X Q A F
D O N G N A E I Z Q W R N
Y C A T R T K C M S S T O
K A I O G N I L L I H S X
R U P E E E O U K D P U L
I N O Y H C U V G Y Y A C
W N L R F E X C B F A N F
E R A N I D V A K G T T T
L K E R D B B O T S N T K
B I R J A I R W C R I T E
U X O H R U R F K D R R Y
O L T R N B G H U G O C L
R H E A R U P I A H F E M
T M U V Z L O T Y M K J M
```

AUSTRAL	KYAT
BAHT	LEK
BIRR	LEV
CENT	RAND
DINAR	REAL
DIRHAM	RENMINBI
DONG	ROUBLE
FORINT	RUPEE
GUARANI	RUPIAH
INTI	SHILLING
KORUNA	ZLOTY

What's on Your Mind?

G	J	D	Y	N	L	F	W	M	M	X	H	J
E	Q	X	C	W	B	Y	T	X	R	K	S	H
V	R	P	U	O	R	O	E	F	A	N	I	G
S	O	B	R	V	T	P	I	R	W	N	V	N
P	Q	E	M	E	H	E	U	E	S	L	E	I
G	D	F	S	O	N	N	Q	T	U	R	E	V
F	K	T	W	V	S	H	I	F	F	Q	P	O
S	Y	L	L	O	J	E	D	U	P	B	N	L
U	M	I	S	E	R	A	B	L	E	S	U	N
O	O	C	S	K	E	R	B	D	C	F	N	T
I	O	B	G	R	L	T	I	R	R	M	W	M
X	L	L	D	L	D	E	R	E	H	T	O	B
N	G	A	Y	H	U	D	E	A	D	O	D	F
A	F	Z	P	G	J	H	J	R	D	A	U	I
V	Q	Y	Z	J	C	Z	H	Y	G	L	U	M

ANXIOUS	LAZY
BORED	LOVING
BOTHERED	MISERABLE
CHEERFUL	MOODY
DOWN	OPEN-HEARTED
DREADFUL	PEEVISH
DREARY	QUIET
FRETFUL	SOMBRE
GLOOMY	TESTY
GLUM	WARM
JOLLY	WORRIED

Northern Ireland

```
E N R A L D E R G R O V E
Y R W E N T B E L F A S T
Q Y R R E D N I L L A B S
S J F O S L L I M H S U B
D E E A N E M Y L L A B L
R N R D O O W Y L O H O E
A O M I R T N A V O N R N
N R A A K F I B M D D Q R
W Y N R S N B A O D R V U
O T A M N A G N L N O S O
T W G A N H D C X V R W M
W K H G A E N H G U O L N
E Y O H R S L I S B U R N
N R I R C O L E R A I N E
B E Y N O N N A G N U D K
```

ALDERGROVE

ANTRIM

ARMAGH

BALLINDERRY

BALLYMENA

BANGOR

BELFAST

BUSHMILLS

COLERAINE

DOWN

DUNGANNON

FERMANAGH

HOLYWOOD

LARNE

LISBURN

LONDONDERRY

LOUGH NEAGH

MOURNE

NEWRY

NEWTOWNARDS

OMAGH

TYRONE

On Fire

```
F X P T N F E A F B I S S
O L W A L I G H T L G D G
P E A T R V F B D A N S O
W P J M M A Y C T Z I E L
I F A Z E L F R P E T H F
C J S V A S R F B B E S Z
K O O N E L G N I F A A P
G N I N R U B D O N D U W
C H I M N E Y J Y X M D V
M L Q D P X P J U I O P T
C A N D L E P N P O J Z O
C O T K L O N D W Z H V O
O C T C K U H E A R T H S
K Z W E H G O S K R A P S
E D R E D N I T S G L T H
```

ALIGHT	INGLENOOK
ASHES	LOGS
BLAZE	MATCH
BURNING	PARAFFIN
CANDLE	PEAT
CHIMNEY	POKER
COAL	SOOT
COKE	SPARKS
FLAMES	TINDER
HEARTH	WICK
IGNITE	WOOD

```
S  P  I  L  O  R  X  C  G  I  N  P  T
E  X  C  L  V  Q  R  I  I  L  N  N  P
H  Q  R  A  U  X  O  S  F  V  R  P  V
S  L  E  Z  K  F  D  U  T  G  R  T  E
I  C  E  C  R  E  A  M  S  G  S  M  H
W  I  U  I  K  R  A  P  A  D  E  A  C
S  E  T  A  L  P  X  M  R  H  T  S  I
T  I  Y  Q  E  V  E  A  T  S  T  M  N
S  W  L  Q  R  S  C  S  O  N  G  S  W
E  S  I  R  P  R  U  S  E  C  S  E  C
U  D  M  H  G  L  A  S  S  E  S  L  X
G  O  A  A  J  W  E  J  M  Z  O  D  D
W  O  F  P  R  R  P  L  K  W  N  N  A
A  F  D  P  P  J  V  U  N  T  W  A  A
N  K  X  Y  F  R  I  E  N  D  S  C  M
```

CAKE	HAPPY
CANDLES	HATS
CARDS	ICE CREAM
CLOWN	MUSIC
FAMILY	PARK
FOOD	PLATES
FRIENDS	PRESENTS
GAMES	SONGS
GIFTS	SURPRISE
GLASSES	THEME
GUESTS	WISHES

```
Y E L E K R E B O U H O V
A L M O C L X A X Y T G P
M L C Z U Z R O F N W F G
S I R E L A N D O G K E H
T L L N R E K R R R N H P
E T L R O C O A D E G A Z
R U E O I T U U V B N R A
D F N W N D E A T L I V N
A C R Y A D G C Q E D A G
M A O P T A O R N D A R O
W A C T Q U N N N I E D L
T S O R B O N N E E R O O
B R U N E L O T R H P P B
E G D I R B M A C T N O N
M F Y O R K V I L L E I Q
```

AMSTERDAM	IRELAND
BERKELEY	LILLE
BOLOGNA	LONDON
BONN	OXFORD
BRUNEL	PADUA
CAMBRIDGE	PRINCETON
CORNELL	READING
FERRARA	SORBONNE
GENEVA	TORONTO
HARVARD	WARWICK
HEIDELBERG	YORKVILLE

Consumer Electronics

```
G N U S M A S J M J Z W Y
J V C O T S H A R P G S I
F A Y Q D E C A T Q U P G
U N B U Z R C F M Y P O S
J R M A A D O H N A O C O
I E E D K S E T N D Y N N
T E U L O M H P M I W O Y
S N F R P O V A U Q C I T
U O C S M P N X Z Y K S O
F I G S N S A A K N E S S
M P O T O E B Q Y N N I H
W N L E K W M A R I W M I
P H I L I P S E M L O I B
F B L T A X M B I Z O O A
A L O R O T O M M S D V J
```

APPLE	PHILIPS
ARCAM	PIONEER
FUJITSU	QUAD
GOODMANS	SAMSUNG
JVC	SHARP
KENWOOD	SIEMENS
LINN	SONY
MICROSOFT	TECHNICS
MISSION	THOMSON
MOTOROLA	TOSHIBA
NOKIA	YAMAHA

Egg Box

```
H H R D V F U Y U N G S H
S V E W A K P Z S Q T C L
L G P A R Z C K X N C C E
L A B H D S K W A J U S W
O L N R N S P L X R A X I
R B H R E O P L X N M N N
S U G S E T V U D I M O T
L M W Z F M A W T D J O H
L E Y C A D I E Y E C D U
E N U P N C Y T B P G L S
H P N U H Y S L K A N E N
S O O E F L O O S H I S O
G B S L L E C L V S Y Q O
W H I S K S Y R K K A W P
R P W H I T E S M S L R S
```

ALBUMEN	NOODLES
BEATER	PLANTS
BOUND	ROLLS
CELLS	SANDWICHES
COSY	SHAPED
CUPS	SHELLS
FLIP	SPOONS
FU YUNG	TIMER
HEADS	WHISKS
LAYING	WHITES
NOG	YOLKS

Word Clarity

```
N O I T A C I F I R A L C
S S E L D U O L C I D D C
L U M I N O U S P A I R T
L S P O T L E S S F S E N
D A C L A R I T Y T T F E
I L T H G I R B J A I I R
C D Y S S A L G L K N N A
U R E P Y M X U V V C E P
L R U X L R C G O K T D S
L R G I I A C P L A I N N
E H G J M M H I P X S A A
P H W M H W N A S D E H R
T K I D E G R U P L A K T
C T R A N S L U C E N T W
H V V I S I B L E K F T L
```

BRIGHT	LUMINOUS
CLARIFICATION	PELLUCID
CLARITY	PLAIN
CLEAN	PURE
CLOUDLESS	PURGED
CRYSTAL	REFINED
DISTINCT	SPOTLESS
FAIR	TRANSLUCENT
GLASSY	TRANSPARENT
IMMACULATE	UNMIXED
LIGHT	VISIBLE

Building Block

```
E L K Q A R Y S Z L Z F M
G T E L B A G Z L P O P G
I F I P G L B I L U L R A
Y H L S A P S E N L O A R
S L T S T C V D A O T E N
U H S L W E A U L M R H U
Q H U T L T D F Y F N O W
O A I T I P O D R A Y R Q
V L N O T N N U Z G O T N
E F N A H E R S X O E G W
R S O Y M R R H Y Q J Z I
O Z D O M E I I F V O M N
A R H S U W C H N W I I D
D B D E V O C L A G S G O
T S S U R T G F I A T V W
```

ALCOVE	PLAN
APSE	ROAD
BEAM	SHUTTERING
DOME	SILL
FLOOR	SITE
FOUNDATIONS	TILE
GABLE	TOWER
GLASS	TRUSS
HOME	VAULT
JOIST	WINDOW
LEVEL	YARD

```
M D K S S U G N O Q Q J F
X N N S S C F M M X V A T
D B G H S G I S B L N R U
F U T O E Y G M O S C L E
M O C O S Q S T O P A E T
M S M R A H C Y K C U L S
P I T N V R E E S E D N P
S L D A A K Y L P O I P O
Y V T M M R T H L O I F O
O E T E I P O L C S I A N
T R M N L T S X T B R F S
D G G T O W D O R P L N A
I S F S M T L K W A Q B Q
C A M E O S X Z G T S H T
G S M E D A L S G N W A N
```

BOOKS	MUGS
CAMEOS	ORNAMENTS
COINS	PHOTOS
COMICS	PISTOLS
DOLLS	SHELLS
FANS	SILVER
FLAGS	SPOONS
KEY RINGS	STAMPS
LUCKY CHARMS	TEAPOTS
MEDALS	TOYS
MOTHS	VASES

Canadian Rivers

```
O M K T D T F N W N D C X
M W I B H V I D I X R A S
I E V S S N Q K N G A I P
H A Y E S S A U I D I E B
N G P J S I V S S R L E A
A L Q C Y O N K K L R C T
G E G K N B O A Y A A V T
A X O A A S T M I Q U V L
N N Z P B H T Y V B N P E
A A G E L Y A F U D I V I
K M R A A E W R W K M E S
O D A C D M A A S M O K Y
L L N E L Y O S Z K I N H
L O D G E C R E E K R Z S
V W J K V A F R T T A K C
```

ALBANY	MOOSE
BATTLE	NASKAUPI
EAGLE	OKANAGAN
FRASER	OLDMAN
GRAND	OTTAWA
HAYES	PEACE
KAZAN	PELLY
LIARD	SLAVE
LODGE CREEK	SMOKY
MISSINAIBI	WINISK
MOIRA	YUKON

Body Language

```
N I R G A U R S T R U T I
W D A H A N W I V T G E Z
I Z V C H T E G L A N C E
E M I W O S O H F S G A E
L J J U U T U U E R H P V
D P A G L L Z L C D C O A
D T Q W V H I G B H T R W
I F W N E M C D U H E X Y
F C Q R S O I N T J R N D
I W A W C H V T I X T D W
D L V I R C A S X L S T I
G X J G A R Q K P M F J N
E N E S T L E N E O R D C
T S O H C B L J O P U J E
Z J B U H Y R I D E Z T V
```

BLUSH	PACE
CRY	POUT
FIDDLE	SCRATCH
FIDGET	SHAKE
FLINCH	SIGH
GAZE	SMILE
GLANCE	STRETCH
GLARE	STRUT
GRIN	TOUCH
MOPE	WAVE
NESTLE	WINCE

```
Y F E O S H Z B Q H W H B
A T S I N E I G Y H C T R
C M U O N T R J U A L U A
E P G A X L M U V M P O C
D X M T R A A I T L S M E
T E G C G Z T G A N L R R
L I T L K Y N Q C A E O N
U K A F T I U R L T O D O
H M T U L E N T E T S M U
A S O L A B Q R A W L O B
C R I C H A I R N L G L L
U F E L C B O Y I C S A D
I W I C O M I R N U R R T
D E T A L P D T G O Z S T
A D C W N U R S E P Q B Q
```

AMALGAM	GUMS
BITE	HYGIENIST
BRACE	MOLARS
CAVITY	MOUTH
CHAIR	NURSE
CLEANING	ORAL
DECAY	PLAQUE
DENTURES	PLATE
DRILL	POLISH
ENAMEL	ROOT
FILLING	ULCER

Bible People

```
R A Z A H T L A B R M D F
R D C H R I S T E A V K Q
Y M T E F P W B H M B E Z
K X T Z I E E A F M H E E
J E N L H C R V A O A H L
P E A Q C B J I G W R J I
I T R A A E R E C V O G J
E O M E Z I N D M N P O A
L U K E M D Q G A B P L H
L O B D E I S H T O I I O
W E C B A M A S T C Z A B
L M A L P N I H H A I T U
E L I A S M I L E J C H G
V V N W O V Y E W Q D R Y
Q K Q N E R Q S L Q K K B
```

ABEDNEGO	JEREMIAH
ABEL	JEZEBEL
ABRAHAM	JONAH
BALTHAZAR	LUKE
CAIN	MATTHEW
CHRIST	MIRIAM
DANIEL	PETER
ELIAS	PILATE
ELIJAH	REBECCA
GOLIATH	SIMON
JACOB	ZIPPORAH

Look Lively!

```
T H A S U O I R O B A L E
G W C Z V D S J U I G M I
L A T W O R K S B R I S K
H I I N N J T O E N L T Q
Q R V W L L U V F I E S T
S U E I I T I E R M N R P
U B I N N T V M S B E V R
P Y G C A G F P Q L R I O
P C E R K E R L A E G G M
L W E I R I C O N O E O P
E P G V G T Q Y X X T R T
O R E H L I V E L Y I O J
J N T Y S U B D X F C U U
T L D E T I R I P S C S G
Y I E F F I C I E N T C U
```

ACTIVE	LABORIOUS
AGILE	LIVELY
ALERT	LIVING
AT WORK	NIMBLE
BRISK	OPERATIVE
BUSTLING	PROMPT
BUSY	QUICK
EFFICIENT	SPIRITED
EMPLOYED	SPRIGHTLY
ENERGETIC	SUPPLE
FERVENT	VIGOROUS

```
W K S G R X A B N P W D P
E I I E O W P B J H E A T
A E T T Q U P R E G A L W
T D L E W Z Z N T G B A M
H A N F N B G I W N H S O
E N C A X T A A A I T O S
R E S Q S Z U H R H E G Q
G M F S P G H C M S K Z U
N O G E U P W Y T I C A I
I R X S G S B S H F I T T
N P T O N I I I T B R H O
N P U R N O K A K H C I U
A L L L T O I D W A S P S
T A I A C O N V Y Y L U J
G E F I Y M I P I C N I C
```

AUGUST	PLAY
BIKINI	PROMENADE
CRICKET	ROSES
DAISY CHAIN	SALAD
FETE	SAND
FISHING	TANNING
HEAT	TENT
JULY	WARMTH
LAGER	WASPS
MOSQUITO	WEATHER
PICNIC	YACHT

Holes and Spaces

```
I N D E N T A T I O N T L
T H E V O P E N I N G S Z
H I S N H D Z X T J M E T
U A I E S L J I F U R L U
M T T R T E C I F I R O N
B U R R O W M A T X Y H N
H S O A M J S I X E T T E
O I M W A E N R S K I I L
L X S T W C L H Y F V B O
E D N G H L E O O X A B H
D E I S R C F L H L C A X
V R F V P O N E V P L R O
D N A A O O T E E Q E O F
Q H Z I N T U T R J D E W
M M Q U N A E T O T B C P
```

AIR HOLE	OPENING
BURROW	ORIFICE
CAVITY	PEEPHOLE
DIVOT	RABBIT HOLE
DRAIN	SPOUT
FOXHOLE	STOMA
GROTTO	THUMB HOLE
HIATUS	TRENCH
HOLLOW	TUNNEL
INDENTATION	VENT
MORTISE	WARREN

```
T A F E L W E I N S G V J
B U R H I N E P K U I S G
O O N F R A N C O N I A R
C Y R D N Q O X T U U L U
N O F I O T A I R A V A B
I E L R S R E P T P U M
T Z D O E B T T R Y R T A
E D R A G N E M E R B O H
H S R U B N R C U I E B R
T C E A Y N E I K N N A Q
E H M Y H O E V W E D H Q
O L N A Q C T D W Z R N Z
G O L P D R I K A S S E L
H S G A Q K I E L B A Y X
D S V Q H T N I L R E B U
```

AUTOBAHN	HAMBURG
BADEN BADEN	KASSEL
BAVARIA	KIEL BAY
BERLIN	LEICHARDT
BORIS BECKER	RHINE
BREMEN	ROSTOCK
COLOGNE	SCHLOSS
DORTMUND	STEIN
FRANCONIA	TAFELWEIN
GOETHE	TAUNUS
HALLE	ZWIRNER

```
P E S I U G S I D S G D G
I N C R I M I N A T I O N
U B J C F Y Y E C N F Y I
M L W P R C E U P I X R R
X O E E O I S D K R S E R
I O V A A L M C A P E T E
F D I A D P I E V T G S H
O S D V L S O C N O T Y D
R T E H E I G N E O S M E
E A N U T F B Z R F O B R
N I C A L A I I F X L B T
S N E E D C E N W I V O R
I S I U I S F D K A I D I
C H Z X M O T I V E N Y A
S E V I T C E T E D G P L
```

ALIBI	INCRIMINATION
BLOODSTAINS	KNIFE
BODY	LEADS
CLUES	MOTIVE
CRIME	MYSTERY
DEATH	POLICE
DETECTIVE	RED HERRING
DISGUISE	SOLVING
EVIDENCE	STORIES
FOOTPRINTS	TRIAL
FORENSICS	WEAPON

```
M Z V K S K V R R Y R N B
Y T I E B A C K S U K F J
T F U F H O S Z O R S E V
E E Q O T E V L E V B T Q
F A O D K A O S F R I L L
A K K C L C T N R Q V M R
S B A A P E A P V E L S E
J R N Y N A E L C Y R D S
T C F L L T A Y B U J U N
E H D W A C F A B R I C O
N I S E E M B M I M L G O
Q N E Y S E R U T X I F T
F T V Y F O R E L G N I S
R Z S D N I L B H B E A E
G X N O T T O C P T D P F
```

BLACKOUT	HOOKS
BLINDS	LACE
CHINTZ	LINED
CLOSED	NETS
COLOUR	SAFETY
COTTON	SINGLE
DRY CLEAN	THERMAL
FABRIC	TIEBACKS
FESTOONS	TRACK
FIXTURES	VALANCE
FRILL	VELVET

```
B F G D A E H R E P P O C
D O K N A P I A T T R G O
H E O C A E B H N I E M A
T E O M A F K Z F A D O C
U E K A S B I A O R D N H
O A K A D L D S N K A E W
M S G A N N A N F S Y V H
N P F W N S O N O D A R I
O M L O G S E C G M K E P
T M R A X O T L A X A P S
T R Z A R S N A T N K I I
O O O L C B N C R T A V D
C B J U J E O A F Z A E A
N O H T Y P R C K S J R G
R E C A P S E R P E N T J
```

ADDER	FOX SNAKE
ANACONDA	KRAIT
ASP	PYTHON
BOA	RACER
BOOMSLANG	RAT SNAKE
COACHWHIP	RATTLESNAKE
COBRA	SEA SNAKE
COPPERHEAD	SERPENT
COTTONMOUTH	TAIPAN
DIAMONDBACK	VENOM
FANG	VIPER

Composers

```
S B B R I T T E N B Q B G
W E B E R S S G H U R Z N
P N E S L E I N E A A I F
R S B O R I X K H I P W P
O C H R C Q A M I O R A S
K H S I U R S D H T R G C
O U X A O C L C S M E N H
F M C V K A K E I W L E U
I A D K V U B N B P H R B
E N R I G I D E E E A A E
V N V X L I R G L R M M R
I T F E Z L S G I O V S T
Q V D J I W A T U L M P A
L W E O B R T K S O W V N
W M Z S B O R O D I N F O
```

BERLIOZ	HOLST
BORODIN	IVES
BRAHMS	MAHLER
BRITTEN	NIELSEN
BRUCKNER	PROKOFIEV
CHOPIN	SCHUBERT
DELIBES	SCHUMANN
DUKAS	SIBELIUS
DVORAK	VIVALDI
ELGAR	WAGNER
GRIEG	WEBER

```
N O I T A R E P S A X E T
I R E P M E T A N G E R N
D N Q O Q X F S J O J A E
I I C I F I E S O L L G M
N N S E R F F I Q C A Z T
F D F P N A E O O R L N N
L I X U L S T N N V I O E
A G P Y R E E E C V V I S
M N R W Z I A W L E I T E
E A O B R N A S Y T D A R
N T V C R A E T U J T X J
X I O T H H T R E R G E S
C O K Y V A L H F B E V N
X N E J U U F U R I O U S
L Y Y H E A D E T A E H C
```

ANGER	INFURIATE
CHAFE	IRATE
DISPLEASURE	LIVID
ENRAGE	NETTLE
EXASPERATION	OFFENCE
FRENZY	PASSION
FURIOUS	PROVOKE
HEATED	RESENTMENT
INCENSE	TEMPER
INDIGNATION	VEXATION
INFLAME	WRATH

```
T M O R N I R O L F M M T
S T A T E R I O L P R A N
R O X T T P B B E E C W N
S V S W A O P N T U O F U
V O P T O K N O D R L J S
E P V V R Y N I C K E L N
T C O E G A C G E A N T O
N A N U R M N R U E D H E
A E K E N E O G N I Q A L
Z D A O P D I J E T N L O
E L B A I X V G T L H E P
B L B O E V I S N S T R A
E U M N J M I S F O O I N
D G Z B W L I J Q U H G V
R T I V I G Y D Z E A E M
```

ANGEL	NICKEL
BEZANT	NOBLE
COPPER	OBOL
CROWN	PENNY
DIME	POUND
DUCAT	REAL
FLORIN	SIXPENCE
GROAT	SOU
GUINEA	SOVEREIGN
MOIDORE	STATER
NAPOLEON	THALER

```
T R E M R A N C Y A P N V
E U O S H A D O O F Y C T
M E T Y I A E R B E R M T
P N R B B J L A B V A E Q
L S U A Z S I M D V M I C
E N N M K V N E L O I D S
E O I I A A C S O P D U I
D C C Z U H B E G P S M R
F F I Y X F K S M S H P I
U G O F H U N N T U Z W S
R T S E I R P A A D M G O
Q I Q K V R T X V T L M U
M A S K S U C Y R X U I Y
J C V I E S C A R A B T G
Q N R S S E I T S A N Y D
```

BAKARE	NUBIAN
DYNASTIES	OSIRIS
EDFU	PRIEST
GIZA	PYRAMIDS
GOLD	RAMESES
ISIS	SACRIFICE
MASKS	SHADOOF
MEIDUM	SCARAB
MUMMY	STATUES
NARMER	TEMPLE
NILE	TUTANKHAMUN

Troubles Aplenty

```
T B M C M Z T Q U D V T C
F I J M I S E R Y S V U W
Z T A E F E D W C H J N K
F T N H K C O O I O Y A E
R E B U F F U R T B E Z N
T R I A L R M R T L E Y U
X N V T G I O Y B I A T T
E E O E V U O H F G R L R
K S E T B A C K A H A A O
P S R L L K D H L T W U F
G M E U P S E T L Q D S S
L B U B C K X R N W E A I
O A T L Y T I M A L A C M
O N W O S Y G W P F L I C
M E M W H Q K U A S F M J
```

BANE	MISERY
BITTERNESS	MISFORTUNE
BLEAK	RAW DEAL
BLIGHT	REBUFF
BLOW	SCOURGE
CALAMITY	SETBACK
CASUALTY	SLUMP
CURSE	TRIAL
DEFEAT	TROUBLE
FALL	UPSET
GLOOM	WORRY

```
R F T R O P X E O R T L I
I L M C U N Y B J I B M K
X B V T O P S E D I P N W
Q N J E L C S O L A Y E L
L Y L O L T A B I L D N S
H I E Y E O E R Q Q O T K
C I M R D W U H T W B W N
N F O P B N Q R Y O O I A
E A N J E W A L H T N N H
U G S D O T P H T H A D T
Q O R R Y I O H W G Z O I
M U R B U E G I O I K W B
B O Q Q B I J A R E C F B
S Z E A L O T M G H K W A
X A I F I G N I Z A G P R
```

BURDEN	LIMPET
CARTON	NOBODY
DESPOT	OPAQUE
EXPORT	QUENCH
FLIGHT	RABBIT
GAZING	SORROW
GROWTH	THANKS
HEIGHT	VELOUR
IMPAIR	WINDOW
JESTER	YELLOW
LEMONS	ZEALOT

Decorating Table

```
H X F Y G V A R N I S H I
N O O E P N A X S X X S S
O B F I T T I N G S B N H
I C P W R S B G G A O A N
T L D O Y N A A N Q N L U
A E M E X F R P W A M P G
R A D J C Q R A Z J H F I
A N A Y C O L O U R S Z R
P I H C L L R G O Q D H E
E N F L P P W A C M L E N
R G E A A B L O T U A G I
P R P I O Y V S I O A T A
A E N E N I T N E P R U T
R T W I N R E D D A L E S
I B V G B U P R I M E R Z
```

CLEANING	PASTE
COLOURS	PLANS
COVING	PREPARATION
DECORATOR	PRIMER
FITTINGS	RAGS
GLOSS	ROLLER
HANGING	STAINER
LADDER	TURPENTINE
MATT	VARNISH
MORTAR	VINYL
PAINT	WALLPAPER

Cakes

```
K X E Q Y F K X O B K R F
I T U D A T A P N C S E N
K V R H U O W I A F E Y M
O A C Z E I S J R K I A C
L O L N T I P C Q Y N L U
M Y M P A A Y W A O W L R
N U K R L E C B P R O W R
D L T F O E A S T E R N A
S E K A C K C O R F B O N
D L I D O K G I N G E R T
U O Q U H R P T I U R F H
N G N I C I A O W S Z F U
D S E N O C S N U Q D A E
E L B R A M B B G N K S J
E E I M V K F O S E D B X
```

BROWNIES	LARDY
CARROT	LAYER
CHOCOLATE	MARBLE
CURRANT	MOCHA
DUNDEE	ORANGE
EASTER	POUND
FAIRY	RAISIN
FLAPJACK	ROCK CAKES
FRUIT	SAFFRON
GINGER	SCONES
ICING	YULE LOG

Very Large

```
O V B F S J B E Y H M X H
K P D U U U I L O V G L U
Y K L U B M O P V R A M L
F O E D S B Y M E A Y E K
A W Z V N O Z A R K S S H
L Z E F I Y T G W O R T V
H U G E B S C I H P N N A
C M R P Q O S G E C X E P
I T A P S E M A L E R N C
N G L M O R H N M S E I D
A F I D M J J T I Y P M A
T C S A F O K I N E M O O
I O N W N B T C G J U R R
T Z U A W T Z H J Z B P B
H K N S U O G N O M U H O
```

AMPLE

BROAD

BULKY

BUMPER

COSMIC

ENORMOUS

EPIC

GIANT

GIGANTIC

GREAT

HEAVY

HUGE

HULK

HUMONGOUS

JUMBO

LARGE

MAMMOTH

MASSIVE

OVERWHELMING

PROMINENT

TITANIC

VAST

Bonfire Night

```
A Q Y S R E G N A B R M S
V H R A M N S V Q O F K T
A T H G I L A S C I R A L
U L U R D C V K F A E A F
L N A K G A E T P H L W Q
T O O C S T H S M O K Y S
S C X A K H E P N H A A A
C A T J S O P W C S S L U
B E R G A L C R J E T P S
U B A N M I O F F H R S A
R A I I Y C B I N S E I G
N Q T P S T E J B A A D E
I B O M B R R K O L S B S
N R R U Y F Z A X F O N P
G X U J V B X Z P H N U U
```

ALIGHT	MASKS
BANGERS	PARTY
BEACON	ROCKET
BURNING	SAUSAGES
CATHOLIC	SCORCH
DISPLAY	SMOKY
FIERY	SOARING
FIFTH	SPARKS
FLASHES	TRAITOR
HEAT	TREASON
JUMPING JACK	VAULTS

Herbs and Spices

```
H I J O P Y R A M E S O R
N I M U C B K C S T L L Y
Y E L S R A P A E A L A R
Y E T T O Y J R V R I G E
H C S N V L O A I R V W L
A O P I E E B W H A R W E
Q R E M B A V A C G E C C
R I A R B F Q Y J O H L M
L A R E E G A S M N C L A
O N M P L E N N E F L Y R
V D I P B T B F X I L R O
A E N E G H H A D N S O J
G R T P S A I Y S G L V R
E B J P N X A U M I O A A
E S I N A B A L M E L S M
```

ANISE	FENNEL
BALM	LOVAGE
BASIL	MARJORAM
BAY LEAF	PARSLEY
CARAWAY	PEPPERMINT
CELERY	ROSEMARY
CHERVIL	SAGE
CHIVES	SAVORY
CORIANDER	SPEARMINT
CUMIN	TARRAGON
DILL	THYME

```
E L S A L V A D O R A U N
C O L O M B I A A L C I J
E Z I L E B B D E O C G A
V W T B R U A U S A U R O
C K J A C N Z T R A G M S
H A Z I E E A A T E Y T U
I I V R N R G E N S P G R
L Y G E I U M T H A I T I
E A V C A A I V I L O B N
Z U A Z L N P J V U C A A
C G A A A N A I I V I H M
G U Y A N A N B Z M X A E
C R A A C I A M A J E M F
U U P R A G M M P H M A N
G D T E R B A N E J Q S G
```

ARGENTINA	GUATEMALA
BAHAMAS	GUYANA
BELIZE	HAITI
BOLIVIA	JAMAICA
BRAZIL	MEXICO
CHILE	NICARAGUA
COLOMBIA	PANAMA
COSTA RICA	PERU
CUBA	SURINAME
EL SALVADOR	URUGUAY
GRENADA	VENEZUELA

Famous Sailors

```
T R E L C R A K E B Z X E
R O H T U G A R R A F O K
Y U B V W T A F Y F R F A
O P P A R R Y B P F S L R
N K O O C F S N M I W N D
E A M E Y E W J N N A W D
S R N I R O E N E L S O N
D D Z O R L B T L J R T V
N W C R L E C E L C D D Y
U S A I A N G H I A O N H
M B C T T A D U B O H E U
A O T G M B G N H M G S D
E Y M W J Z I A U D I N S
F R O B I S H E R B L A O
Q D N I L K N A R F B N N
```

AMUNDSEN	FROBISHER
BAFFIN	HOOD
BARROW	HUDSON
BEATTY	JELLICOE
BLIGH	MAGELLAN
CABOT	NANSEN
COOK	NELSON
DRAKE	PARRY
FARRAGUT	SCORESBY
FOX	SINBAD
FRANKLIN	TRYON

```
E G Y F I B R E V F I I V
E G H S G L A B M E P L C
S D R C U E F N O H P R D
U L U U F V B P I T G L A
S S G C S E I U U W B O O
T N V S R R J N V O N G L
A O N F Q A B I S L U I N
I W X J D G T P V F P S W
N I Y U B E A S O K S T O
A P F R A M E W O R K I D
B Y G R E N Y S L O I C A
L R A E W O G O L W L S X
E I A C T I O N A B L E W
E G N A H C A E S A L Y E
Q Z G E N E R A T I O N X
```

ACTIONABLE

B-TO-B

BUY-IN

COOL

DOWNLOAD

EDUCRAT

FRAMEWORK

GENERATION X

LEVERAGE

LOGISTICS

LOGOWEAR

ME PLC

SEA CHANGE

SPAM

SPIN-UP

SURGE

SUSTAINABLE

SYNERGY

UPSKILL

VERBIFY

WIN-WIN

WORKFLOW

```
M S Q Q I H S U Z I H S O
F E Q M U S B B V M P S H
S A S A A A C Q Z I U T C
C W D D R Y S H R I M P O
A E I C E U O U N A G I H
L E U B I E K N K P B Q G
L D Q Y H C S I N P Q R T
O D S Z S A S E Y A V A J
P O Q O U U O L M K I G S
R I C E Z K F T L A E S R
L A C J I P U O W O S S E
J F G B R N T K T B R E T
W M O D A S U P O T C O S
J T X N N Y G K C W P C Y
D U T G I N G E R T D C O
```

CRAB	RICE
GINGER	ROLLS
HOCHO	SCALLOP
IKURA	SEAWEED
INARIZUSHI	SESAME SEEDS
KAPPA	SHRIMP
MAKISU	SQUID
MAYONNAISE	TOBIKO
OCTOPUS	TOFU
OSHIZUSHI	TUNA
OYSTERS	UNAGI

Bridges

```
S L V T H O U M P E J M N
O F Z A R K M A C D D T R
E S O X M A Y T T H T N E
G R T R O G N A O Y Q O V
R U H I T T N S T W N M E
E T U T A H A I B N E E S
A O M U G R M N S A J R N
T H B W R K T H I T Y F O
B K E C S Y R S H M K M D
E H R E A Q O K I U T G N
L O R N C O P R I A L T O
T V G S C L I F T O N U L
S P E D N A R G O I R E X
U V I A B R O O K L Y N M
T L E A B R O T S B Z F F
```

BROOKLYN	RIALTO
CLIFTON	RIO GRANDE
FORTH	SEVERN
FREMONT	STORBAELT
GREAT BELT	TAY
HUMBER	TOWER
KHOTUR	TRANSBAY
LONDON	TSING MA
MENAI STRAITS	TYNE
MINATO	VRESK
PORT MANN	YANGPU

World Airports

```
N A R R A C C M P B X M S
G T E I T K U Q S U I G A
A L S I G L O K T R K I N
T A S T P N R K A B L F F
W N L O P A A B G A O M R
I T Z I W A E H N N S J A
C A W E N L U E C K A U N
K G N N Q A E L O L N B C
R X N M I U T N R O G A I
S E H I Q R A E L H E R S
B E V T J G A C A P L A C
Q X L N O I D N N I E J O
H J T L E J E C D H S A P
P K N E U D I B O C S S T
T G Y Z A D H O U S T O N
```

ATLANTA	LINATE
BANGKOK	LOGAN
BARAJAS	LOS ANGELES
BEIJING	MCCARRAN
BURBANK	MIRABEL
CHANGI	NEWARK
DENVER	ORLANDO
DULLES	QUEEN ALIA
GATWICK	SAN FRANCISCO
HANEDA	SCHIPHOL
HOUSTON	ST PAUL

```
V Q V I W S W T W J I U V
R E N O O H C S U R A F T
T O C Y R R E H W G W B J
A S W R V C A N O E E V G
O S R I E M Z Q R B N K A
B K X E N L O B E M E C L
P I Z W P G A V A T T S L
M F R R Q E T H C A Y I E
I F G E E L E H W A R P Y
R K R A M T U W W E T U V
H S D Y L E F L S S W B N
S V M I D W Q I X E P Q J
S Z G A E H U P R T N W I
P H A L C R O A J D H I T
T X P V C K J W T F R K M
```

ARK
BIREME
CANOE
CRUISER
DHOW
DRIFTER
GALLEY
KETCH
LIGHT
MINESWEEPER
RAFT

ROWING
SCHOONER
SCOW
SHRIMP BOAT
SKIFF
SMACK
TUG
WHALER
WHERRY
YACHT
YAWL

Car Manufacturers

```
Q R S E H D E B R R O V A
C D H O R Q C T A B K X A
P O N I S S A N U A W I D
E D N E A Q N Z G L S V O
A H I T A R E S A M O H K
N Y C X I B D N J L B D S
O U O S C N C U V T N A S
V N V M R I E O E T I E U
L D I A A O T N I X M W B
N A G R O M P R T S U O A
Q I T T A G U B O A U O R
R O L L S R O Y C E L Z U
N L A M B O R G H I N I U
B E N T L E Y E Z L W M G
H J B R I Z Q N F R W C I
```

BENTLEY	LANCIA
BUGATTI	MASERATI
CITROEN	MORGAN
CONTINENTAL	NISSAN
DAEWOO	PORSCHE
FERRARI	ROLLS-ROYCE
HONDA	SAAB
HYUNDAI	SKODA
ISUZU	SMART
JAGUAR	SUBARU
LAMBORGHINI	VOLVO

```
M D O Y O W D V I B R H Y
N A Q M R B U R N S N P N
Y I U P T A M V W T E L O
E T M D X R B I H Z L A T
X N S A E T E R J F S R T
R S I U J F P B A M O S A
S U Y T R N L J B H N R F
E T L A R K E A Z I A E O
Y E D H D A Y B N H H M A
M L S H L N M V Y D A O D
O C S I N X U P Q R E H U
U D S E S C L B G H P R B
R A L Q L K M E M F B P S
Y T T A P M H E I G G A M
Q S R E D N A L F D E N B
```

ABRAHAM

BART

BENJAMIN

CLETUS

FAT TONY

HIBBERT

HOMER

JIMBO

KRUSTY

LENNY

LISA

MAGGIE

MARGE

MARTIN

MAUDE FLANDERS

MR BURNS

NED FLANDERS

NELSON

PATTY

RALPH

SELMA

SEYMOUR

```
D Q K P M K X P X D L U Y
R N A Z G A R L I G H T S
A D P N U I L G G G W P C
O Y U O N X W B L Y W J I
B P A T H S T L C S O E E
R P S E C L A L O T R Z Y
I K Z S U F G R I O P B B
D R P I Z Y R E S O O L J
G O A E O N H I A L R K W
E W R C D J U D Y R O B G
Q B E Y E A T L S A L R K
Y A R A L S L O T E W L R
P T V A R O Z S S C P R A
E H H J K E G N E L B H M
W S P E T E N Q R Q C A C
```

BATH	PATHS
BOARD	PEDALS
BRAKE	PRINTS
BRIDGE	RACES
FALL	RESTS
GEAR	SOLDIER
LIGHTS	SORE
LOOSE	STOOL
MARK	WAY
NOTES	WEAR
PAD	WORK

Red Things

```
D A F L W D Z A L W P N R
R F A G P E J D N W B F E
A S C I S D O I F I B M L
C R E A C O D J W H H I C
L E D N W O R T I E A C S
G P B T H L M N L R D P U
U P T R S B E Q O R M F P
A E N H E N H F Q I I Q R
R P A L G A E T B N R J O
D N R Y O L S R R G A D C
K A R U V M I T E A L S D
N G U N A C R E S C E N T
B M C E K H Y T E P R A C
T X K M J B Q U A F L A G
X C X F P K A T F R A W D
```

ADMIRAL	DWARF
ALGAE	EARTH
BLOODED	FACED
BREAST	FLAG
BRICK	GIANT
CARD	GUARD
CARPET	HERRING
CHINA	PEPPER
CORPUSCLE	SHANK
CRESCENT	TAPE
CURRANT	WOOD

Intelligence Test

```
D D E D A E H R A E L C G
E K N O W L E D G E S G N
S C H O O L E D M S H Q I
R G S R I Q T H G I R B N
E D U C A T E D V R E U R
V E I L S I A M B Y W N E
L L N E T K G M F C D X C
L B E V U S H A R P M L S
E I G E T W I S D O M A I
W S W R E G G Z U Y F T D
G N I D N A T S R E D N U
N E T H G I L N E Y F E I
Q S N O I T A N I G A M I
T H O U G H T U T O R E D
I I X W E L L R E A D T G
```

ASTUTE	MENTAL
BRIGHT	SCHOOLED
CLEAR-HEADED	SENSIBLE
CLEVER	SHARP
DISCERNING	SHREWD
EDUCATED	THOUGHT
ENLIGHTEN	TUTORED
GENIUS	UNDERSTANDING
IMAGINATION	WELL-READ
INFORMATION	WELL-VERSED
KNOWLEDGE	WISDOM

```
P C P E C I V R E S V W M
B O U J R H K D G U N S E
T E E L F E C N S U B A D
A Z R I D A H L A V A I A
Y Q H E L I C O P T E R L
L V W H T J K L O B E M D
I W A A L J A F E S K A I
E A W N M R E S E S R N M
U U V E M L G R H Y S B Y
T G I Y N N V I D W N E S
E U N Y I E F R F A O A V
N A N W S A I L O R P I C
A X R I U N I A T P A C T
N M E F T H R R E X E Y V
T E S T O O B R O W W N C
```

AIRMAN	NAVY
ARMY	PADRE
BERET	RESERVES
BOOTS	SAILOR
CAPTAIN	SAPPER
FLEET	SERVICE
GUARD	TANK
GUNS	UNIT
HELICOPTER	VESSEL
LIEUTENANT	WEAPONS
MEDAL	WINGS

Shades of Blue

```
J L K P O W D E R D E M S
C E T R R O R F G L Y A Q
L E H Q A U K K P O P K U
A T G Y Z D S R W P Z C L
Z S I A L V U S H I A O T
U O L X A P F I I Y T C R
L B V N Y H R Y T A I A A
I J S G O E E H H K N E M
N D D B R I G H T O P P A
E C O R N F L O W E R J R
U C E R U L E A N I M R I
R Z X Z T R H T Q D S T N
T U R Q U O I S E K E K E
W H C N E R F E Y A K D I
N J C O B A L T L N A V Y
```

AZURE	POWDER
BRIGHT	PRUSSIAN
CERULEAN	PURPLE
COBALT	ROYAL
CORNFLOWER	SAPPHIRE
DARK	SKY
FRENCH	STEEL
LAZULINE	TEAL
LIGHT	TRUE
NAVY	TURQUOISE
PEACOCK	ULTRAMARINE

Words of Love

```
S Q N O I T A U T A F N I
S U D A M A R R I A G E L
Q E N G A G E D P O R E E
M K H E G I S B H U Y N G
E T O D V O J K S M A O N
T W N Y R Y E A R N P I A
J J U E C H E R I S H T D
D T J T M L U W Q M R C M
R R G S P R I D O L O E I
Y E N O H A A W I L D F R
A A J U K T S E K C I F E
M S Z R I D I S D C T A R
O U R N S L N C I N E B S
U R G K S C H E H O E L O
R E D P E T A M I T N I R
```

ADMIRER	HONEY
AFFECTION	IDOL
AMOUR	INFATUATION
ANGEL	INTIMATE
APHRODITE	KISS
CHERISH	MARRIAGE
DATING	PASSION
DOTE	PLEASURE
ENDEARMENT	TREASURE
ENGAGED	VENUS
EROS	YEARN

Perfect Words

```
E T U L O S B A Y E F I A
C E R T A I N R D I U R V
U L H T D L A T E M E R V
L B V U E R T S D P D E T
A A T W T C O E I E E A T
E T N I E U T H C R T U N
R I B F R I E T E I C T E
R R R F M N O R D O I O D
A E A I I D E A L U R C N
P V L U N P A F X S T R E
U N N D A C T U A L S A P
U E C I T O P S E D E T E
G B E T E L P M O C R I D
E M E R P U S V N O N C N
Y H P O S I T I V E U I I
```

ABSOLUTE	IDEAL
ACTUAL	IMPERIOUS
ARBITRARY	INDEPENDENT
AUTOCRATIC	PERFECT
CERTAIN	POSITIVE
COMPLETE	REAL
DECIDED	SUPREME
DESPOTIC	TRUE
DETERMINATE	UNLIMITED
FARTHEST	UNRESTRICTED
GENUINE	VERITABLE

Shifty Ways

```
T R E A C H E R Y D L S F
D L D C J U M G U H U P A
O A E F H A N P K G F P L
D C C W R I E N O G T V S
G I E H S A C B I G R N I
Y T P U E E U A W N A U T
F I T M S A A D N T G P Y
G R I B W P T D A E E T R
T C O U V B E L T R R S E
R O N G V L R R J I Y Y G
U P Y S U A E U C X R F R
M Y M D H A R K A P E R O
P H E C S Y Y V G Q K Z F
U C M O M U F V L C A W X
P M N G O D H O A X F G Y
```

ARTFUL	FALSITY
BOGUS	FORGERY
CHARLATAN	FRAUD
CHEAT	HOAX
CHICANERY	HUMBUG
CUNNING	HYPOCRITICAL
DECEPTION	PERJURY
DELUDE	TREACHERY
DODGY	TREASON
DUPE	TRICK
FAKERY	TRUMP UP

Languages

```
I H S I N A P S B C Y A G
G L B V C L M E U I A A H
S E I Q N E N U B L L M S
N X R H V G L A N E A M I
A R A M A I C A T A M I L
A W Z L A W I J N G M N G
K O I H R N S D G D A M N
I T R H I N E S E I I J E
R U N A I B R E S H X C H
F R R D A N I S H I A F L
A K R Q M W U H C N E R F
U I Z X P R U K S D N O Y
R S Y N S E S E N I H C S
D H F E S E M A N T E I V
U X S F E S E N O T N A C
```

AFRIKAANS	ICELANDIC
ARAMAIC	MALAY
BENGALI	RUSSIAN
CANTONESE	SERBIAN
CHINESE	SPANISH
DANISH	SWAHILI
ENGLISH	TAMIL
FRENCH	TURKISH
GAELIC	UKRAINIAN
GERMAN	URDU
HINDI	VIETNAMESE

```
Y L Y F J A W F G T E W D
R Y N Q X E U E O X T B V
O H L W T L F L I A M T E
T P X N E B P K N V J F O
S A H L X I E B S Z E P G
O R A E T B C I T E B R G
K G M U N R N E A D E I N
U O R Q T E A U L I L M I
T I H E Q H M M M T C E D
J B M S C S O V E O I R N
R X E D N I R R N R N T I
S A L T A L K E T T O F B
X C V P R B O P V M R Y U
N O V E L U W J I O H F O
X A I D E P O L C Y C N E
```

ATLAS	NOVEL
AUTHOR	PLOT
BIBLE	PRIMER
BINDING	PUBLISHER
BIOGRAPHY	REVIEW
CHRONICLE	ROMANCE
COVER	SEQUEL
EDITOR	STORY
ENCYCLOPEDIA	TEXT
INDEX	TITLE
INSTALMENT	TOME

Build a Castle

```
C S S V O V V L S W S L W
J V E P V L E T P T D E W
R A C G C N A A R U P P W
M U I B E O L O A R C A G
Z L V R M I N F C R U H L
A T C T S G S B S E P C P
Y S F A H O A K E T W E M
M E D O Y S I T U B E O M
D E L L T T X I Q K T N E
R D K I C R E W O T A O D
A K O H A D E F E N C E O
W N E J C B Q D R E D A N
B N O R M A N X E D Z W J
A W M X R N Y S B J Q J O
R E T A G N R E T S O P N
```

BAILEY	MOTTE
BASTION	NORMAN
CHAPEL	PALISADE
CRENEL	POSTERN GATE
DEFENCE	REDAN
DONJON	SIEGES
DRAW BAR	STRONGHOLD
ESCARP	TOWER
KEEP	TURRET
KITCHEN	VAULTS
MOATS	VICES

Baseball Terms

```
E I D R N J W S K S L P U
B C H A N G E U P F O U L
E R I P M U X Y W A L K P
K P J R G L O V E H P R P
L V O E U K A S I N G L E
A L W H S W V E O E T X L
B L W C S H O R T S T O P
L A S T E G H R V S M L S
A B Q A E O I J H P A O T
P E A C N P T B A T E G R
O V R T L G S L E Q T N I
E R L E T D L E I F N I K
O U B A S E S L E V K N E
J C X E N U R E M O H N S
H Z Z L Z L C A E Y O I U
```

BALK	INNING
BASES	PLATE
BATTER	SHORTSTOP
CATCHER	SINGLE
CHANGE UP	STEAL
CURVE BALL	STRIKE
FOUL	TEAM
GLOVE	THROW
HITS	TRIPLE
HOME RUN	UMPIRE
INFIELD	WALK

```
T P E F N L A U S I V G S
D I S N U H Z X S O V A T
R R F B F E G J L E Z V O
B E C N E R E F F I D M R
U Z J O B W M N G P A E Y
F U T O S H I K I R I M W
A P K T Z M A H G C C O O
S E U L C K U O B I T R R
L M Z Q U D T S T T N Y D
O H A R Y P I C H S F I P
G M O R Y I L T I O R C F
I M I R G Y E S N R G F X
C B C N E A D E K C A I N
C H H M D L N T J A M L A
Z I U Q N P I A P G E L S
```

ACROSTIC	LOGIC
ANAGRAM	MEMORY
CLUES	MIND
CRYPTOGRAM	PLAY
DIFFERENCE	QUIZ
FILL	STORYWORD
FIT	SUMS
FUN	TEST
FUTOSHIKI	THINK
GAME	TILED
KAKURO	VISUAL

```
W P D D E C I D E D L W O
D E H S I L B A T S E R D
D F F I T S S J P I V E I
E A E W T Y T T B F G V E
N R M R D N A J A G A H B
S M I R M P U T O B X S T
E C U G E J N D F A L S T
T T H T I A C I H I A E H
S Y Y V T D H J W F X A A
D R E S O L V E D Y X E R
M I N T G J V A D Y A E D
E O L R O M E A C L O S E
C O A O J T E D L U L S N
I X X N S T C A P M O C E
B C Q G S C D X O U K D D
```

CLOSE	RIGID
COMPACT	SOLID
CONSTANT	STABLE
DECIDED	STAUNCH
DENSE	STEADFAST
DOGGED	STEADY
ESTABLISHED	STIFF
FAST	STRICT
FIXED	STRONG
HARDENED	STURDY
RESOLVED	TIGHT

```
S E M A R F F O Q H V O V
A V X P A U A T S A S H Z
J P J B A D S R A E L C H
A U E D Q N T X C L B V Y
M U J R S B E X N L D A S
B W B S T M N F D I E E Y
R U A R A U E T E S H S Y
C L B R M J R I N P Q R X
G O E O U O Z E R U I E J
W U C S L A T S E T N V H
K V A E L V Y Z T T R A T
C R S T I O I L T Y J R H
O E I T O S E O A O N T G
L D N E N S E L P M I D I
Q T G P K E W Z E X R W L
```

APERTURE	LOCK
BAY	LOUVRED
BOW	MULLION
CASING	PANE
CLEAR	PATTERNED
DIMPLES	PUTTY
FASTENER	ROSETTE
FRAME	SASH
GLASS	SILL
JAMB	SLATS
LIGHT	TRAVERSE

Silent H

```
C Y W K V M E X R U L T A
I F P B X M I R B O J J N
S C I L O X T R H V J F L
Y H H Z E S G E Z E E H W
P L I I A H L K F S S Q M
T H R H R G W B G A E U E
R A G U W O T L W R N L S
O A E H O I P H A A G U S
H E I H B H H R H H H P I
X T Q I W B J G A W A T A
E S H C V A F H H C S F H
E X H I L A R A T E T V M
E V E H I C L E N T L O R
T S O H G E D O E M Y H R
U P W J S C H E M E Z G F
```

AFGHAN	RHESUS
AGHAST	RHIZOME
CHIROPRACTOR	RHYME
EXHIBIT	SARAH
EXHILARATE	SCHEME
EXHORT	VEHICLE
GHASTLY	WHALES
GHOST	WHEAT
HONEST	WHEEZE
HOURLY	WHELP
MESSIAH	WHITE

```
E T T A M Y T T R I U M B
C M U T T O N O T B Z A O
O B Z S C O T T I S H O Z
U I C L K X E T C N T N R
R T P S E H N U O T B B K
G T M K G T X I A B P A K
E E Q A R E T T A C S T I
T N P W T C S U Z H L T T
T S Y E A T T A C H A L T
E Q T R K A H F J E T E I
P U T T I N G E U E T F W
P T I D Z H P B W M I I A
A W D C L O T T E D C E K
A T T E D N E V Q S E L E
E M I T T H G I N L W D M
```

ATTACH	MATTE
ATTRACTION	MATTHEW
BATTLEFIELD	MUTTON
BITTEN	NIGHTTIME
BOTTOM	PUTTING
CLOTTED	SCATTER
COURGETTE	SCOTTISH
DITTY	SPAGHETTI
KITTIWAKE	TATTOO
LATTICE	VENDETTA
LETTUCE	YTTRIUM

Paris Metro Stations

```
R H X V E U R O P F C G D
U P O R T E M A I L L O T
G P I C P U S E V Q H S D
E S L P H S J B A R Y V E
S G E E Y E P S N Z O Z M
T A S R D R I J E E M N O
L N I T V R A W A R O M R
U O D N A E U M U S E F G
A E T Z T L S R I Q U E T
R D T E O P I E O D N R V
E O D W D B A N D L E P A
B O L I V A R U G T L S V
E C R R S S C F L R N I I
K E N I T N E G R A A O N
E X I E P O R U E J W D P
```

ARGENTINE	PICPUS
AVRON	PONT DE SEVRES
BERAULT	PORTE MAILLOT
BOLIVAR	PYRAMIDES
BOTZARIS	RIQUET
CADET	ROME
EUROPE	SAINT-PAUL
HOCHE	SEGUR
LEDRU-ROLLIN	STALINGRAD
ODEON	VANEAU
PASSY	VAVIN

Countries of the World

```
L P O X S O A I X C U A G
R O D A U C E R J M L Z K
Q R T H D U K O N E I E G
M U M H A O R Q U N U B W
A S E W N D F Z I C E I A
C S D N A L E C I H T F V
E I A N S N A P U I B Y I
D A I M E R Y N A L L E T
O R N V A L G H I E A K A
N D A G U A S B A C P R B
I G U R R M E N O Y E U I
A A H Y C R R N J R N T R
X B T S I N G A P O R E I
B O I A S O M A L I A D K
F N L Y Z S C O T L A N D
```

CHILE	LITHUANIA
CONGO	MACEDONIA
ECUADOR	NEPAL
GABON	NICARAGUA
HAITI	RUSSIA
HUNGARY	SCOTLAND
ICELAND	SINGAPORE
JORDAN	SOMALIA
KENYA	SUDAN
KIRIBATI	TURKEY
LIBERIA	VENEZUELA

```
D L D E Y E Y R A E L B D
R Y A W N I N G W H E W C
E Z Q B S Q F G A S X C O
S X R E R Y D E K U E O C
S V L D E E M V E R R C R
I E E M P S A F N B C K O
N G N A P I U K Q R I C I
G D N K I R H R F I S R S
L I A I K N D O T A E O S
C R L N B U X W Z H S W A
E R F G N S N O O Z E T N
R O H C T E R T S U O Q T
E P U C A E T F L I E I N
A I L S E U M F G N Q T I
L H I C K S H O W E R H C
```

AWAKEN	KIPPERS
BED-MAKING	LIE-IN
BLEARY-EYED	MUESLI
BREAKFAST	OFF TO WORK
CEREAL	PORRIDGE
COCK-CROW	SHOWER
CROISSANT	SNOOZE
DRESSING	STRETCH
EXERCISES	SUNRISE
FLANNEL	TEACUP
HAIRBRUSH	YAWNING

Fabrics

```
M K J G A A T E F F A T M
Q H F I R E P T L E F N R
Q A L R S E P A W N B O X
S K L A R Z N R Z S A L I
W I N C E Y E T T E U R B
O L O P L H I A Q T G O C
R E X O X N R N P I U U O
S N N M O E L T S C G M O
T I A Y H Y A E L S I L C
E M A T M D C E C U Y S I
D R A Z W E E I N E E H L
O E R K Q W R G S D S F A
L R E Z U A G I C E R Z C
S C X D P I L V N U E H A
E L I O V K R V P O J N Z
```

BOUCLE	MERINO
CALICO	NYLON
CREPE	ORLON
ERMINE	RAYON
FELT	SILK
GAUZE	SUEDE
JERSEY	TAFFETA
KHAKI	TARTAN
LACE	VOILE
LEATHER	WINCEYETTE
LISLE	WORSTED

Let There Be Light

```
Y U V W K U W T G L A R E
I E W Z C E C N A L G M F
G R Z R E F L E C T I O N
L I T A A D N C W O L G A
O F E D L I E S I R N U S
W A A I M B T E A N E M D
I W K U P W V D H L P A B
N R L G I Y I I K Y Y G R
G L B N L A P R I B P L I
I A K G N I A I R N T I L
I L J C J P T E Y Y H S L
E P E W S K A T A C G T I
L W A R H K D I E I I E A
N O I T C A R F E R R N N
S U O N I M U L F I B Y T
```

AFIRE
AGLOW
AIRY
BLAZE
BRIGHT
BRILLIANT
DAWN
DAYBREAK
GLANCE
GLARE
GLISTEN

GLITTER
GLOWING
ILLUMINE
IRIDESCENT
LUMINOUS
RADIANCE
REFLECTION
REFRACTION
SPARKLE
SUNRISE
TWINKLE

317 *Beauty* by John Masefield

```
S E H T N E E S E V A H I
R L N E E S E V A H I R G
O Y I U T L R O B L N N B
O D D K U U F E I A I T R
M N A Z E S N R K M T H I
N I M P P S P E O D H E N
O W N A R A L C S A E S G
N D I S Y I S O N F S P I
W N E D O L L D W F O R N
A A A W L L S R B O F I G
D L F I U U E E A D T N T
W O H X N K A M L I X G H
A E L S F U X N N L N I E
R L E D T G R A S S A N D
M T J Y B R I N G I N G R
```

I HAVE SEEN
DAWN
AND SUNSET
ON MOORS
AND WINDY
HILLS, COMING
IN SOLEMN
BEAUTY
LIKE SLOW
OLD
TUNES

OF SPAIN.
I HAVE SEEN THE
LADY APRIL
BRINGING THE
DAFFODILS,
BRINGING
THE SPRINGING
GRASS AND
THE SOFT
WARM
APRIL RAIN.

Film Show

```
L W P B Q J D J X L M T F
T K A A L N E T H E F O G
M B C D L Z E A P F O L F
E O U T E E R T L A B E A
S N O B O V R E W A M M T
E W E N E P N I M O A A H
S L D Y R A G A D Y R C E
S D N M L A D U G E O K O
Y M O P O E K T N N R R M
L J R K U B U E H F C Z E
U I A S I A Y S R E A Y N
A A L X J R L D V H F M I
E I S T O O T B I C V L E
S P A R T A C U S C T P Y
Z Y T I R G E U R T K J A
```

AIRPLANE	*NETWORK*
AMADEUS	*PALE RIDER*
BABE	*RAMBO*
CAMELOT	*SPARTACUS*
DUNE	*THE FLY*
FAME	*THE FOG*
HARVEY	*THE OMEN*
JEZEBEL	*TOOTSIE*
LA RONDE	*TOP GUN*
MOBY DICK	*TRUE GRIT*
MOONRAKER	*ULYSSES*

Famous Theatres

```
G B O R G H E S E R P W J
M R E D O U T E N S A A L
I K S N I Y R A M H L L F
D R U R Y L A N E K L N H
A D E L P H I L C N A U T
L S N A R O X I C B D T H
A A R A R M R B N O I S C
S K M T R R C G F L U T E
C B C U A T T L A S M R N
A F U G E S S O R H Z E T
L B O R D C K B C O C E U
A Y B R G L Y E N I M T R
H N O E D E O L D V I C Y
H F H A Y M A R K E T D Y
A N E C I N E F A L K E T
```

ABBEY	LA FENICE
ADELPHI	LA SCALA
BOLSHOI	LYCEUM
BORGHESE	MARYINSKI
BURG	OLD VIC
CENTURY	PALLADIUM
DRURY LANE	PARK
FORD'S	REDOUTENSAAL
GARRICK	ROYAL COURT
GLOBE	STRAND
HAYMARKET	WALNUT STREET

Animal Young

```
C P Y F A I C L G W Z C V
P R I U T D N E N Z Y U D
F C F G L X D V I M E B U
F Q Y L L G S E L C A W I
P R A G E E T R S H R Z B
L O E P N D T E O I L D Q
F Z U V L E G T G C I V U
T C C L L E T L D K N Q T
C O R A T E H W I P G K A
G L N G L G K W P N I E D
L T I J Z F N U R T G K P
Z A B N B A P F T K C Z O
Q J M D E P T E L G A E L
O M F B Y N N P Z D A V E
C F G N I L K C U D V J Z
```

CALF	GOSLING
CHICK	KID
COLT	KITTEN
CUB	LAMB
CYGNET	LEVERET
DUCKLING	PIGLET
EAGLET	POULT
ELVER	PUPPY
FLEDGLING	TADPOLE
FOAL	WHELP
FRY	YEARLING

```
H S R A H H B R U S Q U E
Z D E T C E P X E N U K T
C I V D R D E P M A R C A
P S Z E E O S U D D E N T
R C C D S G H K I V H X I
E O B U W T G S R A S T P
C N U R R H G A S E N U I
I N K G D T B T R U J J C
P E S K H R Y D L C A A E
I C A J U W R B T U G V R
T T I P P W E Q Z S G G P
O E T N T N A G E L E N I
U D I L L T I M E D D G E
S U O E T R U O C S I D A
E T A R E D I S N O C N I
```

ABRUPT	INCONSIDERATE
BLUNT	INELEGANT
BRUSQUE	JAGGED
CRAGGED	JERK
CRAMPED	PRECIPITATE
CURT	PRECIPITOUS
DISCONNECTED	ROUGH
DISCOURTEOUS	RUDE
HARSH	SHORT
HASTY	SUDDEN
ILL-TIMED	UNEXPECTED

```
R K A I L I C E C S S W B
D F R A N C I S W T Z E A
I C I H P E S O J E Y R R
V H A E K A D Y T P N D T
A R L T M B Y Z I H O N H
D I J O H F K I O E H A O
O S H N F E L J A N T G L
M T S P A T R I C K N E O
I O A M S I C I T P A G M
N P L A E E T T N H Y E E
I H O T D V L S C E J O W
C E H T G V I I A V A R L
S R C H O G M T G B M G Q
S D I E R Q Y E U K E E I
Z U N W N B O X V S S S A
```

ANDREW	JAMES
ANTHONY	JOHN
BARTHOLOMEW	JOSEPH
CATHERINE	MATTHEW
CECILIA	MICHAEL
CHRISTOPHER	NICHOLAS
DAVID	PATRICK
DOMINIC	SEBASTIAN
FRANCIS	STEPHEN
GEORGE	THOMAS
GILES	VITUS

Famous Canadians

```
R C B H J P A P I N E A U
A D A P T R E R N N B A Y
D Y R T J I K A U M T K O
N O T C W E A H R D W N E
O R L M N O T R L S D A T
B K E B C E O E B A O N T
Y C T L B C I D A L R N E
O A T S L F R T L A A D S
K B P C N E J A E N T G S
G D T E U E B H E O B X I
O N P H S R A O A T G G R
U U A O X W R H Y A U D O
L S R I A T S I W E D V M
D B I P T R U D E A U O X
B R M C L U H A N Q M B O
```

ACKROYD	GOULD
AHEARN	MCCRAE
ANKA	MCLUHAN
ATWOOD	MORISSETTE
BARTLETT	ONDAATJE
BELL	PAPINEAU
BETHUNE	PEARSON
BONDAR	PENFIELD
CURRIE	STAIRS
EATON	SUNDBACK
GALBRAITH	TRUDEAU

Game of Chess

```
Q H V S O G R S W D B M C
C E K S G P G A M B I T A
X T O E C O M N K D K E V
G I O H C H D E W I F Q O
R H R C R S E E T A N P K
A W T H G I N K C T P G Y
N D R A O B V A Q O F W B
D I U H Z I S V P U M X N
M T T H Z T K E V R E S P
A B Z Q L P C O R N W E O
S M O E N P A S S A N T N
T O D X J X L N B M U Y Q
E V Y E U L B P E E D Q B
R E F W Y P Z P O N Z T S
H S Z N A I S O R T E P Q
```

BISHOP	KING
BLACK	KNIGHT
BOARD	MOVES
BOX UP	PAWN
BYKOVA	PETROSIAN
CASTLE	QUEEN
CHESS	ROOK
DEEP BLUE	SQUARES
EN PASSANT	TEMPO
GAMBIT	TOURNAMENT
GRANDMASTER	WHITE

```
Z P Z J I Z I H D Y T B D
X F F M B D N Y F K M S B
L E I W I N D Y M R L M E
V S A C K K I Y Y O A V R
T T M M R K A J O G O C H
W I V K A I N T Q D G L S
R V H M I U S N E D L O G
C A W O N D U P F B S U F
B L M C A N M R O E J D K
M L O O C S M A I A U S J
H A T S S E E R R N Z U N
T F L E D M R G X S M D P
T P E H I E D J T P A D O
J D L S B U B V E M G I D
S K S T A O C R P X O Q S
```

BEANS	GOLDEN
BERRIES	HATS
CLOUDS	INDIAN SUMMER
COATS	JUMPER
COOL	MIST
CRISP	PODS
DAMP	RAIN
FALL	SCARF
FESTIVAL	SEEDS
FOGGY	TOADSTOOLS
GLOOMY	WINDY

Ancient Civilisations

```
Z X N N A M O R W N J F N
T L U A X O T K A S U Z A
S R Y U O H Z I G N A H S
E E U D V N S E A A F U E
G M D O I R I I H H U V T
Y P U E E A N M W G N S I
P O H P M O N M A Y A N R
T A J O L C E L T S N B A
I T R Y E C T E H Y E E Y
A T B A Z N E F H F S H M
N A T C M E I T O D E C I
B R E N X A V C Z R H O H
N A X I Y F E F I A I M J
V I K I N G S A O A B J C
A T W J S I U X N X N W H
```

ARAMAEAN	MAYAN
ARATTA	MEDES
AZTEC	MINOAN
BABYLONIAN	MOCHE
CELTS	PERSIAN
EGYPTIAN	PHOENICIAN
FUNANESE	ROMAN
HIMYARITE	SHANG
INCA	VIKINGS
JIROFT	XIA
LYDIAN	ZHOU

Swimming Pool

```
C Q V L H S E D I L S O E
X Z P O X K N W X B Y V L
X Y F T U D I S Q O I E J
D I E I L A R S J D W Y F
Q Q N O M J O K P O Y B S
R U C N E Z L L T I A I P
T E E C T Q H S Z T D K L
S C T R K N C D H A E I A
E I B A R I E I T O Y N S
U B Q W W E N F Z N W I H
G E Z L P G A E S D O E V
B U T T E R F L Y Q U R R
S N O R K E L L A D D E R
K D P J T I U S M I W S H
M T M V C O S T U M E T B
```

BATHING	GUEST
BIKINI	LADDER
BUTTERFLY	LOTION
CHLORINE	RAFT
COLD	SHOWER
COSTUME	SLIDES
CRAWL	SNORKEL
DEEP	SPLASH
DIPS	SWIMSUIT
DIVE	TOWEL
FENCE	WATER

Scottish Lochs

```
S W E E N N Q L L G E E K
C N G I E D I A Z W M K K
R S O V S E L W E G D Y J
I Z I D Q U N O T E E L F
D S L U I A N U B F Y Y F
A N B V R R S A R Y A N H
I B O E U S R O R Z F B E
N S R R E J E O P T M K B
N C E K R I E I T D I L O
A A H L H A U V S V X O Y
N V Q F P N C B I H A N A
I A F L U E R R O T O G X
R I I Y L S D O X R E R V
C G P A N S M O E A H X T
G V H Q Z E H M U V I O D
```

BROOM	GILP
BUIE	GOIL
CARRON	LONG
CRERAN	NESS
CRINAN	NEVIS
EIL	RYAN
EISHORT	SCAVAIG
ETIVE	SCRIDAIN
EWE	SUNART
FLEET	SWEEN
FYNE	TORRIDON

A Walk in the Woods

```
K L S N G L V F M X W E W
K N U R T G H O L L Y D A
W F W C O W P A R S L E Y
K T O C C E L A N D I N E
S W L L R N U G N A S E Z
L I L C I E C N E F Y T X
O G I I M A E W O R C T Q
O S W P R E G D A B A L B
T G A G L X C E S W M E R
S S K P B E E C H M O S A
D M A E R T S A H N R O C
A M I Q M S K N X A E P K
O U I C K E A O W E X R E
T U Y V I B D P A N H D N
X L B I R C H Y V A T I I
```

BADGER	HOLLY
BEECH	IVY
BIRCH	MAPLE
BRACKEN	NETTLES
CANOPY	OWL
CELANDINE	STREAM
COW PARSLEY	SYCAMORE
CROW	TOADSTOOL
DEER	TRUNK
FENCE	TWIGS
FOLIAGE	WILLOW

Very Dry

```
L E V I R H S S O S K L I
M M L U S F U D T C S E C
S J I E N M H E H O T R T
U O R L W Q L K I R A P C
T E L R K P L A R C R A D
W E P I X L H B S H I R E
W I A N D M E B T E D C S
A P T R E B O S Y D T H I
T D U H L N J J S H E E C
E R S D E E M B R U T D C
R Y U D E R S S Z R P P A
L E R R N I E S S G C L T
E Y Z A W A R D P X Q A E
S E A A R X C D Q C T I D
S D M E D I U M D R Y N U
```

ARID	SCORCHED
BAKED	SEAR
BONE DRY	SEC
BRUT	SERE
DESICCATED	SHRIVEL
DRIED UP	SOBER
DRY-EYED	SOLID
MEDIUM-DRY	TEARLESS
MILKLESS	THIRSTY
PARCHED	WATERLESS
PLAIN	WITHERED

```
N E Y E W A R D A U O E Y
Q J M P G W I P S M N V T
I I E L V S V O T N W Z D
T D P A B H E A R T E D S
C A I Y H L R A E S Y Q L
S G P I T H G U A R D B K
X R H N R W T I M S N M G
P A I G H U I U W E I N V
T D X A L G O N N G J D V
S E T B T U W P D Z V F E
A D U U O S N E L A C S S
C C R V T F I H S Y C Q T
H L N O T E K R A M J B Z
O X W L L X N T C T A E B
G N I D A O L Y R I G H T
```

BEAT	RIVER
CAST	SCALE
DRAUGHT	SHIFT
GRADED	SIDE
HEARTED	STAIRS
LOADING	STREAM
MARKET	TIME
PIPE	TOWN
PLAYING	TURN
POUR	WARD
RIGHT	WIND

Let's Begin

```
T D E F P U E K I R T S C
D U E T A N I G I R O R O
N G O K S N X E T C O N M
U E H T C O D M A P K E E
O G U I E G E I U A G I O
F R T Q Q S N P M N S R N
G E T G O I N G U N E X K
B M N Y T N H L A T T H R
M E G I X S P C N J A C A
T R A T S T T E I U B N B
E T U O J I Z W R M O U M
E R E G V T G W E P U A E
Z O U A P U F C H O T L F
V A T P V T A V S F V J P
Y E W I T E S A U F U P E
```

ACTIVATE	INSTITUTE
COME ON	JUMP-OFF
CROP UP	KICK IN
EMBARK	LAUNCH
EMERGE	ORIGINATE
ENTER	PLUNGE
ERUPT	SET ABOUT
FOUND	SET OUT
GET GOING	START
INCITE	STRIKE UP
INITIATE	USHER IN

Containers

```
P F H H D M Z T M K L E N
W L T G C S K E Y E L I A
R A E L A Q Q K S A Q V C
B G W N U U H S Q M R H N
F O E L L I E A L A G T I
B N L R D V Z B M U F I T
B F B E R E J E O S W F O
V R M K O R K R C M T T P
Q J I A N I T U M B L E R
N C H E N G T V D T C A E
S L T B F T O C J R K C W
D R U M L C Z B A H T H O
O S I E G I A T L N X E L
M A N G E R E S L E W S F
L G U Q V V O H E T T T S
```

BASKET	MANGER
BATH	QUIVER
BEAKER	RAMEKIN
BOWL	SCUTTLE
BRIEFCASE	TEA CHEST
CAULDRON	THIMBLE
CRATE	TIN CAN
DRUM	TRAY
FLAGON	TROUGH
FLOWERPOT	TUMBLER
GOBLET	VESSEL

COLD Start

```
F K P T T F J Z F T C O C
W J B H U F K G S H E R O
A O O S R I Y Z I S K E M
B B I E K S J S Q F Z D F
G O L D E H E X H R H L O
N D H O Y L C S E A F U R
I I T H O X K H S M X O T
S G A T H D T X Z E E H Y
S I E A H A E Y W R M S O
A R W C E D S D O A L Y M
V F S W A J I S R U T T A
N W R C R R Q L R C M E E
A A S A T Z O T E L P W R
C C A S E W N U C G Y B C
G V B H D S T O R A G E J
```

BLOODED
CANVASSING
CASE
CASH
CATHODE
CHISEL
COMFORT
CREAM
FEET
FISH
FRAME

FRIGID
FUSION
GELID
HEARTED
SHOULDER
SORE
STORAGE
SWEAT
TURKEY
WATER
WEATHER

Under the Ground

```
T M C R L C O M N U X O R
U I O M L Z R W A R R E N
N R U X E O P E A N U T R
N R G D W G N I A R D F A
E E G W N T D G Q V K C B
L A A I K O N P N C B M B
X R R O J R C E W D A I I
M P E B A S E M M N T V T
S R T B R Q U R R E C H E
C O A G U R T B E O S I O
A O Z L O T L U W V C A X
R T A L L L V N G A I Q B
R S T L I E D K A Z Y R B
O O U O M Y C E L I U M K
T T O H Y M T R S R M H R
```

BASEMENT	PEANUT
BUNKER	RABBIT
CARROT	RIVER
CAVE	ROOTS
CELLAR	SPRING
COAL	SUBWAY
CONDUIT	TUBER
CORM	TUNNEL
DRAIN	WARREN
GOLD	WELL
MYCELIUM	WORM

```
Z X Q J W W S F W B E G J
N J P P X B U T C P Y T F
F C E O T I H A L A A D Z
K R L T Y X T N I F L A A
O H A P U A N S L E Z I B
P I R G S L A Y Y E D S L
O K G M G D I H C R O Y L
P A O A J E D P A L U S E
P U N L U P D L U P I N B
Y Q I L A R L R R I G A L
W Z U O G I G O O E R P I
N X M W A M P O R B T U T
U W Y G I U A K I R I S S
O X L I P L P I N K K N A
C N R G P A D T E L O I V
```

ASTER	OXLIP
ASTILBE	PANSY
DAISY	PELARGONIUM
DIANTHUS	PHLOX
GAILLARDIA	PINK
IRIS	POPPY
LILAC	PRIMULA
LILY	RAGGED ROBIN
LUPIN	TANSY
MALLOW	TULIP
ORCHID	VIOLET

```
L C I T E N I K D I V E B
C H R O N O G R A P H W E
F Z J B G Y R U B O L Z V
T N A D N E P L Z C M L C
V O U L I P E A T K U G R
S I F P R T A T R E G U Y
S T R A P G U I A T K K S
Q T O G S N T G U G T S T
F O B P P I O I Q F E K A
Q Y R W W T M D I A L S L
C H A I N A A F Z K E E E
L X H N E E T A B W C S A
D R X D I P I C U O A R D
R E V E L E C E H X R U O
T Y D R Y R E T T A B N J
```

AUTOMATIC	KINETIC
BATTERY	LEVER
BRACELET	NURSE'S
CHAIN	PENDANT
CHRONOGRAPH	POCKET
CRYSTAL	QUARTZ
DIAL	REPEATING
DIGITAL	SPRING
DIVE	STOPWATCH
FACE	STRAP
FOB	WINDER

Boys' Names

```
N K E N N H T E N N E K J
E H A I R A H C A Z G A M
M A R M A D U K E S M U S
R X K N P L K Y G E H E D
Y C A N O F X O S L L C A
S E B E N E Z E R R E I K
S W N J O E L Z A J I N C
E C N I V N E H G T V H I
C Q N K R E C J A O A J R
A V A N A G L H Y L U E E
T G V E B U E M T L A R D
R D A R R E T R E J F N E
U E R R O L G S E R J R R
K F H A N W R E F P O E F
C J W D D T R A U T S D E
```

ALAN	JOEL
CHARLES	JULES
DARREN	KENNETH
EBENEZER	KURT
ELMER	MARMADUKE
EMRYS	NOEL
ERROL	PEREGRINE
EUGENE	SEAN
FREDERICK	STUART
GLEN	VINCE
JAMES	ZACHARIAH

```
N J X K D M H J O J X S Q
O Q Y A B E S O O G M U D
K E S T E R E D D E E R N
U H O C K E Y X L B E R A
Y R C W O N C T E G F A L
K E A R O N A C I O Y Z D
E D L T R Y V N H R V I N
L N G B B T A O U B S Z U
O A A C R I Y B K N F D O
W G R R E N D B H O X E F
N A Y O H U Q O A D G T W
A X B C S C J W R N C N E
Z O D U A T O J Z O G U N
W I N D S O R C I L O O O
X R W S E H P F P O C M R
```

BANGOR	QUEBEC
CALGARY	RED DEER
CANORA	REGINA
COCHRANE	SHERBROOKE
GANDER	ST JOHN'S
GOOSE BAY	SUDBURY
HOCKEY	UNITY
KELOWNA	WABUSH
LONDON	WINDSOR
MOUNT EDZIZA	YOHO
NEWFOUNDLAND	YUKON

```
U N Y D N A T K I N G B D
S H M R L T G P G R A N T
P O T I M A C D O W E L L
A J S E R E G A R E P I C
C N E C S R L P R I T U K
E O W H R G E O C R V X E
Y T Y A J O I N F H E E Q
A W E S L R W E Q O T Y R
L E H E P T D E G H R N J
F N K A M R E Q U A I D O
T D C T Y L E R Y M T L Q
E I M K G L M V S I Y R G
D D C I C A L L A K R P T
A X J N N P O E N E L L A
C X A S N C O M K N W K Z
```

ALLEN	KERR
ATKINS	MACDOWELL
CARREY	MIRREN
CHASE	NEWTON JOHN
CROWE	QUAID
DICAPRIO	SPACEY
DRIVER	TANDY
FORD	THURMAN
GERE	WALTERS
GRANT	WEAVER
KELLY	WEST

Soft Words

```
F F G P Y A F S P O N G Y
M J L O E Y L L O O W I B
Y U U A S S N Z A S X X X
I W S O C S Q Y I B H K Y
E Y C H Y C A Y N R B M V
L I D H Y H I M D H N Y E
D K O Z J G S D E D E P L
I N W I S P Y I O R T A V
N Z N M K Y F F U L F D E
G R Y N D M V M D Q O D T
D I F F U S E D U Q S E Y
U H R T Z Q X I L L N D L
U Z E C E F E W O L L E M
E D K E L T N E G H U X L
G V T N A I L P M O C D L
```

COMPLIANT	MUSHY
DIFFUSED	MUTED
DOWNY	PADDED
DULL	QUIET
EASY	SOFTEN
FLABBY	SPONGY
FLACCID	SQUISHY
FLUFFY	VELVETY
GENTLE	WISPY
GOSSAMER	WOOLLY
MELLOW	YIELDING

World Rivers

```
E I P P I S S I S S I M E
C V Y V V G O C R Q P Z G
S A A A V K S O M O B S N
P C E L V M Z L T W E G A
L S S S O X O J G C A R
I A T Q F H M R N N S R O
M B G C W A E A A S M O E
P A N O C W G D G N O N U
O H A W U K R O N A S N P
P T Y I R O I G F K E E H
O A N C J O Z I G E L J R
R B O H A M A Z O N L V A
Q H W A N G H O V I E T T
F D A N H S I R K H F L E
W E D N A R G O I R V T S
```

AMAZON	MISSISSIPPI
ATHABASCA	MOHAWK
COLORADO	MOSELLE
COWICHAN	MOSKVA
EUPHRATES	ORANGE
GANGES	POTOMAC
GARONNE	RHINE
HWANG HO	RIO GRANDE
JORDAN	SLAVE
KRISHNA	SNAKE
LIMPOPO	YANGTSE

Mediterranean Islands

```
N T C Y P R U X C O D V K
A G O Z O R V A J C C U E
S I F M H I P P S A I L F
T E N O I R C O R S I C A
T B D I I N B C P V A A L
F E L S D S O U A T S N O
S M T I E R I L R U O N
A O R L F Y A A C E R K I
N I S U K K M S T A P X A
T Z A I W P P E R V Y W Y
O B M A J O R C A A C Z A
R O O I H C N W Q N V Z B
I Z S M Y K O N O S I H L
N A X O S E M D Q B U B E
I U C S C D Y L I C I S S
```

CAPRI	MAJORCA
CORFU	MALTA
CORSICA	MINORCA
CRETE	MYKONOS
CYPRUS	NAXOS
ELBA	RHODES
GOZO	SAMOS
HVAR	SANTORINI
IBIZA	SARDINIA
KEFALONIA	SICILY
LESBOS	VULCANO

```
Y T O D K H H C T I T S S
W N F D K H K E G C T M M
L C R H Z L R H S R I A H
I O P U R P O S E S U O O
W H B O Y M D K L A T K Q
F C T O L E O G F W I R E
F T K K Y L U B R E E D Q
M A F E R T I L I S E L U
B H E Q U O X N E Q E Q E
E R O A D S N C A G N W S
A C H J D N T P G T K C T
M I H N L I W E R B I H I
R A H E O Q D O R E V O O
C A V N C O U N T R Y F N
C A B U D K D R E S S E R
```

BAR	OVER
BEAM	POLLINATION
BREED	PURPOSES
CHECK	QUESTION
COUNTRY	ROADS
DRESSER	SECTION
EYED	STITCH
FERTILISE	TALK
HAIRS	TOWN
HATCH	WIRE
LEGGED	WORD

Famous Bobs

E	Y	E	W	E	D	W	Y	X	V	S	I	T
K	G	D	Y	E	S	E	N	E	K	N	V	D
W	U	U	L	H	I	K	N	P	L	T	I	A
A	R	E	A	L	G	R	H	I	I	R	Q	I
H	Q	W	L	L	E	S	S	U	R	E	A	T
N	U	C	I	K	U	W	N	Z	E	O	S	M
I	H	H	S	A	F	K	O	W	D	C	Y	T
T	A	A	D	S	V	K	L	P	L	Y	D	S
R	R	R	Y	O	E	E	R	I	I	E	E	N
A	T	L	L	G	C	N	H	Q	U	L	N	I
M	D	T	A	M	E	A	L	G	B	S	N	K
M	H	O	N	X	R	L	O	O	E	I	E	S
E	O	N	V	R	T	C	D	C	H	A	K	O
V	P	O	I	B	T	O	F	O	T	P	D	H
I	E	S	G	M	Z	L	N	S	F	P	A	U

CHARLTON	MARLEY
DE NIRO	MARTIN
DYLAN	MCELWEE
GELDOF	MOOG
HARRIS	PAISLEY
HAWKE	POWELL
HOLNESS	RUSSELL
HOPE	SHAW
HOSKINS	THE BUILDER
KENNEDY	URQUHART
LAXTON	WEIR

Words Beginning with Z

```
H R Z I X Q I J D T Z E B
Y Z J G A Z G I Z Q J I U
L C O Z O F E C Z M R B J
S Z C N A F M A H T K M L
U V A E R G P F L I Z O A
O L Q T B P R S Z A E Z C
L S C Z E P P E L I N N A
A Z A R Z B B Z B Z I D I
E I T F P M A Z A Z T Z D
Z N N Q A N A I J H H A O
J N A Z Z C R W X Z H N Z
N I Z I H E T O G Y Z I H
Z A B A G L I O N E L E Q
B A R F X O X R H C V S N
R Y V J Z I C E H I O T M
```

ZABAGLIONE	ZEBRA
ZACHARY	ZENITH
ZAGREB	ZEPPELIN
ZAIRE	ZIGZAG
ZAMBEZI	ZILCH
ZANIEST	ZINC
ZANTAC	ZINNIA
ZANZIBAR	ZODIACAL
ZAPPER	ZOMBIE
ZEALAND	ZONAL
ZEALOUSLY	ZYGOTE

```
C Q P K Q M R S E A A F H
H N S U S Y A H S O P H S
O P A N D E I J E D O T L
C P U Z V D R E E B T Y L
O B S F Y W I X H X A E O
L L A U S D H N C X T S R
A P G T V X R A G O O I T
T D E I R W K Z X S E I Q
E R S W E E T S U Z S S E
S V P U S L A F N P H G S
B M D M G K S C S Z D O H
C H I P S A Y I L U E D H
Q C A N D Y R R F E D T S
C R E A M C U E N I W O H
U Q P O R K P I E S A H C
```

BEER	JAM
BUNS	PORK PIES
CAKES	POTATOES
CANDY	PUDDINGS
CHEESE	ROLLS
CHIPS	SAUSAGES
CHOCOLATES	SUGAR
CREAM	SWEETS
CRISPS	SYRUP
FUDGE	TREACLE
HOT DOGS	WINE

Monopoly Board

```
L T R W E R I A F Y A M L
E E U B O A R D S I R O N
T E L G H M I P E K Q Q T
O R E D Z C E R S R E N T
H T S W E G W E U H D X G
Y S N E N L C T O Z A I G
T D N A G N B J H T C S S
O R R T A B A M R Q E D E
O O D H P I D E I C B E I
B F C U L I P N E H C U T
M X E N W U R I A E T B I
D O A P S C P C I R B H L
B A N K E R D P Z O T J I
F R E E P A R K I N G S T
T P N P Y T R E P O R P U
```

BANKER	MONEY
BOARD	ORANGE
BOOT	OXFORD STREET
CHANCE	PIECES
DICE	PROPERTY
FREE PARKING	RENT
HOTEL	RULES
HOUSES	STRAND
IRON	SUPER TAX
JAIL	THIMBLE
MAYFAIR	UTILITIES

Auction Room

```
S S R D A N R B C P F T S
A T G E V T T E F R L L E
K Y L A S S O L Y E J E V
A L O L B E E D I U G V L
H E T E T H R J Z L B A E
C Q S R Z C A V F A B G H
A E T A M I T S E V T B S
T N O I S S I M M O C C W
A G R X F U R N I T U R E
L Z O A U C T I O N E E R
O K R O R H B U S C B G P
G S R E D I U H I A G E R
U J G E N S T R S A J O
E G W S L W P Y E A H W X
B D U F V C O G R P Y T Y
```

AUCTIONEER	GUIDE
BUYER	JARS
CATALOGUE	LOTS
CHEST	OWNER
CLERK	PRICE
COMMISSION	PROXY
DEALER	RARITY
ESTIMATE	RESERVE
FURNITURE	SHELVES
GAVEL	STYLE
GOODS	VALUER

Amusement

```
N K Z A N U P A N S J P N
O D H I L X Y J M P L E Y
I I C H A R M I A E V N M
T V E L U I L S A I E E R
A E E S G E T S L D R L D
E R B C H I U N D R I S E
R T E M M R E A I V D P C
C O G E E J L M E L W O E
E W U A F G E L C V M R I
R U I M G N Y Q M I Z T V
P T L U T C U N C I Q W E
G N E S C S V A N U R E L
A Q D E C I L O R F G T C
M Q N O I S R E V I D H H
E M E N T E R T A I N J O
```

AMUSE   GLADDEN

BEGUILE   LAUGH

CHARM   LIVELY

COMICAL   MERRIMENT

DECEIVE   MIRTH

DIVERSION   PASTIME

DIVERT   PLEASURE

ENLIVEN   RECREATION

ENTERTAIN   RELAX

FROLIC   SMILE

GAME   SPORT

Communicate

```
E X B W Y U S T A T F E C
T X T R O P E R I H G X K
I A P I R E D M H A Y Y P
R M T I R P S R S G J U T
W A L C G N W S O G J T E
R R I D A E E L G C C T X
T G S R V M O P O B E E T
E A T R A L G N L K L R I
E I E D Y O R P P E T O N
R D N T P F P A V O A O G
G E C F S P E E C H S D V
S A A C O N V E Y S F T U
D K A D N R K Y A A Y G G
R W K E T F M P U B R P N
J P C A L L F O R E H P P
```

BLOG	PLEAD
CALL FOR	PRAY
CONVEY	READ
DACTYLOLOGY	RECORD
DIAGRAM	REPORT
GREET	SEND A MESSAGE
INFORM	SPEECH
LISTEN	TEXTING
LOGO	TRANSMIT
PASS ON	UTTER
PIGEON POST	WRITE

```
T P J E Q Y F G H Y S S R
D R D Z B Q O Y C T I L E
E J U O H D O A E H C O H
M C F T U H L E D G K W G
A A O A H M I G I U N E I
T R J L L T S H S A E R H
R V E O D S H P T N S Y J
B A V M R E E J U L S O A
T R C R R T R H O W A B L
I O F K W A P B O M A E D
Q N A X L O W E R O C D H
W I S Y M R O T S W D I I
I M T I U N R T X I C E K
S G E M D X S E H L C N D
E E R W H E E R K D L T W
```

BETTER	←——→	WORSE
CALM	←——→	STORMY
COLDER	←——→	WARMER
FALSEHOOD	←——→	TRUTH
FASTER	←——→	SLOWER
FOOLISH	←——→	WISE
HEALTH	←——→	SICKNESS
INSIDE	←——→	OUTSIDE
MAJOR	←——→	MINOR
NAUGHTY	←——→	OBEDIENT
TAMED	←——→	WILD

On the Internet

```
B W C P A F W D J P L L E
L C A E N I L N O K S F L
O O C J V U C P R T E Q T
G W H Q S O U R C E R R I
S B E J M L B F Q R V Q T
N O I T A R T S I G E R N
C Q N R H S E R F E R K Q
N N I M O P K V E E L D P
W T G V Z U C H R J R D H
Y C U P L O A D A O E L R
F O L D E R P L W H B O A
E O P I D G I Y Y Y Z Z S
J K U N C N E M P K Q K E
B I X D K K T L S Q S X W
R E F S N A R T E L I F E
```

BLOGS	PACKET
CACHE	PHRASE
CLICK	PLUG-IN
COOKIE	POPULARITY
FIELD	REFRESH
FILE TRANSFER	REGISTRATION
FOLDER	SERVER
GROUPS	SOURCE
KEYWORD	SPYWARE
LINKS	TITLE
ONLINE	UPLOAD

```
T S S R E G I A R G O H P
I M A M T C A D F Z C E R
R O P U A X C Q H R Z E C
A G R P T H G B A A T A A
S U E R S W A N Q S M G P
T L S I F V O T I U A C T
E H I N O M R N M K E C A
M A D C D Z I O G A O E I
P H E E A M M O Y M U T N
E S N S E U V C M A M V H
R W T M H E F A W X M K R
O J I C R I N J F Z I P U
R R N N L D X K F E O K Y
P H O A E Z C L H P H U I
M R K R J K M S E L A S W
```

AGA	MAYOR
CAPTAIN	MOGUL
COMMANDER	MONARCH
EMPEROR	POPE
GOVERNOR	PRESIDENT
HEAD OF STATE	PRIME MINISTER
IMAM	PRINCE
KALIF	QUEEN
KING	SHAH
MAHATMA	SHEIKH
MAHDI	TSAR

```
F T Y J R G B U R M E S E
N R O Q E T T S M A B B Y
C A P N S H O R T H A I R
H W I M K M M X Y B B A T
I C Z S A I N N H U G A D
N O S L R A N Q Z D H E E
C R I E M E U E O C T S V
H N N J L E P L S N Z E O
I I G H E K L B I E T M N
L S A N A F I O I U M A R
L H P K E V P R R R Q I E
A R U S O E A K K X M S X
T E R T U R I N K R Q A K
B X A L M S A G A X E T N
C A B T H Q E T Z J Z X A
```

ABBY	QUEEN
BIRMAN	RAGDOLL
BLUE POINT	SELKIRK REX
BURMESE	SHORTHAIR
CHINCHILLA	SIAMESE
CORNISH REX	SINGAPURA
DEVON REX	SOMALI
HAVANA	TABBY
KORAT	TOM
MANX	TONKINESE
PERSIAN	TURKISH

Advancing

```
G M H O H E C L J E F E P
M O C S X I E X T O S R O
X D R L P P H O N I O B I
P W A P O T M K A P U E N
S A M R G O E R O Q C N C
S M P O R E R U D N R E R
E O A P V E N R A Q E F E
R V L O P D A H W H H I A
G E H S O W N V W G T T S
O S O E R E G Z Z K R G E
R R N O V S I U V U U O I
P Q F I M P R O V E F X W
T N E M G U A D V A N C E
H G E L K S E V I R H T R
E U Y N E H T G N E R T S
```

ADVANCE	PROGRESS
AUGMENT	PROMOTE
BENEFIT	PROPEL
ENHANCE	PROPOSE
FORWARD	PROPOUND
FURTHER	PROSPER
GROW	PUSH
IMPROVE	RAISE
INCREASE	SHOVE
MARCH	STRENGTHEN
MOVE	THRIVE

In-Flight

```
L A E M T H G I L F N I W
B O A R D I N G E I Z O Y
X D U T Y F R E E S D E Y
R C H E C K I N S N L G A
P E S K G Q A E I L M F I
O A K E T A T W O Q F V S
T S S C R S G R P O P S L
L L Q S O U T G E G A T E
E A U H P L T K A E E C G
B V R F R O A R G B U B N
T I P H I T R D A S K T I
A R C I A V I T T P E J D
E R T T L R V O L L E B N
S A M I B O M F M X H D A
Y D A I R S T E W A R D L
```

AIR HOSTESS	DUTY-FREE
AIR STEWARD	GATE
AIRPORT	IN-FLIGHT MEAL
AISLE	LANDING
ARRIVALS	LOCKER
BAGGAGE	PASSPORT
BOARDING	PILOT
BRIDGE	SEAT BELT
CHECK-IN	TAKE-OFF
CUSTOMS	TROLLEY
DEPARTURES	WINDOW

```
S M U R D E L T T E K S N
S C E N O H P O X A S C R
C E S U E T U L F A Z I O
M L F I M H K L B O C P H
U E A G A O Q E C G R T H
R S Q R D L L C T A I L C
D T Q J I B G E H A U C N
S E K T U N P N N V I O E
S T S O J M E Z A A V O R
A U D B U H W T N R G E F
B B Z R X E N O B M O R T
P A T V I O L A M B Y C O
P I A N O S N O O S S A B
E G L O C K E N S P I E L
R A T I U G M N I L O I V
```

BASS DRUM	HARP
BASSOON	KETTLE DRUMS
CELESTE	OBOE
CELLO	ORGAN
CLARINET	PIANO
COR ANGLAIS	SAXOPHONE
DOUBLE BASS	TROMBONE
FLUTE	TRUMPET
FRENCH HORN	TUBA
GLOCKENSPIEL	VIOLA
GUITAR	VIOLIN

```
Y L C D E M I T L L I X H
Q A J I I L L F A T E D R
B R A P G S D G I R O H C
L E B I C O E L U I I A I
D B P P L L L O L M L I L
E I L T L L M L I L L N L
R L S I U U U L I L N I C
U L T C H S L M I I E L O
T I K L I Y D N E W S L N
A C L V R I O U V L S B C
N I E I S I L V Q L X R E
L T A E S U L L I I W E I
L D E F L L I F U N M D V
I N O I S U L L I D S N E
U Z I L L E G I B L E S D
```

ILL-BRED	ILL-NATURED
ILL-CONCEIVED	ILLNESS
ILLEGAL	ILLOGIC
ILLEGIBLE	ILL-TIMED
ILL-FATED	ILLUDE
ILL-FED	ILLUME
ILL-HUMOUR	ILL-USE
ILLIBERAL	ILLUSION
ILLICIT	ILLUSIVE
ILLINOIS	ILL-WILL
ILL LUCK	ILLYRIA

```
A F K Q P G S F Y X H Q G
P O R T E R G R I D E R N
M W O R K E R N M X W H I
W A L E W B F L I G H T R
C R R R Q L U A S K E P A
K E B E P I O H L R L P F
I B V D G N A U R L D A C
H B K N M D G O H C T A W
H U U A E N R P T O E G T
N L V W X E Z N E K D W F
S C V A X S D C O C K L I
L O N G S S E R D I E B H
L Z R V S R R M W T T I S
S C H O O L C L V S K Y P
O H Y N O I S I V K T Y H
```

BLINDNESS	SCHOOL
CLUBBER	SHADE
DRESS	SHIFT
FALL	SKY
FARING	STICK
FLIGHT	TERROR
LONG	VISION
MARE	WALKING
PIECE	WANDERER
PORTER	WATCH
RIDER	WORKER

Astrological Reading

```
X Y E E N P G J Q N H J C
R S N P G U H R R A T E O
S T J G O L O E E R M A R
A E B O P C U N W C P A D
G N U P O F S E A H N Z S
I A L P D U E O I E O A Q
T L L O S N I D R R O D C
T P I S C E S B X O M T P
A D O I C D J A J A H O S
R F G T A A R R O G Z J U
I D R I V F L C K R O V C
U U I O K X I E H N L A O
S R V N R Q Z R S A H E T
O I P R O C S S E I R A O
F U J A I R S I G N F T T
```

AIR SIGN   HOUSE
ARCHER   LEO
ARIES   MOON
BULL   OPPOSITION
CANCER   PISCES
CHART   PLANETS
CRAB   RAM
CUSP   SAGITTARIUS
FIRE   SCALES
GOAT   SCORPIO
HOROSCOPE   VIRGO

Exciting Times

```
N O N R U T D E V H O F A
T E N S E P W K C Q X E D
B A W H U P E R K U P O E
T R W R S J T V C C D B I
I N I E H U J E L D U N T
N T E Z L L L I Y L T E I
S W T M T G O F L O L G T
E I A P O M N I X I L R I
K S V F R F E I G P I A L
A T I U L N C N T I R H L
H W T T T A I F T H H C A
S K O L T T M I C H T O T
E R M E E H A E R E U T E
T E S P U V Q A R O U S E
W I Y M N R X V B E E O E
```

AFLAME	PERK UP
AROUSE	SHAKE
CHARGE	STIR UP
EBULLIENT	TENSE
ENTHUSE	THRILL
FLUSH	TINGLE
FOMENT	TITILLATE
IGNITE	TURMOIL
INDUCE	TURN ON
INTOXICATE	UPSET
MOTIVATE	WHET

Flying Machines

```
T Q X Y S E L U C R E H O
R I A I R S H I P E N O T
J E G Z P M X E T D A D I
S U P E R A Q Y A I L A U
P B M P R E I B G L P N Q
I H S P O M T R O G I R S
T E Z E J H O S C E B O O
F L R L S E C T A R I T M
I I T I C I T M H C A N I
R C O N C O R D E R N F G
E O H A R R I E R Y J A T
Y P C N O O L L A B U U L
M T X K L N C H I N O O K
T E M U E S H U T T L E O
D R S P U T N I K B B N Z
```

AIRCRAFT	HERCULES
AIRSHIP	JUMP JET
BALLOON	LANCASTER
BIPLANE	MOSQUITO
BOEING	ROCKET
CHINOOK	SHUTTLE
CHOPPER	SPITFIRE
CONCORDE	SPUTNIK
GLIDER	TIGER MOTH
HARRIER	TORNADO
HELICOPTER	ZEPPELIN

```
M T N O I T A X A T P M G
C O M P T R O L L E R R L
N U M B E R P V S H O N A
O L R Q B T I B E D E D Y
I C L I P A R D O T D M H
T R A I T F L G T F W U M
C E Q L B F R A C O J U L
A D R E C O R D N O I M A
S I E N S U Y Y U C Y J T
N T P S C L L R C R E I I
A D O W L H N A T Z S H P
R A R A L A A N T O W T A
T O T Q L V E R P E D R C
A U D I T O R E G T M O B
E Y L O S S D L E E K W Z
```

AUDITOR	GROSS
BALANCE	JOURNAL
BILL	LOSS
CALCULATE	NETT
CAPITAL	NUMBER
CHARGE	RECORD
COMPTROLLER	REPORT
CREDIT	TALLY
DEBIT	TAXATION
DEPOSIT	TRANSACTION
ENTRY	WORTH

Moons and Asteroids

```
A V A J U X T E H C Y S P
N O I R E P Y H D O N Y A
C K P A N D O R A I N R O
E C A L L I S T O L O U L
R H L D G F H Q T B I N J
E C H A R O N S V I X A E
S U R A C I A Y I U F P G
N U A E H T L A M A O A H
O O U H L A P G Q N N D O
P W W A Y E W E I Y A I C
H V S A T E K S M M T E J
E E L U Z I J E C O I R A
L S S T A C D Z N S T E N
I T U I O E O B E R O N U
A A L P U M B R I E L G S
```

AMALTHEA	JUNO
ATLAS	NEREID
CALLISTO	OBERON
CERES	OPHELIA
CHARON	PANDORA
DIONE	PSYCHE
GANYMEDE	SINOPE
HYPERION	THALIA
IAPETUS	TITAN
ICARUS	UMBRIEL
JANUS	VESTA

Winged Things

```
U K R H Y I S V K L U A L
X W C L P G U T G B L Q E
V A F G M L L H O R N E T
B H V R T O P I C R T L I
Y I E U V C S L D K K Y U
M C R A N E P Q A E V T G
I E O D W A S P U N R C S
C R D O V E V J I I E A A
R X R E S Y L D H G T D I
O C I T P Q G G X W W O L
L X B V A B E W A L H R P
I C Y L R B P J M E T E L
G I D I R E E O Y G D T A
H B A D O B T E M N Z P N
T E L W W H G O O S E C E
```

BAT	LADYBIRD
BEE	MICROLIGHT
BIRD	MOSQUITO
CRANE	MOTH
CROW	PLANE
EAGLE	PTERODACTYL
FLY	SAILPLANE
GLIDER	SPARROW
GOOSE	STORK
HAWK	VULTURE
HORNET	WASP

US Presidents

```
M V P M Y T K N U S R A O
Q O P Q C E N B P Y L G I
C K N Z C K J F K B F W Y
O L A R T X I O Z P F R T
C M E L O I T N H Y G Y L
Y I N V D E V G L N L Q V
P L A R E W O H N E S I E
E R G E Y L G X R Z Y O S
T F A T H T A Y L O R M N
W N E R O C H N R O A L R
I O R A O G A V D D O O U
L X L C V R Y A A B P A H
S I M T E A E S A O N S T
O N G B R N S M L T U A R
N A M U R T A K U B X K A
```

ADAMS	MONROE
ARTHUR	NIXON
BUSH	OBAMA
CARTER	PIERCE
CLEVELAND	POLK
EISENHOWER	REAGAN
GRANT	TAFT
HAYES	TAYLOR
HOOVER	TRUMAN
JOHNSON	TYLER
MCKINLEY	WILSON

```
E N B N O N N A H S J I G
L A Q D M Y T H S G A N J
L H E O C O A O E G F O Y
E C N N Z W R U N I T T H
R C I E G O O S K C W H C
Y U N D N C D T E E M M O
Q U O I I A N O N N A C L
U A K S R G G N B U G G U
E E O N T N L E M I N I M
E S O O S E U V R R U L B
N U Y R E Y J G P P M L O
T O R I O P E L U C R E H
S L R K H Z L L E Z A H Z
O C A G S P H R L A C E Y
W J H M A I G R E T G D G
```

CAGNEY	LACEY
CANNON	MAGNUM
CHAN	MAIGRET
CLOUSEAU	MCGILL
COLUMBO	MORSE
ELLERY QUEEN	QUINCY
HARRY O	REGAN
HAZELL	SGT HO
HERCULE POIROT	SHANNON
HOUSTON	SHOESTRING
IRONSIDE	ZEN

```
E G E X T E N S I O N S L
L P V B C H U J T S Y I F
R K O O H H B Y C E B Z G
O O F R O X A A K R R U N
O F L C E W L N A Q L N I
F Q Z L G E O R X H E Q K
K E L N I M Y Q S D N L C
R C A H O N D W I H I U I
E G A L X I G S M M L H P
I T P J A L N N U A T H T
R I G I Q I O A H V A M I
T S T I L E R F P M R U U
E R O R K O T E T M Q T R
C S T E P J T F A T O W F
N O I T A D O M M O C C A
```

ACCOMMODATION	MONKEY
AERIAL	PILOT
COMPANION	RATLINE
ETRIER	ROLLING
EXTENSION	ROOF
FRUIT-PICKING	ROPE
GANGWAY	SCALE
HOOK	SIDE
JACK	STEP
LIBRARY	STERN
LOFT	STILE

```
S T S O M C Y N O T C H S
S B G O L A J V D C A I H
E B Z E G T C I A J D M E
L E V I T U C E X E I Q L
U E X L N H H L B U H Y F
L B M A F Z F Q A R I Q S
G Y G R B R T Z A S X A J
U X C N O B C E M T S N S
K F A S I F G T R H H T F
R X J A W L E T H G L H B
M Q L R I E L H N I I E M
Q U A L I T Y E T L O B L
M A R K S B H U S F S I I
B R P K M A G M Y K O L A
A K A Y T I R O I R P L S
```

CAT	NOTCH
CLASS	OF THE FORM
EXECUTIVE	PRIORITY
FLIGHT	QUALITY
GEAR	QUARK
HAT	SAIL
HEAVY	SELLING
LESS	SHELF
LEVEL	SIDE
MARKS	SOIL
MOST	THE BILL

371

```
F C U K W M M O L O S G H
B C L A Z L C Q U X N E T
V E N I C E S R C J G N M
O Z D M V P I A A A A O A
I A P A G G F V L N I A A
C R A I A L E U Z E N E V
I K D S G N A P A T R A S
A Z E U S D A K M H O N M
E M N R J L A M S A F H O
N E J E M S Y N O A I A L
I G A V V Q I F S E L N G
U A B M W A E D M K A A E
G R A Y F I N H R L C X J
L A R Q T V W O N A S S J
E F U O A E C L G G W Y U
```

ADEN	MOLOS
ALASKA	OMAN
CADIZ	PATRAS
CALIFORNIA	RIGA
GDANSK	SALERNO
GENOA	SIAM
GONAVE	SIDRA
GUINEA	SUEZ
MAINE	URABA
MANNAR	VENEZUELA
MEGARA	VENICE

```
T R O P R I A F E S N U W
H C R O T I S L C U W O I
I W C R Y W O L F I A Y C
R T M J D T T D A R T E H
E C S A Y Q I Y S A E E I
L D A O N U R Y U U R S T
E L U B V F E H E Q L F A
R S A J A E D S H A O C L
U P Y W Y R R O T S O U I
T J O O R E E O N A S G N
P O B T B E H T I I U M E
A H H P S D D K N L N Y M
R N O R Q S A N R O S W A
L L E W H O U B O R E A N
S U F O E N O B B W T Y U
```

AIRPORT	OH WELL
AQUARIUS	ONE OF US
BAD BOYS	RAPTURE
BORN IN THE USA	SAILOR
BUS STOP	SEE YOU
CABARET	SO TIRED
CRY WOLF	TOO SHY
HEY JUDE	TORCH
IT'S OVER	WATERLOO SUNSET
MY WAY	WICHITA LINEMAN
OH BOY	WONDERWALL

U	U	R	H	N	M	N	N	E	F	R	B
F	H	H	C	T	V	O	M	Z	A	I	E	T
L	N	E	R	O	N	E	A	O	L	Q	I	O
Y	P	I	W	A	E	R	C	T	E	P	L	G
I	G	N	M	O	T	R	O	M	K	E	A	U
N	O	G	N	K	Z	D	K	T	O	C	V	P
G	L	O	E	D	N	Z	S	Z	S	T	A	N
D	L	L	I	A	E	U	E	O	T	R	K	O
U	E	D	R	Z	A	L	T	C	S	D	N	N
T	H	U	A	F	N	W	N	I	K	Y	E	G
C	T	W	K	R	A	E	F	O	B	Y	S	I
H	O	V	Q	I	P	A	I	P	R	A	O	M
M	V	L	D	L	L	X	T	R	D	E	R	S
A	S	A	L	O	M	E	M	K	A	L	B	U
N	E	M	R	A	C	K	O	A	N	G	A	O

AIDA   OBERON

ALEKO   OTHELLO

CARMEN   PARSIFAL

ELEKTRA   RHEINGOLD

FAUST   RIENZI

FLYING DUTCHMAN   ROSENKAVALIER

KOANGA   SADKO

LAKME   SALOME

MANON   TOSCA

MIGNON   TURANDOT

NERONE   WOZZECK

```
L V G C Q N X N C H E C K
H I N D E R E I H M H G D
A C A P T U R E F A R A L
P D I J M E O N N Y N R O
P Z N N S G Q D T O F R H
R D L I P O C W S W I E H
E W E Z A U C I X N H S H
H Z P E F R R M T P X T T
E W I F N P T E C A T C H
N A C E O G R S E H U U N
D R K K S R A R E R X S I
E R U Z U M U G T R M T A
L A P P B C D S E J O O T
A N T G E W B R V F N D E
Y T E S R O Z Y E C L Y D
```

APPREHEND   HINDER
ARREST   HOLD
CAPTURE   INTERRUPT
CATCH   JAIL
CHECK   OBSTRUCT
CUSTODY   PICK UP
DELAY   PRISON
DETAIN   RESTRAIN
ENGAGE   SECURE
FIX   SEIZE
HANDCUFF   WARRANT

Endangered Species

```
S P I D E R M O N K E Y V
G A D O R A N G U T A N N
F I R O R Y X A A H J J O
M D A O F A N J Y S K C B
A U P N R Y U O L E Q D B
R G O T T A C G S E A P I
I O E Z N A L C A I M Y G
N N L Q M A N L O J B U E
E G Y H N A H T I U A Q R
T C A I M A N P E R G K S
U R O D N O C A E A O A P
R C H E E T A H T L T G R
T C H I M P A N Z E E E T
L F L X P O L A R B E A R
E N O G A R D O D O M O K
```

AYE-AYE	GORILLA
BISON	JAGUAR
CAIMAN	KOMODO DRAGON
CHEETAH	LEMUR
CHIMPANZEE	LEOPARD
CONDOR	MANATEE
COUGAR	MARINE TURTLE
DUGONG	ORANGUTAN
ELEPHANT	ORYX
GIANT ANTEATER	POLAR BEAR
GIBBON	SPIDER MONKEY

Cartoon People

```
I W J A E R E P M U H T D
S N E K N Y W I D X G D A
N N I X F Q M R B W P Y F
O P I L D M O O A M P N F
S K U I A O O D E E A P Y
T W K D P G Y X E I O B D
E R A Y A T Y L I R B Q U
J M R M U P S P K R L N C
E R R P M X Z Y E Y E T K
H M E U K I P R B K R O X
T D R G R I F W N A C P X
N G O J G O J Y E Y B C E
O N E I X I L P L N N A H
D P Y N I B T I N X D T R
D B E L Y O E V I L O Y Y
```

BABAR	NOD
BAMBI	OLIVE OYLE
BLYNKEN	PORKY PIG
BRER FOX	SLEEPY
DAFFY DUCK	SPIKE
DEPUTY DAWG	THE JETSONS
DROOPY	THUMPER
EYEORE	TIGGER
GRUMPY	TOP CAT
MADAM MIM	WENDY
MR MAGOO	WYNKEN

A Walk in the Park

```
A P N C X V G S W I N G S
H A B Q B S R E I S P M E
W T O E N U A M E Q S O A
W H W A M L S E D L S N T
T S L C V H S H O R F P S
R P I A Z A F O E W L L J
O N N C W K P W T S O P Z
U I G T J N O T R N G E N
N A G Y I L D N E T Y U O
D T R E F A C D E G Z T I
A N E B N E V N S H A A L
B U E W W T N I M O R T I
O O N C F I J C A O C S V
U F O E S R B J E R F R A
T D N A T S D N A B Y H P
```

AVIARY	PATHS
BANDSTAND	PAVILION
BOWLING GREEN	PLANS
BUSHES	POOLS
CAFE	ROUNDABOUT
CRAZY GOLF	SEATS
FENCE	SEESAW
FLOWERS	STATUE
FOUNTAIN	SWINGS
GRASS	TENNIS
LAWN	TREES

Poets' Corner

```
T W H N D G V G A V A S N
C W O K O W I L D E X A V
V H S R N S J X B L S M O
N K A P D B N P J H T O T
E S K U E S M E P E A H N
W N H V C N W B V P E T O
M A M G H E S O U E K T M
A M A O R Y R E R N T W R
N T T E J L E A R T Y S E
B I O T Z T Z E P S H A L
H H V H H M M M E O D D N
A W A E C K D V L R V P S
R L L O R R A C S F V Y S
D O W E N R D N U O P U Y
Y P I E G D I R E L O C V
```

AKHMATOVA	LERMONTOV
BUNYAN	NASH
CARROLL	NEWMAN
CHAUCER	OWEN
COLERIDGE	POUND
FROST	SPENSER
GOETHE	STEVENSON
GRAVES	THOMAS
HARDY	WHITMAN
KEATS	WILDE
LEAR	WORDSWORTH

Famous Battles

```
J V C K R A H O L I H S T
C E I S S C N R T Y F A P
J E N T H R D I B A Z D K
U Z K A O Z U E L K S Q M
T T E M H R S K L E Q V O
L R R F A A I E D T Z Y N
A A M O N R D A R X N B T
N F A R K T N F K P B O E
D A N D D T O E S G Y R C
P L N B M I Y W A Y Q G A
A G O R S A R A T O G A S
N A G I W O R B U O X T S
Z R C D C J M T C Y N T I
I M I G O O L R E T A W N
O M P E I E M M O S L O O
```

ANZIO	SARATOGA
FALKIRK	SEDAN
INKERMAN	SHILOH
JENA	SOMME
JUTLAND	STAMFORD BRIDGE
KURSK	TOWTON
MARNE	TRAFALGAR
MIDWAY	VITORIA
MONTE CASSINO	VYBORG
NASEBY	WATERLOO
NILE	YPRES

Can't Keep a Secret

```
X E D W E T A L O I V H Q
P S Q O O X H O A R E K R
P O I U U H H Y N E U E L
U L T N C B S I Y J V T L
R C S D D N L B B O A E X
E S B O Y I Q E C I D Y R
V I E L R E C N C I T M Y
I D T E A M U A V R A O A
L U R X Y B A U T K O F L
E X A P K E L Y E E V S P
D P Y O Z G V K L L E T S
R B V S E M N I J P G G I
U U D E J O F R N H M Z D
B U I N W R E V O C S I D
K U E N S N A R E B E U M
```

BETRAY

BLAB

DELIVER UP

DISCLOSE

DISCOVER

DISPLAY

DIVULGE

DOUBLE CROSS

ENSNARE

EVINCE

EXHIBIT

EXPOSE

IMPLY

INDICATE

MAKE KNOWN

REVEAL

RUIN

SHOW

TELL

UNCOVER

UNDO

VIOLATE

```
G N I R E M M I H S S I J
A L I G H T N O O Y U H B
L F M A N T G V A R O S Q
U E U D E I J R G E I P P
M R W N J X T I H I R A A
I V S U F K P E H F U R S
N E R L I T U P D W F K S
O N D E T A N I M U L L I
U T O E X C I T E D A I O
S N G N I M A E L G M N N
Z L I F F Z H R D R I G A
C A F U M I N G D D N X T
T N A I D A R E A E G K E
G N I N R U B E R S N W U
G A G L O W I N G F Z T K
```

ALIGHT	GLOWING
ARDENT	IGNITED
BURNING	ILLUMINATED
EXCITED	INTENSE
FERVENT	LIT UP
FIERY	LUMINOUS
FLAMING	ON FIRE
FRENZIED	PASSIONATE
FUMING	RADIANT
FURIOUS	SHIMMERING
GLEAMING	SPARKLING

European Countries

```
B P A Y A W R O N A Q E D
Y X I L T D M C L I H N C
S U R A L E B A F S F I Z
V S W T A B L N J S V A D
O M U I M B H O Y U A R E
R M A A I N A M O R T K N
G I L C T C A P E A I U M
E K B K E P I C R I C N A
N I A P S D N R K B A E R
E D N G G A O J J R N D K
T D I R R D T N C E C E K
N B A F N E S H I S I W T
O Y N A M R E G M A T S I
M T C V Q Q N C F J Y N A
M M V W W W I C E L A N D
```

ALBANIA	MALTA
ANDORRA	MONACO
BELARUS	MONTENEGRO
DENMARK	NORWAY
ESTONIA	ROMANIA
FRANCE	RUSSIA
GERMANY	SERBIA
GREECE	SPAIN
ICELAND	SWEDEN
ITALY	UKRAINE
MACEDONIA	VATICAN CITY

```
Y I O N O I T I N U M M A
M Q T P R C S I M M E R W
M I U L H F C L H U E Z V
I M M U N O L O G I S T G
H U M M I N G P U M M E L
S M Y M X R I I X H J E H
Y U U E I L W U U N S S G
W I M T A V C C A W W N G
X M M M I H G L I M M E R
R M M N E X G M S T G M A
U A A E J R M U F R H M M
M T M U H I L H M H L I M
M U W M N S S U M M I T A
Y R G G A T R A M M E L R
S E W N V N J A M M E D I
```

AMMAN	MAMMAL
AMMUNITION	PLUMMET
CHUMMY	PUMMEL
GLIMMER	RUMMY
GRAMMAR	SHIMMY
GUMMED	SIMMER
HUMMING	SUMMER
IMMATURE	SUMMIT
IMMENSE	SWIMMING
IMMUNOLOGIST	TRAMMEL
JAMMED	TUMMY

```
N F E K B G H B T V K G B
M D C L U N K C R A C K O
B I K N O C K P N L E T T
L L Z W E G T S A U T B E
C L O U T N X N M H R L C
U Q R W P A G I R R T C U
D O E W I B E A E T F G L
G Z J F O B S T A E U D E
E D A A B H T R H J U D M
L L T H W A C K M U N W M
F M Y W L H K U R U M D O
F C H C M A U L O J J P P
I P O U N D T S T R I K E
B H D N P G E N J H N R V
Z D R P V R N Y Q F K D U
```

BANG	KNOCK
BEAT	LICK
BIFF	MAUL
BLOW	POMMEL
CLANG	POUND
CLATTER	RATTLE
CLOUT	RESOUND
CLUNK	STRIKE
CRACK	THRASH
CRUNCH	THUMP
CUDGEL	THWACK

Lakes and Reservoirs

```
H F K D D O C N Z H E P N
C D S E L S E T T W U D O
N F L U M C I I B C O N T
A P O U B I W B C N S U R
H O Y A W M B E E M A O O
E L G G I D N D S I D P G
X Q Q R T Z G A Z R D D A
S L G W T A Y L J R I N I
I E S G O K X S I T N A L
Z I A R N R F F G Y G L E
D G Q P D P T L E S T T Y
L H G O M E L D O N O S M
O U W E W M A I R K N I T
N R I F O L L A H C Y W N
Y Y D H C N O T S G O C Y
```

AGDEN	HURY
COWM	LEIGH
DELPH	MELDON
DIGGLE	OGSTON
DOWRY	SADDINGTON
DRIFT	SELSET
ECCUP	SLADE
GAILEY	WAYOH
GORTON	WISTLANDPOUND
GRIMWITH	WITTON
HANCH	WYCHALL

```
S E H C T A M T Y L A B S
K S A L F M U U C A V S T
K Q S E S S A L G N U S O
T R E K K I N G P O L E O
T M C S R A L U C O N I B
W O O K K Y D S Y F M A P
S B M D T M C M R I S R F
J I P U O A G R E E I D E
B L A X R N L U L L T Y Y
L E S F C K O C T D A A Q
A P S L H N V K S G R A W
N H L M H I E S I U E F H
K O T A O F S A H I M O Z
E N T W U E V C W D A O J
T E J S Z U I K X E C D Z
```

BINOCULARS
BLANKET
BOOTS
CAMERA
COMPASS
FIELD GUIDE
FOOD
GLOVES
HAT
KNIFE
MAP

MATCHES
MOBILE PHONE
RUCKSACK
SCARF
SOCKS
SUNGLASSES
TORCH
TREKKING POLE
VACUUM FLASK
WATER
WHISTLE

Hello There!

```
L P B U O N G I O R N O E
H O W D Y T U O T Q H M M
I U L S V B T B D N O E O
O B O A I C E Z O A L L C
M C R U O J N O B H L O L
A B D F V P T Y T E O D E
A L U E V L A S H I A U W
L H O E P H G A Q B L O M
A O M H N F F Q Y H I Y A
S L Q L A O Y A D D O O G
B A T T O G S S U R G D G
G N I N E V E D O O G W S
G O O D M O R N I N G O M
S N O I T A T U L A S H A
D P J S H A L O M Y S F E
```

ALOHA	HI-YA
BONJOUR	HOLA
BUENOS DIAS	HOLLOA
BUON GIORNO	HOW-DO-YOU-DO
CIAO	HOWDY
GOOD DAY	SALAAM
GOOD EVENING	SALUTATIONS
GOOD MORNING	SALVE
GRUSS GOTT	SHALOM
GUTEN TAG	S'MAE
HELLO	WELCOME

Box of Chocolate

```
S D K T J P W E M J A E H
G K V L E I K O O C E L T
G M E B I H E B A R S F O
E O A C I M V E G D U F O
S C C V U T I R X D J U M
S H E I E A T L V H S R S
U A E T A G S E Y E C T J
O S I O D Y E O R E C U B
M H C L A T G C A L K R O
W O A V R G I A Y E O I R
C A N U K K D K G W F C R
Z V D I F S Z E N U B H G
P Q Y F G O Q I P H G I F
E G A R E V E B I Z R P N
R X T P J S M C U N D S S
```

BARS	EGGS
BEVERAGE	FUDGE
BITTER	GATEAU
BROWNIES	MILK
CAKE	MOCHA
CANDY	MOUSSE
CHIPS	RICH
COCOA	SAUCE
COOKIE	SMOOTH
DARK	TRUFFLE
DIGESTIVE	WHITE

Canadian Towns and Cities

```
N W E N O T S N E E R G C
M O O S O N E E E S L H P
H R D R O F A E M O U J A
G R A N D P R A I R I E R
W E Q N O I L Y C M B U F
P C N J W L C H J A E T R
B A L D I O I X F C S O E
A R W G G L L B J R R R V
O R I H L A I E E B O O U
T E N M Z N S D K C H N O
T T N W L T D P C M E T C
A O I N B E A V E R T O N
W H P K E S Y R E G I N A
A G E R I N U V I K H I V
K J G R E D N A G Y W R O
```

BEAVERTON	LONDON
BRIMLEY	MEAFORD
CAMROSE	MOOSONEE
CHURCHILL	OTTAWA
GANDER	RED DEER
GASPE	REGINA
GILLAM	TERRACE
GRAND PRAIRIE	TORONTO
GREENSTONE	VANCOUVER
INUVIK	WHITEHORSE
KELOWNA	WINNIPEG

Bright Words

```
Y C X A A R G E N T N Y B
F E B R I G H T Q A I N Y
G N I H S A L F D P U N R
B L A Z I N G A E L X U E
G L E A M N E V R C H S I
I Z U M I L G B I E A S F
I Y J N K N J Y N V P X N
F Z I N I C R R Z A I E D
S H I M M E R S R S T D A
S W A W V A D K V S A S Z
T L O L D N L P I K H V Z
F L I I P E L L U C I D L
G S A R Y V G C X K I W I
R N G N I M A E B V S Y N
T X I R I D E S C E N T G
```

ARGENT	GLOW
BEAMING	IRIDESCENT
BLAZING	PELLUCID
BRIGHT	RADIANT
DAZZLING	SHIMMER
FIERY	SHINING
FLAMING	SILVERY
FLASHING	SPARKLE
GLARE	SUNNY
GLEAM	TWINKLE
GLISTEN	VIVID

English Castles

```
R S L E D N U R A Z C R P
E R I C H M O N D O P E H
B E L V O I R D R M A V U
F T L W B Y W F U L G O M
K S P A F A E I K R F D H
W E E R N I R L N I H G Q
N H N W R C F N D D R A R
O C D I Z O A X A U S V M
J L E C L B C S B R D O I
M O N K M W O H T V D M R
L C N B N P O D E E F H U
E G I A I G N R I S R E H
E L S I L R A C T A T V J
D S G N I T S A H H M E T
S D B A M B U R G H L R R
```

ARUNDEL	DURHAM
BAMBURGH	HASTINGS
BARNARD	HEVER
BELVOIR	KENILWORTH
BODIAM	LANCASTER
BURGH	LEEDS
CARLISLE	PENDENNIS
COLCHESTER	RICHMOND
CORFE	ROCHESTER
DOVER	WARWICK
DUDLEY	WINDSOR

```
O D E V A E B M H Z J S J
E E F Z G F M I C C S Q K
S V A T P N N A R E A C J
I O R N R N R X R A C R X
L N A X E N G A C A C B D
E H C E A E C A R T Y V O
M T A L Q F R O R U V A G
A L R C H V U A C N T T R
R U C A E S C P C A U J A
A F A R E R O V I N R A C
C E S D C A R P E T L O C
R R S I C A R R I O N A L
C A R N A G E N O B R A C
J C J A N R O W E R A C A
O F O L E V R F Y E R D X
```

CARAFE	CARIB
CARAMELISE	CARNAGE
CARBON	CARNAL
CARCASS	CARNIVORE
CARD	CAROL
CARDINAL	CAROUSE
CAREEN	CARPET
CAREFUL	CARRION
CARESS	CARRY
CAREWORN	CART
CARGO	CARVE

```
Y O S N O O M L L U F M P
M H I A W A T H A J C S T
M A E T K Y U Q M N H S W
O J Z H H U Q E I E U E Q
T R E E B C B R A D P C C
A N N A B E L L E E F C L
N Q S N T H E L A M B U O
M J E T S R R W W K K S U
U X S O E A E L F E H T D
T I S S A R G T U C U A S
U F Y R F I N M B M P T N
A S L E E P A U L I N E H
O O U O V A I N F E R N O
T Y S Q E F O R E V E R X
A I B A R A S E R P Y W P
```

ANNABEL LEE	LAMIA
ARABIA	PAULINE
ASLEEP	SEA FEVER
CLOUDS	SUCCESS
CUT GRASS	THE ANT
DUST	THE FLEA
FOREVER	THE LAMB
FULL MOON	TO AUTUMN
HIAWATHA	TOMMY
INFERNO	ULYSSES
KUBLA KHAN	YPRES

Capital Cities of the World

```
I T U F A N U F F B R K E
Y J Q R M D K F X A S T E
D R C A P G U B R K C N M
H C Y D R F A K O U A A X
A T E N A N K P A L N R I
K E M A G F J I L A G I K
A A A U U E A U V R T J Q
I T I L E R V A D U Z X Y
R T N L P U H K N N S H G
O E I A K O F H D A Y I R
T L T A I R I B N C S S L
C L B Y N R K J L Z E S U
I A U O G U O D A G A U O
V V X S L S F B R R O M E
L R H V E T L M I G X S S
```

ACCRA   PRAGUE
BAKU   PRAIA
BANGUI   RIYADH
DHAKA   ROME
FUNAFUTI   SAN JOSE
HAVANA   SANA'A
KIGALI   SEOUL
LUANDA   SKOPJE
NAIROBI   VADUZ
NIAMEY   VALLETTA
OUAGADOUGOU   VICTORIA

```
W F I B Y N E H C T I K G
O O Z D P A H I Z G P W T
R Y U C A N T E E N A Z N
K T R E S T R O O M N L H
S C A E A R E I L E T A C
H U L G G D Y Y E S R X M
O B L N B N R N A C Y U F
P I E U H E A L O M I P L
L C C O L L O R I R R A I
X L F L A O R F O Y E R B
U E A R N I L T V C B L R
M G D H D S I N P E M O A
G E L O E D W A W R A U R
R N R F U X O R V E H R Y
X H P A H C B W K L C M L
```

ATELIER

ATTIC

AUDITORIUM

CANTEEN

CELLAR

CHAMBER

CORRIDOR

CUBICLE

FOYER

GALLERY

HALL

KITCHEN

LARDER

LIBRARY

LOUNGE

ORANGERY

PANTRY

PARLOUR

RESTROOM

SALOON

STUDY

WORKSHOP

```
L R O I S R W J O D L Y K
S P V Y R A M M G R F R C
D Q R J A B Q I B S V O O
I N D I A N S X X F U T L
A S I R N U R S E R Y S C
M N R W O C V A L D K F E
R I A S H W E N D Y C G K
E W K P G G S S C U R L Y
M T N E Q W F Q S O P T T
F E A T H E R P E I N V J
E H N E V E R G R E W U P
R T A R C Y Q A E J N S Q
G C C P K C T R O G I I R
C J G A J E G H L B B C Q
N C U N S X N E U K S I U
```

CLOCK	NANA
CURLY	NEVER GREW UP
FEATHER	NIBS
GEORGE	NURSERY
GREEN	PETER PAN
INDIANS	PIRATES
J M BARRIE	PRINCESS
JOHN	STORY
JUNGLE	SWORD
MARY	THE TWINS
MERMAIDS	WENDY

Musical instruments

```
Q Y K V L W I A M D T Y S
T I N W H I S T L E D M H
E L D D I F A X A R V L G
T I M P A N I F U B A W O
U C O Z G O O M V U O J Q
L J V A Q U E G V T T R H
C O N C E R T I N A R O H
Y Y U X Y Y Q U F E R N F
B P M L Q P M R B N N R I
E I W B R H Q E P A L O U
L A A A A S C I M I C V G
L N H E I L P V Q E Y N H
Q O S V O E S H L N O O K
M A R I M B A L P G Z M O
E R L L S K O L O C C I P
```

BELL	MARIMBA
CELLO	MOOG
CONCERTINA	OBOE
CYMBALS	PIANO
DRUM	PICCOLO
FIDDLE	REBEC
GONG	SHAWM
HARP	TABOR
HORNPIPE	TIMPANI
LUTE	TIN WHISTLE
LYRE	TUBA

What a Gas!

```
C J I X E N I D O I E M C
H E P R O H A L O N U P A
L Z H N A B J X I I L H R
O C E I U D Y R L T X Y B
R X R T N G O E R E K D O
I P A O E U H N M R H R N
N N G N L T Z G Y K N O D
E R X F P R O P A N E G I
A E N E L Y T E C A G E O
Z T R Q N O E S K U O N X
W V Q E N C Z E U S R T I
B R O M I N E N L F T N D
E N A H T E M O Z K I H E
S A G L A O C Z Z H N O V
E D I X O S U O R T I N S
```

ACETYLENE	IODINE
ARGON	KRYPTON
BROMINE	METHANE
BUTANE	NEON
CARBON DIOXIDE	NITROGEN
CHLORINE	NITROUS OXIDE
COAL GAS	OXYGEN
FLUORINE	OZONE
HALON	PROPANE
HELIUM	RADON
HYDROGEN	XENON

Trees and Shrubs

```
M N X B B R J M C A R O B
A R D E A R L D H J Y G K
E O S E N A Z L V U J N N
B H P C B N P F F H V A G
E T C H E S T N U T Y M V
T K E P D R O W A N V E O
I C S A B I Y X A A Y T B
H A H S K R U B C U N A H
W L F U R S U S O H A D X
Q B N E P U M J I I G Q S
Q T H R D O M M I M O S A
A C A C I A V F L L H X B
C R L X Z X L A Y J A Q G
E S X Q K Y E H G E M F W
R M G N P D P B V T W H I
```

ACACIA	DEAL
ACER	MAHOGANY
ASPEN	MANGO
BALM	MIMOSA
BANYAN	PEAR
BEECH	ROWAN
BLACKTHORN	TAXUS
CAROB	TEAK
CHERRY	THUJA
CHESTNUT	WHITEBEAM
DATE	YEW

Types of Transport

```
L G I M F D B K E T C H F
Q A R E T H G I E R F O E
S I N L E L C Y C A L G R
C D S D W R Z A P V J T R
O A E N A L P O R E A R Y
N S R O P U N O O L L A B
V A G A N Z K U R A O I O
O N G G V A G L P G P L O
Y O S G T A C E Y E Y E H
H A B F O R N U B N G R C
M C A S W B A J Q T V U B
B R N N B E O I A H T G Q
C S G U O T B T N T H X A
X J E N A D E S E O B O W
V E R K T L T R U C K E N
```

AEROPLANE

BALLOON

BANGER

CANOE

CARAVAN

CONVOY

CRAFT

CUTTER

CYCLE

FERRY

FREIGHTER

JALOPY

KETCH

LANDAU

LAUNCH

SEDAN

TOBOGGAN

TOWBOAT

TRAILER

TRAIN

TRAVEL AGENT

TRUCK

```
W E X J R S E R A G L I O
Z M E P E R G N E I T W B
D E I G N G I O C N A M N
R R E N G A P M A H C G C
K L W N I Q R M Z N I G F
M Y O G S D G X G E W E N
G M N M E I C I R R I G E
E C Z G D P E O E G I U I
L Y O A G R F P N N N S M
H A R N E N U H E D G N G
P A A V S G A B J G I P A
P S O Q N I E W O H S G T
H S I S O N G F E X N T N
F A G Q C H F N I D E R Y
N V M G E H T H P O P A S
```

APOPHTHEGM	FOREIGN
BENIGN	GNASH
CHAMPAGNE	GNAWED
COIGN	GNOME
CONDIGN	GNOSIS
CONSIGN	PARADIGM
DEIGN	PHLEGM
DESIGNER	REPUGN
ENSIGN	SERAGLIO
EPERGNE	SOVEREIGN
FEIGN	SYNTAGM

Pool of Fish

```
Q M U X R E P U O R G L M
S K I J F E V G H T U O U
N T R Y I K N S U C E Z L
N S K A T E I I K R N O L
O J W S H F V C D X N E E
E D A S P S A F W R D E T
G O N M E L L R K O A U T
R B U O L O A N C J C S D
U L T O U S Y K O K R A R
T S P N S E A H O R S E E
S Y D E A Y N H V R Q G P
G E W O X D O G F I S H P
R Z D L O H S I F N U S A
E C A R P S S A B A E S N
K M Y G N I R R E H F D S
```

CARP	SARDINE
COD	SEA BASS
DOGFISH	SEAHORSE
FLOUNDER	SHARK
GROUPER	SKATE
GURNET	SNAPPER
HERRING	STURGEON
JOHN DORY	SUNFISH
LUMPFISH	TENCH
MULLET	TUNA
POLLACK	WRASSE

```
U P N O C L A F L I K D N
T E R N D W R P I W C C I
Q N O T A O B X A Q J T F
E G R P I Y V H T R N N F
J U B N O W S E G K R S U
T I S A H O L M A C P O P
I N G W G N H S W A C P T
W L X S H S N R R R D E D
E J P E B T E R A J U A W
E P R T O C O N W A N C L
P O M U D W E R S C N O U
N X C M A G P I E K O C S
F A B S R E V B G D C K X
N G N I L R A T S A K L K
S S O R T A B L A W S Q Y
```

ALBATROSS	PARROT
CRANE	PEACOCK
DOVE	PEEWIT
DUNNOCK	PENGUIN
FALCON	PUFFIN
GOSHAWK	SNOWY OWL
HERON	SPARROW
HOOPOE	STARLING
JACKDAW	TERN
MAGPIE	TOUCAN
MUTE SWAN	WAGTAIL

```
D Q C I T A T S D O T O Y
N T S C E Y D P Y S D X S
O M U T E M E T I C A E N
T X R S T K R R C M S G E
O R I U N F H I I E B D U
R E V R O C T L H I I H T
P T U T I P C T O D T C R
W T O R E H Z T O K O H O
Z A C S W E I W H C H T N
R M B S Q C R M X O V C E
C Y C L O N E E Y N C Z Z
V T F A R C R I A K I P E
R A W T N A L U G A O C E
C L O C K W I S E T O F R
D B S Q T N U G K N A T F
```

AIRCRAFT	KNOCK
BIOTIC	MATTER
CHRIST	NEUTRON
CLIMAX	PROTON
CLOCKWISE	SEPTIC
COAGULANT	STATIC
CYCLONE	TANK GUN
DOTE	THESES
EMETIC	TRUST
FREEZE	VIRUS
HERO	WAR

Animal Breeds

```
Y E S N R E U G H J V L R
H O L S T E I N T K T A U
C H E V I O T R R M E R O
N G D E X T E R O K O O C
R A X E S S U S W I W G O
O L I E J U K X M M A N X
M W H S K D M H A W X A F
N A E E E D U E T C Y A O
E Y R A E I S R P L E Y R
Y R C V H O R E O F S R D
Y Z O S G A T F A C R S Y
X N L M N B I O T L E H P
H E K G O N I R E M J I J
W Y U C F Q F D I V X R E
S S I A L O R A H C V E F
```

ANGORA	HEREFORD
ANGUS	HOLSTEIN
AYRSHIRE	JERSEY
CHAROLAIS	KERRY
CHEVIOT	MANX
DEVON	MERINO
DEXTER	OXFORD
DUROC	ROMNEY
FRIESIAN	SUSSEX
GALWAY	TAMWORTH
GUERNSEY	WELSH

```
F J D T R L Y A A E L F U
T N A H P E L E F V D F S
T N E Y Y O L L K T L L D
R B H A L P A C A N O B S
S U I S U A C M T T O M S
G Y P P W R X F H R C D E
A P P I L D L Y L X H L R
M Y O D C U R T R T I I G
A C P E S Q A A D O N C I
L L O R N L T U B D C O T
L A T N A L C G I B H Y I
D C A P I K B P W C I O B
A W M M L V A Q I Q L T I
S I U I S K U N K F L E R
X J S L O T E E W W A Q D
```

ALPACA	LLAMA
BIRD	OKAPI
CHINCHILLA	ORYX
COYOTE	PUPPY
DONKEY	RABBIT
DUCK	SKUNK
ELEPHANT	SLOTH
FLEA	SNAIL
HIPPOPOTAMUS	SPIDER
IMPALA	SWAN
LEOPARD	TIGRESS

Any Hue, Shade or Tint!

```
R Z T N Q B D Y R O V I E
U L T R A M A R I N E T C
P E A C H N M E A K K M R
J A D E R K V U K B M A U
H J M A B I Q V A D X E K
E I Q G L V R V R G M R I
L E M O N W G E M W O C U
I M E T K I G I U C F G S
O M S U W N N F L E S H S
T U A K I L Q D R B Z Z P
R I Y G Y V A N I Q L Y H
O H C Z E T R F Q G C U S
P H Y I P N E R H C O L E
E X D X U B T F U F F J F
S Y S W P W B A T Q Q K Q
```

BLUE	JADE
CORK	JET
CREAM	LEMON
DRAB	LIME
ECRU	MAGENTA
FERN	NAVY
FLESH	OCHRE
GINGER	OLIVE
HELIOTROPE	PEACH
INDIGO	RUST
IVORY	ULTRAMARINE

Affirmative

```
V U E A L E E V O R P P A
P N E S M A S R A N Z M Z
R I R S R R W O A P W O S
O A G E I O A O P L Q Z F
T T A R F M D T V E C V T
E N P T F R Y N I A D E Z
S I U R A I D F I F S R D
T A Y Y O F C C I T Y D F
A M L O B N F O I R U K H
B S C L O O O F N V E C Y
L K W L E C Y U J F U V X
I P L E D G E J N O O Q I
S K W D A G E A V C L R Q
H E H N Q R A S E B E Q M
E T A R O B O R R O C V H
```

AFFIRM	ESTABLISH
AGREE	INDORSE
ALLEGE	MAINTAIN
APPROVE	PLEDGE
ASSERT	PRONOUNCE
AVOWAL	PROTEST
CONFIRM	RATIFY
CONFORM	SWEAR
CORROBORATE	TESTIFY
DECLARE	VERIFY
DEPOSE	VOUCH

Architectural Details

```
S  P  T  H  U  E  L  B  A  G  M  N  L
S  L  L  O  R  C  S  F  A  S  C  I  A
E  R  J  E  R  U  S  A  R  B  M  E  N
R  X  M  U  L  L  I  O  N  F  V  U  T
T  Q  Y  H  M  O  S  N  A  R  T  D  E
T  J  E  R  E  L  L  I  R  G  A  O  R
U  L  N  A  W  S  G  Z  R  D  D  O  N
B  A  O  S  B  G  T  E  N  C  Y  R  S
G  T  T  T  O  U  T  U  O  W  E  W  C
N  I  S  L  L  S  T  P  C  D  S  A  A
I  P  D  E  A  O  I  M  N  C  Z  Y  L
Y  A  A  L  R  N  X  E  E  T  O  E  L
L  C  P  L  G  A  R  W  Y  N  J  Y  O
F  G  N  I  T  U  L  F  G  J  T  H  P
R  L  B  E  L  G  C  O  R  B  E  L  T
```

ABUTMENT	LANTERN
CAPITAL	LOGGIA
COPING	MULLION
CORBEL	PADSTONE
DOORWAY	PLASTER
EMBRASURE	RENDER
FASCIA	ROTUNDA
FLUTING	SCALLOP
FLYING BUTTRESS	SCROLL
GABLE	STUCCO
GRILLE	TRANSOM

```
F Q U A S S E C O M M A B
X E D R P S T A G E A V M
M S L M Z O U C D M I J G
I Y A T P R N C U O L N R
Y T Q E T T I E N S I R E
S Y N A J I M P R K N I E
V E L U K N P T N V G S T
R L R L I G R A M M A R I
I I V F U O R N C F P A N
N A V S H F T C Y V E E G
V M H B W F H E O E N D S
O R E C E I P T X R C E V
I I T Y Q C H K I T I E A
C A D D R E S S E A L B P
E W E N V E L O P E F X M
```

ACCEPTANCE	GREETINGS
ADDRESS	INVOICE
AIR MAIL	MAILING
BIRO	MEMOS
COMMA	MINUTE
DEAR SIR	OPENER
ENVELOPE	PENCIL
FAITHFULLY	RECEIPT
FELT-TIP	SORTING OFFICE
FRANKING	STAMPS
GRAMMAR	TEXT

Opera Composers

```
L B J D M E N O T T I I S
E S S M E T A N A B E N C
O F F E N B A C H I O G I
N G L U C K U A A Z Y A S
C O B I Q G N S I E K C T
A U E O N D V A S T S S R
V N L N E I P I J Y V A A
A O L L F U B B P M O M V
L D I Z C V O U P K Q I
L C N C E R R Z R W I O N
O T I R O C A J A E A X S
H N D D E R P G A X H M K
I I I L T B N H S S C C Y
C N L K H E B R I T T E N
R N B E R L I O Z K V V I
```

BELLINI	MASCAGNI
BERLIOZ	MENOTTI
BIZET	MOZART
BORODIN	OFFENBACH
BRITTEN	PUCCINI
CHERUBINI	PURCELL
DEBUSSY	SMETANA
GLUCK	STRAVINSKY
GOUNOD	TCHAIKOVSKY
HANDEL	VERDI
LEONCAVALLO	WAGNER

Electrical Appliances

```
R F N R I I K F M Y P M N
O C O R E M M I R T S E Y
Y O R O U Z E R Q E V B H
O M I Y T B E E G O A A E
R P G D J S G E E X I R A
E U B E A V P V R R T E T
T T X O W R A A D F L Y E
N E Y L I W D R I L L A R
I R A D O L Y M S S R L E
R M F R U E E A L H A P N
P G C A R F N R R A T D N
B I T Z B D I J J V I V A
M R R O E H W V R E U D C
Q S P R A Y G U N R G Z S
O J P E W W M O W E R B A
```

BOILER	LAMP
COMPUTER	MICROWAVE OVEN
DRILL	MOWER
DVD PLAYER	PRINTER
FIRE	RADIO
FOOT SPA	RAZOR
FREEZER	SANDER
GUITAR	SCANNER
HAIRDRYER	SHAVER
HEATER	SPRAY-GUN
IRON	STRIMMER

```
E R I P S N O C L X M R V
M D C T J M O O G N E E T
D L O S C N V F O T V U N
E A N E S A G I C I I Q E
U E C T R D T I N Y R N M
N C A U N N V N S C T O I
I N V Z E N O C O N N C D
T O E V O C L N O C O A N
N C N C V O V T G N C C O
O O E V R E S N O C V Y C
C O N T R A S T C R O E X
C O N S T R I C T U W N X
N O E M S H T R E V N O C
C E T A R C E S N O C C B
Y S E D U L C N O C K Q A
```

CONCAVE	CONSTRICT
CONCEAL	CONTACT
CONCLUDE	CONTINUE
CONDIMENT	CONTRAST
CONNIVE	CONTRIVE
CONQUER	CONTROL
CONSECRATE	CONVENTION
CONSERVE	CONVERSE
CONSIGN	CONVERT
CONSPIRE	CONVEX
CONSTANT	CONVICT

Butterflies and Moths

```
L I A T W O L L A W S N T
B O R N E T O R Y O Y N I
S H T O M E E B H O O Q G
I H H Y G P U U C D G T E
L P Y L P R A F R M H I R
A U L I N E L F A O T U M
S S K E A A J T N T O R O
Y S T B P T C I O H M A T
R M T P J D L P M X N B H
H O E R E P P A L Y R A D
C T L K B R I M S T O N E
O H G N I W R A E L C N B
M N N H T O M K W A H I L
M X I R E T S E R O F C U
A K R E D A D M I R A L E
```

ATLAS	FORESTER
BEE MOTH	HAWK MOTH
BLUE	LAPPET
BRIMSTONE	MONARCH
BUFF TIP	PUSS MOTH
BURNET	RED ADMIRAL
CHRYSALIS	RINGLET
CINNABAR	SKIPPER
CLEARWING	SWALLOWTAIL
COMMA	TIGER MOTH
CORN MOTH	WOOD MOTH

Stars and Constellations

```
A E U P H S A B D W Q N T
L P V Q O L U R W R Z O E
L C E V I L N E I L T Y G
E S E U N O L A S I C C P
P G Q A M G T U N R R O F
A A N W A L L A X Q E R M
C U V E A A R S H L S P E
N O I R O A G E M I N I R
R N R C B R R D S C E M A
C K R E S C Q A U A P I K
R H D C U T A I I N R N N
L L E L R U L E R O E T O
A Y E M U R Z L I P S A L
X S R U A U H P S U U K A
N A B A T S A R T S C A L
```

ALDEBARAN	MINTAKA
ALGOL	ORION
ALTAIR	PERSEUS
AQUILA	PLEIADES
ARCTURUS	POLLUX
CANOPUS	PROCYON
CAPELLA	RASTABAN
GEMINI	SERPENS
HERCULES	SIRIUS
LYRA	TAURUS
MERAK	VEGA

```
N Y W I N E S L E I N F L
E A M U N D S E N Q A H E
S L H O L B E R G U N G U
B I I N U R M I R I D K J
I L B N Z V J H V S E M S
T E H E D G O S V L R G U
Y Q X A L B A E F I S N I
C G D S D I G N L N E A S
H E N H R R U A A G N M L
O I Z I O N E S R N P G E
B R M B R L O Y Y B S R C
R G M O J E F B E N O E C
A H C N U M B Z E H B B N
H H B R A O P L G L R L V
E D L O J K S R A M M A H
```

AMUNDSEN	HOLBERG
ANDERSEN	IBSEN
BERGMAN	LIND
BERING	MUNCH
BOHR	NANSEN
BORGE	NIELSEN
CELSIUS	NOBEL
GARBO	NURMI
GRIEG	QUISLING
HAMMARSKJOLD	SIBELIUS
HEYERDAHL	TYCHO BRAHE

How Sweet

```
O R A A V B D W Q C F K N
T B E D R E V O L C S P P
A R C H E S T N U T O G M
T E S G N I H T O N C R Z
O A X J S M E L L I N G N
P D K Q A L A F B Y L Q T
S S Y L K J P I C K L E R
O I S L I W D Y L S U Y A
U H A P G S U E X L R N E
N T E K E B A W T R I G H
D O P W M P A B E N C W J
I O G Y Q T P H U I E J I
N T J V E T C E D X Q C O
G Y R R E H S E R D L F S
E G N E V E R X B H H A R
```

BASIL	PICKLE
BREADS	POTATO
CHERRY	REVENGE
CHESTNUT	SCENTED
CIDER	SHERRY
CLOVER	SMELLING
CORN	SOUNDING
HEART	TALK
NOTHINGS	TOOTH
PEAS	WATER
PEPPER	WILLIAM

```
Y A M M R E B M E C E D F
A C N L O F E B R U A R Y
D E H M A N Y K A D U D Q
I Z P R U J T L O P V Q K
R R G J I O E H U Y R Z B
F L R E T S A E S J J I T
R M Z R S A T U R D A Y L
E Q M A N J S M T I N L F
B Y A D N O M U A E U R Q
M A Q S W J E Z W S A E B
E U X L U S D Y P C R B M
V G W E D N E S D A Y O A
O U E A Y A D S R U H T R
N S Y U R Z J A O L J C C
E T P Q F O C C Y W B O H
```

APRIL	MAY
AUGUST	MONDAY
CHRISTMAS	MONTHS
DECEMBER	NEW YEAR
EASTER	NOVEMBER
FEBRUARY	OCTOBER
FRIDAY	SATURDAY
JANUARY	SUNDAY
JULY	THURSDAY
JUNE	TUESDAY
MARCH	WEDNESDAY

```
K Z G N I L L E S U C M Q
N O H C T A C O T B F A Q
I A T Q J S S V K S U R Y
R S E Y D E T H G I S C U
D S M W P G S E D F W H K
C E P Z N E A D P A E E E
P T E I O U R P R G O D F
H S R V M C T D F A U C X
H I E N H A E B R I A Y Q
F R D A O H E W E E Y E D
S R N U T A I B E I E S E
S G O N O T G K Z N M A M
E U O Z T M D W E C I N I
N Q O E E Q M X S E T D L
W V D P G N R E V L I S K
```

ASSETS	NESS
BEAM	ON THE DRAW
BUCK	SAND
CHANGE	SELLING
DRINK	SIGHTED
EYED	SILVER
FIRING	STEP
FREEZE	TEMPERED
FROZEN	TIME
LIME	TO CATCH ON
MARCHED	WITTED

Book Shelf

```
B L A C K B E A U T Y E D
Y O R B O R X U W L R N T
L O R D J I M O N Y E E E
T H E F O X C I E S R Y S
F V E P O R A E D A W N H
E E Q M O T N O A A P T O
I N K O R A O R R E A S G
R E P U J H O O E R H D U
R T C O D N N D G A C H N
A I O L S O E N R K R T R
C A I R E H I D W P Y T F
I H O L T K I P V V W O E
C D L U C K Y J I M O P U
N E M O W E L T T I L A N
S E S S Y L U N K E F Z Q
```

AARON'S ROD	LORD JIM
BLACK BEAUTY	LUCKY JIM
CARRIE	POOR COW
CHILDHOOD'S END	ROB ROY
CRY WOLF	SHARDIK
CURTAIN	SHOGUN
DAWN	THE DEEP
JANE EYRE	THE FOX
KING RAT	TOPAZ
LEONORA	ULYSSES
LITTLE WOMEN	VENETIA

```
D W D F E S T H E O D E N
T C A V T Y C O O E O S S
M H M N P Z W E D O R U A
G K E M D Y P U O B T B L
H O A S N U G F R L H A O
T U N R H G R M F I A L G
I Q W D W I A I O B N R E
A U P F O E R N L R C O L
R A S G A R N E D B D G T
W R A S O N U C S A L O R
G A R R S L G G I M L I R
N G U I Z L L O L Q E F P
I O M T H X D U R R J L O
R R A U J H T F M N M Q V
I N N S H A D O W F A X X
```

ANDURIL	GIMLI
ARAGORN	GOLLUM
ARWEN	GONDOR
BALROG	LEGOLAS
BILBO	MORDOR
BREE	ORTHANC
ENTS	RINGWRAITH
EOWYN	SARUMAN
FANGORN	SHADOWFAX
FRODO	THE SHIRE
GANDALF	THEODEN

```
F X C E W M I A X O C E N
F I W L B O U T B T S K Y
N T R L O T L O Y U Y A T
U K G E A M J L E U L L U
T N D S B E Q H O X V N A
C O T I P I P Y U P I A E
R N O G S R R E U H A W B
A A Y Q O U J D W U T S G
C M B J F A C A D E U Z N
K B O L E R O A V X O Y I
E M X N Q X X K T L H Y P
R K G A D W X A M R C S E
A G O N P I E G A Y A N E
Z U S E C O N S E L Y P L
Y F D C O P P E L I A B S
```

AGON	LES NOCES
APOLLO	MANON
BOLERO	NUTCRACKER
CHOUT	ONDINE
COPPELIA	ORPHEUS
FACADE	RODEO
FIREBIRD	SLEEPING BEAUTY
GAYANE	SPARTACUS
GISELLE	SWAN LAKE
JEUX	SYLVIA
JOB	TOY BOX

O	U	O	W	X	A	Z	T	R	N	U	T	Y
E	S	I	M	O	R	P	M	O	C	N	L	H
W	D	E	H	R	E	N	P	F	E	F	C	S
C	R	X	T	U	T	I	K	S	U	T	U	Q
S	O	B	I	C	I	W	S	N	A	L	X	U
I	C	I	W	N	N	A	I	M	E	Q	W	A
S	C	C	N	O	U	S	N	R	X	S	V	R
A	A	Z	I	C	O	E	E	G	A	G	N	E
Y	T	S	L	N	I	H	K	M	M	G	D	T
Y	I	E	L	D	O	D	N	O	E	U	P	D
E	M	T	A	C	T	Y	E	B	Q	E	S	Z
S	R	T	F	G	L	L	K	N	H	U	T	S
T	E	L	C	L	R	Z	X	Y	I	M	G	U
O	P	E	A	X	W	E	W	T	V	F	I	Z
W	W	T	N	A	R	G	E	A	L	L	O	W

ACCORD	MATCH
AGREE	MEET
ALLOW	PERMIT
ASSENT	SAY YES TO
COHERE	SETTLE
COINCIDE	SQUARE
COMPROMISE	SUIT
CONCUR	TALLY
ENGAGE	UNISON
FALL IN WITH	UNITE
GRANT	YIELD

Mobile Phone

```
M K B P N E T W O R K H Q
K R M A U G A Z H D K W T
Y S A A O P G N I T X E T
H R K L K R O R T A O R J
E E J I A S E T X E A G O
A K K X N L G E B M N Q D
D A F W L S N M S I G N C
S E M A G O L M M Q H S A
E P C B T R M A E K S X R
T S E G D O O J T M H B K
C O N V E R S A T I O N I
S I Y B D N A T S A G R T
R G N I G A S S E M Y I Y
D L I A M E C I O V O E D
R Z S I G N A L V P X V V
```

ALARM

ANTENNA

CALLER ID

CAR KIT

CONVERSATION

DIGITAL

GAMES

GPRS

HEADSET

MEMORY

MESSAGING

NETWORK

RINGTONE

ROAMING

SIGNAL

SKINS

SMART

SPEAKER

STANDBY

TEXTING

TOP-UP

VOICEMAIL

Architecture and Building

```
A P C O L I J R W X H S T
V F O O R W A H O N C Q W
E I P L V I I U A Y R O B
U L A E L I N T E L A U Q
W T P D T T N Y Y B T U Q
V O L E U Y T G J T O L D
E E Q C E C E B R I Q O W
S C G A A T E N C M D O
T U A P W T S M O E C E D
I P L S H S R L U X S I N
B O L T E V U A I I S R I
U L E O N M A R N W R O W
L A R N N R E U P S D T X
E S Y E Q H X N L V O S A
L A T S E D E P T T W M E
```

ARCH	PEDESTAL
ATRIUM	QUOIN
BUTTRESS	RAIL
CAPSTONE	ROOF
CASEMENT	STEEPLE
COLUMN	STORIED
COVING	TRANSOM
CUPOLA	VAULT
DOME	VESTIBULE
GALLERY	VIADUCT
LINTEL	WINDOW

Landlocked Countries

```
N I E B D T L T Y I R D A
A A I V I L O B S O T D T
T T M U Z M A R M E N I A
S B E L A R U S B A E M H
I E R J I S S I G C O A M
N O T F Q Z T U L H H L O
A L U A A N R B U U T A L
H Q A M J F I I Q N O W D
G V B P R I A G D G S I O
F I H C E B K I E A E D V
A M A L I N H I M R L S A
C J S P C L L U S Y X R Z
Y A U G A R A P T T R P Y
B A I L O G N O M A A Y M
A N A W S T O B S G N N D
```

AFGHANISTAN

ARMENIA

AUSTRIA

BELARUS

BHUTAN

BOLIVIA

BOTSWANA

CHAD

HUNGARY

LAOS

LESOTHO

MALAWI

MALI

MOLDOVA

MONGOLIA

NEPAL

NIGER

PARAGUAY

TAJIKISTAN

TIBET

UGANDA

ZAMBIA

```
U R Y O O Z M C B V S R G
G H M D G T S M C I I E R
A Y U N O K T I S D N X B
B L N T L C E O I S N G T
G A S N F N A N L O E X O
N B S H E E G N T C H U
I U A K U P S J O C U H C
I H F C E T A I O E L G C
K O U L K T T H C R I K O
S W G R Y G B L E R B N P
B J I B D I A A E V E O G
E A G N F L N M L C O X P
L U T J G C E G M L O H E
R E K O O N S S N O U C S
Z Y R U N N I N G P N H K
```

BACKGAMMON	LUDO
BASKETBALL	POOL
BATON	RIDING
BINGO	RUGBY
CANOEING	RUNNING
CHESS	SHOVE-HA'PENNY
EXERCISE	SHUTTLECOCK
FLYING	SKIING
GOLF	SNOOKER
HURDLES	SOCCER
LOTTO	TENNIS

```
E F P Q G P M Z S L L N H
L Z J Z M C G O T S T G Y
A V J W A V F P P R B T S
C T A T G D Y A X S N X Y
S E E K B V O O X S O A K
E W O K E R W S B A R R A
M X H M C E O U O P Z H G
I Y I I S U R O S P S N X
L R W N T C B D M U I J Q
G P I F S E U V R N Q G F
Y R P O N S N B A T N W Y
N A E A I O F E A P R O N
H M S M A R L P R I H F M
H T N A T C E F N I S I D
H L R Z S J E G N O P S E
```

APRON	SCRUB
BROOM	SOAK
BRUSH	SOAP
BUCKET	SODA
CLEANING	SPONGE
DISINFECTANT	SPRAY
FOAM	STAINS
GRIME	SUDS
LIMESCALE	WHITENER
MOPS	WIPES
RINSE	WRING

Hot Stuff

```
P M X E D E T O O F R Z A
D E B D R S A C W S G D C
K Z S U A R A H U P U X T
S F P L U O J O X R V K C
R S B T G W D C A I R P H
E L E F G E R O A N S L I
P I G A D P H L H G N A L
P N I O T W O A Y E U T L
E E O S V E U T L I B E I
P L F C M X S E A N S M P
B K I E A W E S I T S P O
K S T Q A K T T M G O E W
G A W T K N E V V A R R D
L O E G A W A S A J C E E
J R D P D V H E A D E D R
```

AIR	HOUSE
BED	LINE
BLAST	METAL
BLOODED	PANTS
CAKES	PEPPERS
CHILLI POWDER	PLATE
CHOCOLATE	POTATO
CROSS BUNS	SEAT
DOG	SPRING
FOOTED	TEMPERED
HEADED	WATER

```
I D P V T T K C E D F T S
N H X A Z S T T A W A M V
S K O P M A L C Z T I E B
U R B U O Z U Y I W S R L
L H N Y P Q G U R W S I E
A P O W E R C E I N Z A V
T Y I S U R T T I B M V O
I A T O I E C A E P Z U L
O L C C M H M L E N L J T
N E N K C J B R E A F U A
W R U E K A E P S U R O G
C V J T C O L K U O V T E
Y C N E U Q E R F B C M H
R M J A C U R R E N T A Z
E G N I T H G I L H H L Z
```

AMPERE
CABLE
CIRCUIT
CLAMP
CURRENT
EARTH
FREQUENCY
FUSE
INSULATION
JUNCTION BOX
LEAD

LIGHTING
MAINS
METER
PLUG
POWER
RELAY
SOCKET
SWITCH
VOLTAGE
WATTS
WIRE

Ancient Writers

```
P H P C Y Y B T P T X W D
I L C M V E A L R Z L A I
N G A I L C O G S X Y A V
D S L T I D L E S E R I O
A C B T O U L U L I R N S
R Z U I C C L T S G S E E
Q S S I O L O T I I S C D
D E A H U T O L I D A A E
H N P T S P L U J W P R P
H O A I H H O M E R P O I
S C R A V A Y S D H H H R
U A N E A C E N E S O I U
W E O R E C I C I A Q S E
S E T A R C O S D L L H L
K G J U V E N A L N P P H
```

AESOP	LUCIAN
ARISTOPHANES	OVID
ARISTOTLE	PINDAR
CATULLUS	PLATO
CICERO	PLINY
EURIPEDES	SAPPHO
HESIOD	SENECA
HOMER	SOCRATES
HORACE	SOPHOCLES
JUVENAL	TACITUS
LIVY	VIRGIL

```
P R E C E T T E N I B U R
H A R A L S O N S X T O O
V Q I E B G N Z K V E N Y
G O P I D A R E D M T K A
R A S T C W L Q A Q E M L
A N N U R C A C E J T Q G
N I E A D F O R T U N E A
N R D D I I T B D S A K L
Y B L N F E X E P V M H A
S Y O I U S Y M S I I J Z
M M G L J T Y V U N X I A
I K B A I A O R N S U I H
T O L M A N S W E E T S E
H X H C R A N O M M C U I
R H R Z N U O C A M E N M
```

ANNURCA	IDARED
BRINA	MACOUN
CAMEO	MALINDA
EDWARD VII	MANTET
ENVY	MONARCH
FIESTA	MUTSU
FORTUNE	PIXIE
FUJI	ROYAL GALA
GOLDEN SPIRE	RUBINETTE
GRANNY SMITH	SUNSET
HARALSON	TOLMAN SWEET

```
S L L E W E S O Q U F N P
P S D P B U N Y A N E I H
E T N O R B E U N R L A N
N O J P X L X L O P I W O
R W I O S N F M M J O T S
E E A G Y W K K I O T T N
V O N A B C B U S D I O I
P I P H A K E J C F C L K
K I P L I N G K O P J S T
D Z B Q Z T P R R N F T A
E M D R F U S Q P A R O W
F E I I B T W Q O E L Y Q
O V W L E N E V F T X C A
E S O R N O P S I R R A H
T Q H T Z E X C G Z F P X
```

ATKINSON	KIPLING
BLACKMORE	MILNE
BRONTE	POE
BUNYAN	POPE
CLARKE	SEWELL
DEFOE	SIMON
ELIOT	STOWE
FORSTER	SWIFT
HARRIS	TOLSTOY
JOYCE	TWAIN
KINGSLEY	VERNE

African Countries

```
W A C I R F A H T U O S V
I W A L A M K E N Y A Z U
F O O Z I U N D C I G A A
L J W L B I N A D U S I S
O I A C G S P B M S B O K
G M B E P E F R I M R E V
N D R Y V L H B A O R O A
O F K E A L A Z M X E H N
C J R T Z E N O B A G T G
B D D H N H C I G N X O O
E G B I A C E U N O D S L
M W U O H Y G W C E T E A
U G P P T E Y U X H B L A
M Y C I H S P A D N A G U
U F Y A Z S T O C F R D J
```

ANGOLA	LESOTHO
BENIN	LIBYA
CAPE VERDE	MALAWI
CHAD	MALI
COMOROS	NIGER
CONGO	SEYCHELLES
EGYPT	SOUTH AFRICA
ETHIOPIA	SUDAN
GABON	TOGO
GUINEA-BISSAU	UGANDA
KENYA	ZAMBIA

Items of Footwear

O	S	L	A	U	S	A	C	T	H	O	E	S
H	S	P	O	L	F	P	I	L	F	I	S	Z
W	I	N	K	L	E	P	I	C	K	E	R	S
T	J	G	A	B	S	E	O	H	S	E	E	R
Z	R	T	H	T	J	Y	S	A	B	O	T	S
S	S	A	O	H	C	K	L	U	T	J	S	S
P	T	O	I	L	E	A	L	P	W	T	Z	E
L	B	I	O	N	C	E	E	X	O	D	S	U
I	V	G	L	E	E	E	L	C	S	R	O	G
M	S	N	U	E	P	R	K	S	E	B	C	O
S	K	P	D	U	T	I	S	D	L	T	K	R
O	S	Z	M	D	N	T	A	M	U	M	S	B
L	P	P	F	G	C	W	O	Z	M	W	B	M
L	S	U	S	Y	R	E	I	S	O	H	R	Z
S	Z	E	S	P	A	D	R	I	L	L	E	S

BOOTS

BROGUES

CASUALS

CLOGS

ESPADRILLES

FLATS

FLIP-FLOPS

HIGH HEELS

HOSIERY

LACE-UPS

MULES

PEEP-TOES

PLIMSOLLS

PUMPS

SABOTS

SHOES

SOCKS

STILETTOS

STOCKINGS

TRAINERS

WADERS

WINKLEPICKERS

Ball Games

```
B F K V X H B I N D Y E O
G Q Z E S O O G R P D H B
N J D F W N R C O R B P S
O O L L P F O L K S H I H
P O S L X W O O D E S T I
G S E Y A J R R K Q Y C N
N V L T L B A C U E V H T
I F U O O I R A U X R A Y
P U O C L O S E M B N N X
S P B L Q H L D H A C D W
O H I U O R H R R T L P F
C B E O G U U Y C O E U I
C T R I N G O M V L W T V
E F I C B B W M N E U T E
R Q T Y D N A B C P F P S
```

BANDY	PODEX
BILLIARDS	POLO
BOULES	POOL
BOWLS	RINGO
CROQUET	RUGBY
FIVES	SHINTY
GOLF	SNOOKER
HOCKEY	SOCCER
PELOTA	SQUASH
PING-PONG	TETHERBALL
PITCH AND PUTT	ULAMA

Composers

S	N	E	V	O	H	T	E	E	B	N	R	V
I	H	P	B	A	C	B	W	S	Y	T	T	E
N	V	O	Y	Z	Y	A	H	J	F	Z	U	N
Z	H	D	S	Z	S	R	R	C	K	G	C	R
T	N	O	A	T	A	T	E	F	A	U	E	A
E	C	X	S	V	A	O	R	R	D	B	B	T
L	F	H	E	S	R	K	N	A	R	V	D	V
E	L	L	A	A	L	O	O	A	U	B	C	C
M	O	B	G	I	L	E	B	V	J	S	K	S
A	W	L	S	D	K	L	D	T	I	I	S	M
N	E	Z	F	U	I	O	V	N	E	C	S	H
N	T	Y	H	S	T	E	V	C	E	Z	H	A
E	Y	K	S	G	R	O	S	S	U	M	I	R
R	C	W	H	D	G	L	U	C	K	X	B	B
A	K	U	I	I	B	M	Q	A	A	Y	F	S

ARNE	HAYDN
ARNOLD	LISZT
BACH	MENDELSSOHN
BARBER	MUSSORGSKY
BARTOK	RAVEL
BEETHOVEN	SHOSTAKOVICH
BIZET	STRAUSS
BLISS	TCHAIKOVSKY
BRAHMS	TELEMANN
ELGAR	VERDI
GLUCK	WOLF

Canines

```
G N G E N A D T A E R G D
S U A U I K C Q L Q H C Q
H B N I R I W B R I A R D
E J M D T T N X V H F I I
E K P T O A L H L M O V N
P G T N R G M C A Z X S G
D D E D V E V L R E H A O
O N P I E U T O A A O M T
G U P H J E B N R D U O H
S O I L S N R P I U N Y Q
P H H E F H E H L O D E K
I K W M V I Y S O P P D T
T L U R C H E R A U H U K
Z E Z J C O R G I B N K G
A U H A U H I H C E M D X
```

AKITA	GREAT DANE
BASENJI	GUNDOG
BORZOI	LURCHER
BRIARD	MALTESE
CHIHUAHUA	POINTER
CORGI	PUG
DALMATIAN	SAMOYED
DEERHOUND	SHAR-PEI
DINGO	SHEEPDOG
ELKHOUND	SPITZ
FOXHOUND	WHIPPET

```
N I K R A L K D A L H P K
S P Y A R G O U E V O G I
C H X Z B O D W H P L N P
H P E Z H E I Y E S D I L
E U L L N S O K A S E N I
S S Q O L N A P N M R W N
T H C S N E O Y E X L O G
E K B N A G Y O Y V I R B
R I K O E T F E S M N B E
T N V S T I W E A S G H T
O T V Y N B E O L T A C J
N A R N O L D P O L S S E
N P C N R A E M B D O T M
I X D E B K X Y F W G W A
L O M T S E M Y U L X H N
```

ARNOLD	HOOD
ATWOOD	KIPLING
AUDEN	LARKIN
BETJEMAN	LEWIS
BLAKE	LONGFELLOW
BRONTE	POPE
BROWNING	PUSHKIN
CHESTERTON	SASSOON
GRAY	SHELLEY
HEANEY	TENNYSON
HOLDERLIN	YEATS

```
M S R E T S O P K I V F T
E N T K H K E A R O O U D
L V G C H A F S C A O M R
L Q K G O T P H N K Y I C
O O K C A M I P A E Q E T
W P V N O L M E E V C N R
A D J E L T R U D N X N H
V C E O I F S S N Y I G I
O J U X J N E D I E E N C
A T T P A T C H O U L I G
A P A I S L E Y Y O W C O
O M Y L D N E I R F W R P
U G R O O V Y R M P A E A
X L I A E L O N G H A I R
P R M Y K T S E T O R P T
```

CHILL OUT	MELLOW
COMMUNE	OP ART
FREAK OUT	PAISLEY
FRIENDLY	PATCHOULI
GROOVY	PIERCING
HAPPENING	POSTERS
INCENSE	PRAYER
KAFTAN	PROTEST
KARMA	RELAXED
LONG HAIR	TIE-DYE
LOVE-IN	WOODSTOCK

Atlantic Islands

```
X W A N E L E H T S A I G
B L N O I S N E C S A C T
T E C F L O R E S E R E G
E A R A H S G Q S R E L R
N O U M P Z H O K O M A E
E I C C U E H E D Z O N E
R R O I K D V B T A G D N
I E R V P D A E S L M W L
F L V M A D E I R A A E A
E A O E O Q Q M H D H N N
J N L A P A L M A Z E F D
T D E G J A N M A Y E N Z
F A L K L A N D S R G S Z
Y A Y I H S E O R A F Z T
L L A K C O R O R R E I H
```

ASCENSION	HIERRO
AZORES	ICELAND
BERMUDA	IRELAND
CAPE VERDE	JAN MAYEN
CORVO	LA PALMA
FALKLANDS	MADEIRA
FAROES	PICO
FERRO	ROCKALL
FLORES	SHETLAND
GOMERA	ST HELENA
GREENLAND	TENERIFE

```
F T B E I F L A S L G N T
Y O U V H H L K R N A A R
H O L I D A Y U I P C H O
E T L T H G H T R T R T P
X S I B H N S E R O V A R
O I T U E E T R B P P G I
D E T B H E B O S H R A A
U A F T P T C I C A O Y R
S I D A V O U Q R T J N I
O L Y L P W E J K D F Q D
B X P I A N A S T A S I A
R E B E C C A V G H O S T
G P Y N H N N E T W O R K
A P O C A L Y P S E N O W
P D I C L E R Y E E N A J
```

AGATHA	HOLIDAY
AIRPORT	JANE EYRE
ALFIE	NETWORK
ALIEN	PETER PAN
ANASTASIA	QUO VADIS
APOCALYPSE NOW	REBECCA
BEN HUR	ROBOCOP
BULLITT	THE BIRDS
EL CID	THE STING
EXODUS	TOOTSIE
GHOST	TOP HAT

```
I U N V T T M R E A S O N
V Q L S D A O R A S I V V
S N S A Q P Z N H E W W E
V T Y D N A Y E R D Z H L
T D R E W D E H Q Q E J H
V O B E N T S X P J I C U
T G P E A I O R E T A W K
E P H M N M L P B R A C E
E O U A A T E T S A M L E
R Y P F F S R D V A T C S
T S H S R R T A C B I N U
S Q T U B P A V N F F L A
N A O I T F T M F C T Q L
Y C H A N C E O E G E R C
K G W U G N I R P S X X R
```

BRACE	REASON
CHANCE	ROADS
CLAUSE	SHEET
COURSE	SPANISH
DECK	SPRING
ENTRANCE	STAY
FRAME	STREAM
LAND	STREET
LINE	TOPMAST
MAST	TOPSAIL
OFFICE	WATER

Computing Terms

```
N I L K I V Y B R X O K X
M L J T T C T F P R A Z D
O I P L W I I P T Q Z V C
U B D U J Z L I N U X I J
S R W A K X I F Q Z S Y Z
E A T F J C B N N A C E S
M R N E H C A C B M T S R
E Y E D S U I B O O A E N
M B M E O B L S B L L Q Z
E I U C T Q E O C O S E P
D D C B N S R L A H R Q U
H G O L I D O D I U I N P
M X D C C K T H T M L P O
I R D N A M M O C L R E P
R W K F M Y T D T S J C K
```

BACK-UP	HTML
BASIC	LIBRARY
CACHE	LINUX
CHIP	MACINTOSH
CLASS	MOUSE
CMOS	PERL
CODE	POP-UP
COMMAND	RELIABILITY
DEFAULT	RELOAD
DOCUMENT	ROBOT
HOST	USER

```
N M N Z B H A L E N D I I
P T F P G T N S H G Z B E
T A K L A M A K A N O N T
K N I C T V E B F G E C N
U A A N P M D V E G N K O
G M G B T S U I E R C A M
A I I N Y E J V L O N L N
C Y B R N A D G P R G A O
C Z I S Q J L I S K I H S
O A N T O C G D A B U A P
N U A H I N D R A L S R M
A O Y A A K A R C H K I I
J Q B R P K A U R M N V S
C H I H U A H U A N S A Q
L F L M S N V A O V J Q G
```

ACCONA	LIBYAN
AL-DAHNA	MONTE
ARABIAN	NEGEV
ATACAMA	PAINTED
CHIHUAHUAN	RANGIPO
GIBSON	SIMPSON
GOBI	SYRIAN
HALENDI	TABERNAS
JUDEAN	TAKLAMAKAN
KALAHARI	TANAMI
KARA KUM	THAR

```
S T R U V P L L B S U U I
E V E T H O M A S N A Q W
B I T S P E A R I R O Y V
I N E S I R E Q Q O S N N
R E P S T E C O U H C O I
C G L U R S B M O T O M N
S A Y H F B E Q O Z U I T
S R T S R H C V R F R S H
S E P U L C H R E S G H H
B A R A B B A S O I E N O
B H V M F N F B B S H S U
S Z V M G P X I I T S T R
S T S E I R P F E I H C F
D C L W S T O N E N H O J
Z S N A I L S K Q V O G X
```

ANGELS	SCRIBES
BARABBAS	SEPULCHRE
CHIEF PRIESTS	SIMON
CROSS	SPEAR
EMMAUS	STONE
JOHN	THIEVES
NAILS	THOMAS
NINTH HOUR	THORNS
PETER	THREE
RISEN	TOMB
SCOURGE	VINEGAR

```
H C B O I E T V F E R S E
T C I N O C A L P S H D E
A C U G E O A I T A U S Z
U W N R D I B R R L R P J
Q Y I I D E A P I E G M T
S D R T C I S V T B J Y R
X N F A G C I N R P M O O
T X A H M C U I E Q C Y H
P F T P N M E S J D T G S
U I I U P F U N Q N N U T
R P I T H Y B S A L A O U
B I O T N E I C I F E D C
A P C T E E S I C N O C F
W H S I F R A W D C U R T
E X S U D D E N L Y B R T
```

ABRUPT	SCANTY
BRIEF	SHARP
CONCISE	SNAPPY
CONDENSED	SQUAT
CURT	STRAIGHT
CUT SHORT	SUCCINCT
DEFICIENT	SUDDENLY
DIRECT	SUMMARY
DWARFISH	TERSE
LACONIC	UNCIVIL
PITHY	

```
G J F N B J Q J R T E T T
X S G A C A W I B X A E A
L O R I E N T A L C F S R
L E F S X I N H N O N E O
O A K A F Q J O A A N N K
D X S O M A L I I I E A B
G E S R K Y C R Q F B V O
A R O N E O E K J K E A M
R N J C J B S B U S L J B
C O R N I S H R E X U G A
H V K S P C I M N N N L Y
R E P H P L A A X D G B R
A D Y T A I M T V U B A D
W N S N S M R E P A L P L
X K Z I O E E S T L A O X
```

ASIAN	NEBELUNG
BENGAL	OCICAT
BOMBAY	ORIENTAL
CEYLON CAT	RAGDOLL
CORNISH REX	SIAMESE
DEVON REX	SIBERIAN
JAVANESE	SOKOKE
KORAT	SOMALI
KURILAN	SPHYNX
LAPERM	TABBY
MANX	THAI

Breeds of Cattle

```
R E G Y E N R E D L A X L
E N A I N I A R K U Y Z B
T L Q V W N A I S E I R F
X B Z H K R W X V Z E V N
E W I O Y O I W R T Z X J
D T L J F H X R P P A G E
E E S O Q G G O I C X L R
R E V S V N A M H A R B S
R S N O I O M A H R U D E
E W R U N L R G A Z C P Y
D A L B R O W N S W I S S
P T I F L D R O F E R E H
O E Y A W O L L A G A E M
L R I A Z O L A T T A C Y
L S G U E R N S E Y R Q W
```

ALDERNEY

ANKOLE

BRAHMAN

BROWN SWISS

CATTALO

CHAROLAIS

DEVON

DEXTER

DURHAM

FRIESIAN

GALLOWAY

GUERNSEY

HEREFORD

JERSEY

LATVIAN

LONGHORN

LUING

RED POLL

ROMAGNOLA

TEESWATER

UKRAINIAN

WHITE

Shades of Yellow

```
D B R O N Z E L D B D Q Y
C R I E W H E V I A R R R
L X A B W M F A T N A O A
A P N L O O W H E A T R N
E M S N L S L V D N S P A
C Z B U S I C F S A U I C
R L I E O H P H N H M M O
K D O A R H T R W U D E C
L P K O M C T T E A S N H
O F M U U O Y N F T R T R
Y E H P T R L F A O A T E
G J U W E N O H A X D C S
G D L O G D L O F A G Z Q
E S J U I L J T D L W I U
R S E L P A N O R F F A S
```

AMBER	MAIZE
BANANA	MUSTARD
BRONZE	NAPLES
CANARY	OCHRE
CATERPILLAR	OLD GOLD
CHROME	ORPIMENT
CORN	SAFFRON
DAFFODIL	STRAW
EGG YOLK	SUNFLOWER
FLAX	WHEAT
LEMON	XANTHOUS

Classical Musicians

```
I L A N I V E R P T I D E
L G L E N N I E P E K H R
L B E E C H A M M N S O P
O M A I S K Y A D N W C U
R T Z M J X E U J S O J D
I B U S E R A H A T K T E
B L E C B N I M A E O Y P
R O B R K C U T U D T Z N
A I R E N W Z H L T S A A
B S A S B S E Y I O T N J
F T I I L P T L F N S E A
K R N Z G E S E L J T K R
N A C A S A L S I L E H A
X K U G Y H T I Q N R S K
M H Y O D L U O G T N A G
```

ASHKENAZY	KARAJAN
BARBIROLLI	MAISKY
BEECHAM	MENUHIN
BERNSTEIN	MUTTER
BRAIN	OISTRAKH
BREAM	PREVIN
CASALS	SOLTI
DU PRE	STERN
GILELS	STOKOWSKI
GLENNIE	TENNSTEDT
GOULD	TUCKWELL

Dictators and Despots

```
A R A P M O I S K G S U B
F M C Y I L T I F A P O J
I A V E K N M R D L T P B
U R C W A J O D A I K O E
N C M O O U A C T H A R L
R O U N O M S T H C U T U
E S G W K I Z E M E V S K
I I A B H L O J S S T A A
L F B O O O C N T C H C S
A A E K M S N H O Y U W H
V D G A E E A I P L E D E
U D I S I V R E L T I H N
D A O S N I F B O A L B K
D Q F A I C J Z P N T W O
I N I L O S S U M M Q S D
```

ARAP MOI

BOKASSA

CASTRO

CEAUSESCU

DUVALIER

FRANCO

HITLER

KHOMEINI

KIM JONG IL

LUKASHENKO

MARCOS

MILOSEVIC

MUGABE

MUSSOLINI

PINOCHET

POL POT

QADDAFI

SADDAM

SHWE

STALIN

SUHARTO

TITO

```
A X Q R W Q R E T S U L F
K G R E V O L V E P I W L
C D I S P U T E B U T S F
O B E T Y E S U F N O C R
R R L D A P L A R Y V E H
E U F I T T E B J M T D L
T T F S L E P V T O A T
I S U Q B E H A U Z P I B
C I R U C K S L I K E Q L
X D O I H A F U V X R G H
E R O E Q H N H O Q T O B
T V C T U S U V L R U J W
J F L U R R Y G A H R S E
T N E M R E F R S S B Q R
E A B Y C O N V U L S E V
```

AGITATE	FLUTTER
CANVASS	HURRY
CONFUSE	PERTURB
CONVULSE	REVOLVE
DISPUTE	ROCK
DISQUIET	ROUSE
DISTURB	RUFFLE
EXCITE	SHAKE
FERMENT	TROUBLE
FLURRY	TURMOIL
FLUSTER	WORK UP

Warplanes

```
N L E R T S E K B S O T R
O R I A S R O C U D A R E
O E L C Z Z M P R C A V T
H S Q U J Z E A M U F T N
P E N T T R K O G T T T U
Y L S L S E T A X K R O H
T U A A N G J D D O C R P
U C B S T A C O E I C N U
Z R R S V R W T T C U A S
E E E E G I E R J A G D J
K H L C I M Z U O T R O J
L I Y D M K I Y W D Z T R
N G N I N T H G I L N A S
G O T I U Q S O M Z E O Y
T A B X O F E X R B R T K
```

BEAR	LIGHTNING
CORSAIR	METEOR
CUTLASS	MIG
DRAKEN	MIRAGE
FOXBAT	MOSQUITO
HERCULES	SABRE
HUNTER	STRATOJET
JAGUAR	SUPER SABRE
JAVELIN	TOMCAT
KESTREL	TORNADO
KONDOR	TYPHOON

```
B T Y B T H O U G H T S A
M R R B R F E H K Y F S J
A I O F I O J G W B K S Q
T E D W T U W K L G Y S E
T T E S E S T N T A S G V
E A R E F D E G D H N W S
R L I A N E L L O A A E K
M O A N R O V T R G G E R
S C H G O C I O L A U U L
K O C M R N L A G T O L H
I H Y O T B S O Q M H B M
N C O H W S P A U E Y P B
N M E N E H D H D D Y J S
E Z H S P N I G H T S E S
D E S R O H V Q E Q K Z D
```

AGES

BLUE

BROWED

BROWN

CHOCOLATE

CLOUDS

DAYS

EYED

GLASSES

GLOOMY

GREEN

HAIRED

HORSE

HUMOUR

MATTER

NIGHT

ORANGE

ROOM

SHOT IN THE

SKINNED

SKY

THOUGHTS

Commonwealth Countries

```
V N U F A N Q I S A Q E A
N A T T H G Q C M C D L B
S T W O A K N A L I R S A
E S A A N U D O L A A O H
L I W D T I N P T M X U A
L K O A A L G A O A J T M
E A D N Z N A E V J A H A
H P N E U I A M R T I A S
C N A R G K L C Q I N F A
Y N U G A G V A E K A R M
E K R D N H G N N J Z I A
S E U W D H U D U D N C L
I N D I A R C E V Z A A A
A Y D N B E L I Z E T V W
V A A N U K R P S F Y K I
```

BAHAMAS   NAURU

BELIZE   NIGERIA

BRUNEI   PAKISTAN

CANADA   SEYCHELLES

GHANA   SOUTH AFRICA

GRENADA   SRI LANKA

INDIA   SWAZILAND

JAMAICA   TANZANIA

KENYA   TONGA

MALAWI   UGANDA

MALTA   VANUATU

```
Y T B T N E N I M O R P A
I G S U M A M M O T H D D
G R N A L H Q X F D I A K
N E K Q V K J U M B O O T
I A M P L E Y K Q X I R W
M T M C U G L A R G E B R
L C M I N A H T A I V E L
E I G M N R T I T A N I C
H T I S S G S K L U H R Y
W N A O M A S S I V E C L
R A N C Z N F A H L I F D
E G T A H T S R E P M U B
V I K L C U G V E M P Q K
O G J O Z A G B Q F L L H
Y V A E H N W E R Z L L E
```

AMPLE	HUGE
BROAD	HULK
BULKY	JUMBO
BUMPER	LARGE
COSMIC	LEVIATHAN
EPIC	MAMMOTH
GARGANTUAN	MASSIVE
GIANT	OVERWHELMING
GIGANTIC	PROMINENT
GREAT	TITANIC
HEAVY	VAST

```
T W U M L A B E L L A Y A
S S U L E G N A A A E T M
L T F D W I Z C D R E I G
S S E S O M U M Q I N V P
R M Y H J O I Q P I U I A
E E U G Q R T X E M T T S
W R X R A P H R G R P A I
O C Z L D H E G D I E N L
L U S K S E D A A A N C A
F R R Z U U R N N W Y I N
N Y D J H S E I A A Q T O
U T N I C L A G I W D S M
S C N X C B M H D U R Y B
C A L V A R Y T L O A M A
P U Q Z B S U M S A R E N
```

ADMIRALS	MORPHEUS
ANGELUS	MOSES
BACCHUS	MURDER
CALVARY	MYSTIC NATIVITY
DANAE	NEPTUNE
DAY	NIGHT
DIANA	PAN
ERASMUS	PIETA
LA BELLA	REQUIEM
MERCURY	SUNFLOWERS
MONA LISA	THE DREAM

Assorted Words

```
T N O I T A L U M U C C A
E K S L E U G O L A T A C
S F O S K I N G S K E G H
T T N C A L Y T E I R A V
S J O T T L Z B F N D N U
M T A R G H C M C D N L D
S V M I E C O I Q S E Z I
U S Y X P T E E V C E D V
O R T Z L A X R R N U D E
I O J E G B C A U A L W R
R K Y U S U P K Q T N S S
A S S O R T M E N T X G E
V M I S C E L L A N Y I E
T N O I T C E L L O C G M
B Y R D N U S M I X E D Z
```

ACCUMULATION	MIXTURE
ASSORTMENT	MOTLEY
BATCH	PACK
CATALOGUE	PARCEL
CLASS	RANGE
COLLECTION	SETS
DIVERSE	STOCK
KINDS	STORE
LOTS	SUNDRY
MISCELLANY	VARIETY
MIXED	VARIOUS

ART Words

```
A N Y A R T I F I C I A L
R A R T H R O P O D S I V
T I B Y R M R O F T R A E
A S K D G A R T E M I S U
L E K A S M U L R N R Y P
A T K T R A R T I S T R Y
R R R F V T A R T W O R K
T A T S S N L R G M R E Y
E E E I E S A E T L Y Z D
F A T G L I I S S D R M B
A R S R C L R O I S E E Q
C T I E I I E T T T C B
T F T J T K T R T R R G O
U U R H R A R S Y R A A P
J L A Q A N A K M W A Z N
```

ART DECO	ARTICLE
ART FORM	ARTIFICIAL
ARTAL	ARTILLERY
ARTEFACT	ARTISAN
ARTEMIS	ARTISTE
ARTERIAL	ARTISTRY
ARTERIES	ARTLESS
ARTERY	ARTOIS
ARTESIAN	ARTS
ARTFUL	ARTWORK
ARTHROPOD	ARTY

Capitals of the Americas

```
T P W A S H I N G T O N G
Q N A S S A U L N K U A E
B O G O T A C Z I A B I S
S T A N L E Y A U M H L O
J M S U C R E G R A A I J
F O Y E K S A Y V A P S N
S N U D R N E A L A C A A
A T V N A I N I R A S R S
N E C M O A A A R U P B G
T V G A F T M S N T A A Z
I I R Q Y A S C O W S J Z
A D E U R E I G A N E A A
G E U I K O N T N S E E C
O O B T N J T N B I K U J
V O T O U O K K E L K U B
```

ASUNCION	MANAGUA
BOGOTA	MONTEVIDEO
BRASILIA	NASSAU
BUENOS AIRES	OTTAWA
CARACAS	PARAMARIBO
CASTRIES	QUITO
CAYENNE	SAN JOSE
HAVANA	SANTIAGO
KINGSTON	STANLEY
LA PAZ	SUCRE
LIMA	WASHINGTON

Car Parts

```
Y N E E R C S F P S Q C K
W H E E L S T R R A W P T
S T A E S P W O S I A I H
F E N D E R T T P C R B G
P L U G S A H E G L E O I
T K K Y C G R K A U H N L
G G Y I I S U A B T S N G
Z E D L P R W R R C A E N
A N A S O L I B I H W T I
I T B R P S C V A N T A S
E X R A S A L E P O X F R
Z I Q C F T C A O Z Y E E
M B O R T G I B D V B L V
Y R E T T A B C U E D J E
T L E B T A E S K H P C R
```

AIRBAG	MIRROR
BATTERY	PEDALS
BONNET	PLUGS
BOOT	REVERSING LIGHT
BRAKE	SATNAV
CLUTCH	SCREEN
FENDER	SEATBELT
GEARSTICK	SEATS
HUB-CAPS	WASHER
INDICATORS	WHEELS
LIGHTS	WIPERS

Endangered Species

```
F Z E L A H W Y E R G E H
W H I T E S T O R K I L Z
L H P Y T H O N E O A A C
A R I H F L H L H J N H P
E Z E T M Z K P T N T W R
S E R D E K B A N T O E A
K B S H N C T N A U T U I
N R T I I A R D P R T L R
O A Z A O N M A N T E B I
M C A I B T O A N L R R E
F S A C M M R C L E O E D
C O N D O R U O E A L G O
S S A D L I W N T R S I G
F L O W D E R H J J O T H
P I T H Y L A C I N E S B
```

BLUE WHALE	RED WOLF
CONDOR	RHINOCEROS
GIANT OTTER	SALAMANDER
GREY WHALE	THYLACINE
MONK SEAL	TIGER
NUMBAT	TORTOISE
OLM	TURTLE
PANDA	WHITE CRANE
PANTHER	WHITE STORK
PRAIRIE DOG	WILD ASS
PYTHON	ZEBRA

```
H N I S A B T A E R G P G
D G R E A T S A N D Y A R
T U L E T H S A D O B T E
A A F N V I A M R B I A A
M R K A O A Y R J B R G T
M A P L N S J W A A A O V
G H C C A N B O Z G H N I
A T J R B M A I M O A I C
S Y R I A N A A G B L A T
L I B Y A N T K L I A N O
C H I H U A H U A N K O R
X L X B C N A R O N O S I
X C I A N O S P M I S S A
Y A M K M U K L Y Z Y K H
N A R U B A L K H A L I R
```

AN NAFUD
ATACAMA
CHIHUAHUAN
DASHT E LUT
GIBSON
GOBI
GREAT BASIN
GREAT SANDY
GREAT VICTORIA
KALAHARI
KYZYL KUM

LIBYAN
MOJAVE
NUBIAN
PATAGONIAN
RUB AL KHALI
SAHARA
SIMPSON
SONORAN
SYRIAN
TAKLA MAKAN
THAR

Calm Down!

```
N K A I N E T F O S U S Y
E E K B W O L L A P F L F
S F D B A U C Y A L L A I
S M Z E R T E M P E R C L
E I T A D E E I L D E K A
L T A Q Q U D L J O K E U
Y I V F J Q C U E N W N Q
E G A U S S A T C F C E K
Y A J U J J A B P E A Y R
F T E U Q R S P C P I G B
I E H A E A T K P N K P I
C F T D E C R E A S E P B
A N O Z U S A R E B A T E
P M O Y H S I N I M I D U
N M S R E L A X T E I U Q
```

ABATE	MODERATE
ALLAY	PACIFY
ALLOW	QUALIFY
APPEASE	QUIET
ASSUAGE	REBATE
DECREASE	REDUCE
DEDUCT	RELAX
DIMINISH	SLACKEN
LESSEN	SOFTEN
LOWER	SOOTHE
MITIGATE	TEMPER

```
R Z T A O C E L F F U D W
T R I H S G Z S T C J E I
T A O C L B R I T S A E N
M P E O A E U A E N C G D
F F V J S S O E T A K I C
A E E U M C T I M E E L H
S L O I N D U S K J T G E
T R W I H S L I H A Q E A
T S A D S H I Z X I I N T
C R E S W E A T E R R D E
T R E V B S K C O R F T R
Z R A R E V O L L U P R Z
D R F V K R R S T H G I T
O Y H K A R O N A K K K I
E B O R H T A B K B E S H
```

ANORAK	PULLOVER
BATHROBE	RAINCOAT
COAT	SHIRT
CRAVAT	SKIRT
DRESS SUIT	SWEATER
DUFFLE COAT	SWIMSUIT
FROCK	T-SHIRT
GLOVES	TIGHTS
JACKET	TROUSERS
JEANS	VEST
NEGLIGEE	WINDCHEATER

```
O P D O Q K A L H W X X H
U V I T X N R A N O B T P
T F S I G Y V E G L U H E
D R P E A S G R G B B G R
O E L C H E Z E E R B I E
O S A A N Q X H N G L T H
R H Y R O C T A N E R P
S L I G H T N E S S R I S
J E H T A E R B R S R A O
Z E T A L I T N E V M N M
W E X K G A R D Q E V Q T
J I P P B U O Y A N C Y A
W Y N H O D M E L O D Y P
A C C D Y S S E N N E P O
Y P C U R R E N T Y S U X
```

AIRTIGHT	EXPOSE
AIRY	FRESH
ATMOSPHERE	GRACE
BLOW	LIGHTNESS
BREATHE	MELODY
BREEZE	OPENNESS
BUBBLE	OUTDOORS
BUOYANCY	OXYGEN
CURRENT	VENTILATE
DISPLAY	WIND
ETHEREAL	ZEPHYR

```
T E G R O F T S U M U O Y
S G N I G G A L E R U O Y
E M L L E T Y A R P R N Q
U O W I L L F O R G E T R
A N D I T O N I G H T H E
T T E L I H W T S E L O M
T H E W A R M T H U E U E
E E G K E I I E O H H G M
V N V I M P W Y W A T H B
A I S A L T M H I V T T E
G M Y Y R I E W C E E S R
E Y O A H N I M T D G W H
H M E E Y L D S T O R I I
I H D O L J A I P N O L M
K D U H F H R W M E F L K
```

HEART, WE
WILL FORGET
HIM, YOU
AND I, TONIGHT!
YOU MUST FORGET
THE WARMTH
HE GAVE,
I WILL
FORGET THE
LIGHT.

WHEN YOU
HAVE DONE
PRAY TELL ME,
THEN I, MY
THOUGHTS, WILL
DIM.
HASTE!
LEST WHILE
YOU'RE LAGGING
I MAY
REMEMBER HIM!

```
Y B W E C A R B H E Q B T
A J K K R E T S Y G K R W
W B W K K U P O N A A H J
A G U C O A B I B C R F M
H G A R C X P I K A V D N
A P N E N P B I T D C A S
N E R I A E N N A E M K T
D D G L K G R T G S R C A
E A S S O A I B D S D I B
D L P T D N E O T W U Z B
B L U D G M O R A N C R I
J I N Q N W E T B H O V N
L N A J V E E L Z O M A G
T G J C T R G A M M O N D
M R Y S E D N O Y E B F O
```

AWAY	PEDALLING
BITER	ROOM
BRACE	SLAPPING
BREAKING	SPACER
BURNER	STABBING
DATING	STREETS
GAMMON	TO BACK
HANDED	TRACKING
OF BEYOND	WATER
OUT	WOODSMAN
PACKER	YARDS

```
D E L D F R D H B X E H W
E U E C N E H A W G D I S
L S I T I E C R N G T G G
L S P L Z K R I D H N T V
A I L G A C R G Z I P A Z
C A H N F B F H T L L R Z
S I D I N G U T H D I T S
G O E M O C E L F G N T F
P N E O M S Y Y H E R O T
B I I C C Z Z T W E H Z H
A U I O N T N U T T H S G
N V R O G E H C R E P R U
D T F S S J H I W B D U O
S Z R S T A F T E A N O R
O F B D L G N I T T U P B
```

AND SO	ISSUE
BACK AND	POURS
BRING	PUTTING
BROUGHT	RIGHTLY
BURST	RIGHTNESS
CALLED	SALLIED
COME	SETTING
COMING	STRETCH
FIRTH OF	THENCE
GOING	WENT
HENCE	WITH

British Cathedrals

```
B B P L O T S I R B U R N
K A E S C K I R K W A L L
H R T E N O M A H R U D G
Y M E H T S V N Q O I L M
L A R O F T O E Z N A H A
E G B R F P E Q N S V B N
M H O U I A U X G T A X C
Z C R R D U L O E N R H H
X I O T R L W P G T E Y E
N W U W A S I O J S E B S
I R G X C O R N T J Y R T
G O H X T Q H E C B I K E
L N O X F O R D D O J T R
E Z G Y P R I S T O L M Z
Y R U B R E T N A C I N Y
```

ARMAGH	EXETER
BANGOR	GLASGOW
BATH	KIRKWALL
BRISTOL	LINCOLN
CANTERBURY	MANCHESTER
CARDIFF	NORWICH
CHESTER	OXFORD
COVENTRY	PETERBOROUGH
DURHAM	RIPON
ELGIN	ST PAUL'S
ELY	TRURO

RAM Words

```
T E J M A R A M E K I N F
Z P U G S N O Y A H R K N
R D Z P L A G O D O M O M
A A M R R D R O H Y I Z R
M A M R A A J S E T T G A
R R T P M M M U A M N N M
O L A B A A I C P E A I S
D R L M R R I F R D P M H
N E A P S F T A Y E M M A
R U D M I H M R Y L A A C
A H I M M B E J A B R R K
M T A V L E G A P M A R L
P R N I Q P D Q D A O M E
E V N A T U B M A R R S E
D G S E S E M A R X O M E
```

RAMADAN	RAMMING
RAMBLED	RAMOSE
RAMBLER	RAMPAGE
RAMBLING	RAMPANT
RAMBUTAN	RAMPART
RAMEKIN	RAMPED
RAMESES	RAMPS
RAMIFICATION	RAMROD
RAMIFY	RAM'S HEAD
RAMJET	RAM'S HORN
RAMMED	RAMSHACKLE

Crime Wave

```
U Y F T P U T H M M H N S
F N M S I L A D N A V A U
O O H H C I G W M E N K N
R L S X N N A S T O C O B
G E J R I R T A I A S L M
E F R G C C R T J A A N Y
R E G R I T A I E N N B E
Y U I V E L H R I E O U A
M M N P O D T M J C S R T
E O R I F B I H S N R G T
C E V O X R H D E E A L A
P O L I C E A T A F D A C
A M U E C I V U U F T R K
H M U R D E R J D O T Y A
W H G J T Y R E B B O R O
```

ARSON	MURDER
ATTACK	OFFENCE
BURGLARY	PERPETRATE
CONVICT	POLICE
COURT	ROBBERY
CRIMINAL	THEFT
FELONY	TREASON
FORGERY	VANDALISM
FRAUD	VICE
HIJACK	VIOLATION
MUGGING	WAR CRIME

The Aim is Clear

```
E I P P E M E H C S D Y
M D Z S O P U R P O S E K
A P N X I H G D F U E P A
R A L E N G T V E R C R W
K K F A T P H A J S V O B
N C Z E N N G T R E I A Y
I N T E N T I O N G L G C
N A R X T N N J A K E U N
O T O U D R D G O L S T E
S T F C I T A N G V C E D
A E F B R Y O I W E I V N
E M E B E L U R N C H F E
R P E M C X M A D R I F T
A T R Q T K B E K V V X A
E V I T C E J B O F S H R
```

ATTEMPT	OBJECTIVE
BEARING	PLAN
COURSE	POINT
DESIGN	PURPOSE
DIRECT	REASON
DRIFT	SCHEME
EFFORT	SIGHT
GOAL	TARGET
INTEND	TENDENCY
INTENTION	TRAIN
MARK	VIEW

```
F U J I Y A M A K I T A R
V N Z W Y O K O H A M A I
C A P E S O Y A V P K J A
Z C I H S U S Z S F N J N
O Y K O T U P H I O A D A
S A I K A S K D O M G C G
H T Q K I G Y X I N A D O
I G U A E H U H Y Z S V Y
N D H I R O S H I M A H A
T H S D E O H L S Q K H U
O H A O G B U K O K I H S
A O G A O M O N E P A C P
W Y K U C L S K Q K Y Y T
T I A R T S U R A G U S T
Y E K O R O P P A S N G N
```

AKITA	NAGASAKI
CAPE NOMO	NAGOYA
CAPE SOYA	OSAKA
FUJIYAMA	SAKI
GEISHA	SAPPORO
HIROSHIMA	SHIKOKU
HOKKAIDO	SHINTO
HONSHU	SUSHI
KAGOSHIMA	TOKYO
KOBE	TSUGARU STRAIT
KYUSHU	YOKOHAMA

ARCH Words

```
D U A Y M E N E H C R A M
S A R C H I P E L A G O C
S Z C A A R C H A N G E L
E Z H R A R C H O S A U R
N I D C Y D C N I E B Y S
H A I H R N V H V Z E A A
C R O V E V A I E N K W R
R C C I H G H E I D U H C
A H E L C C X H A T D C H
R P S L R D C A O H H R I
C R E A A R R K V I C A T
H I O I A C V L V U R R R
A E U N H L I H C R A E A
I S P O H S I B H C R A V
C T N D A R C H S T O N E
```

ARCHAEAN	ARCHIPELAGO
ARCHAIC	ARCHITRAVE
ARCHANGEL	ARCHIVE
ARCHBISHOP	ARCHNESS
ARCHDIOCESE	ARCHON
ARCHDUKE	ARCHOSAUR
ARCHED	ARCH-PRIEST
ARCH-ENEMY	ARCH STONE
ARCHERY	ARCH-VILLAIN
ARCHIL	ARCHWAY
ARCHINE	

African Capital Cities

```
Q  A  T  R  S  V  K  J  T  W  S  L  S
L  E  N  O  R  A  B  A  G  G  L  A  B
Z  G  K  F  M  O  A  L  G  I  E  R  S
I  L  O  P  I  R  T  I  O  I  H  A  C
M  M  A  P  U  T  O  R  Q  A  S  K  I
D  L  I  B  W  E  I  V  R  R  I  A  L
A  I  B  S  U  A  M  A  F  A  N  S  A
K  B  O  V  C  J  R  O  T  B  U  U  G
A  A  R  M  S  E  A  D  L  A  T  L  I
R  N  I  A  M  E  Y  M  A  T  Z  A  K
M  G  A  J  Y  J  L  U  A  N  D  A  K
Z  U  N  K  W  F  G  V  N  S  N  Z  L
A  I  R  O  T  E  R  P  P  O  E  S  V
C  K  I  N  S  H  A  S  A  K  T  R  B
O  F  A  B  A  B  A  S  I  D  D  A  U
```

ABUJA	LOME
ADDIS ABABA	LUANDA
ALGIERS	LUSAKA
BANGUI	MAPUTO
CAIRO	MASERU
DAKAR	NAIROBI
GABARONE	NIAMEY
HARARE	PRETORIA
KAMPALA	RABAT
KIGALI	TRIPOLI
KINSHASA	TUNIS

```
S Y Q F L Y M J H F F V Q
L C G O D I J E U I E Y G
E L A N H L G Y U C A R I
A P A N O Y C H M K T I A
S S K F T P A F T L H A P
Y S S A R Y S L C E E C A
F E O G M O U I T H R R P
U L G O S S A M E R Y B E
F T E O H Q L S L F Q U R
P H R S J A Y Y F Z T O Y
O G I U O W T L I Q H Y C
R I N Y E O Z J R V G A U
O E R A Z F L K T H I N I
U W K C N J V P I L L T M
S L A E R E H T E E S Q G
```

AIRY	LOOSE
BUOYANT	PAPERY
CASUAL	POROUS
EASY	SANDY
ETHEREAL	SCANTY
FEATHERY	SLIGHT
FICKLE	SPONGY
FLIMSY	THIN
FLOATY	TRIFLE
GOSSAMER	WEAK
LIGHTER	WEIGHTLESS

```
G S L L A P N L D O M H W
M O W N S O B N A X A U Z
M N F S S C A B O T G M Q
N H E D T L W S O B E B P
S A U S P A U R D H L O B
E H N N D B N E V P L L A
T T O S M N S L M Q A D F
R B K U E O U N E B N T F
O L L V T N W M E Y N R I
C O C O O K D R A K E A N
C P W C N F L S S Q G L S
T A K N I L K N A R F E C
Y R G N I R E B L I G I O
J R E H S I B O R F D G T
K Y M A R C O P O L O H T
```

AMUNDSEN	FRANKLIN
BAFFIN	FROBISHER
BERING	HUDSON
BONPLAND	HUMBOLDT
CABOT	MAGELLAN
COLUMBUS	MARCO POLO
COOK	NANSEN
CORTES	PARRY
DE SOTO	RALEIGH
DIAS	SCOTT
DRAKE	STANLEY

Italian Tour

```
L Y N V U S R I L O P N S
E C I N E V T I A K A A O
B Q K L Z K G A O C R L R
R E P O T U O L I N M I R
I A Z O R N I T O A A M E
N R N I E N A S V N R E N
D E A G I V S S M W H N T
I B V R O A U E R W A S O
S I U A S L Y Y M I L A E
I T M N I L O A R O Z R P
E V A J I P N B P U R D A
V R Q C E C A N Q I K I D
G G I D O L H B X G U N U
G S N N A T B T A D X I A
A R A C O E Q A E C K A E
```

ANCONA
ARNO
BOLOGNA
BRINDISI
CALABRIA
ELBA
GENOA
GRAN SASSO
LIGURIA
MILAN
NAPLES

PADUA
PARMA
PIAVE
ROME
SARDINIA
SICILY
SORRENTO
TIBER
TURIN
VATICAN
VENICE

Ample Supply

```
J V D T A E R G L X A Z E
J C A P A C I O U S F D I
S U O I C A P S F P I E R
P K R O O M Y L I W E D S
U S B F A X A L T A X N U
A K S Q C R E U N B U E O
M B Y U E M H F E O B T E
P I U B O S Z C L U E X T
L W I N I R O G P N R E N
E L K V D P E I W D A Z E
L X A S I A P N D I N B L
A L U O J H N F E N T J P
R Q U U F K F T U G A F H
G S D E T N I T S N U R L
E U E X T E N S I V E N G
```

ABOUNDING	GRANDIOSE
ABUNDANT	GREAT
AMPLE	LARGE
BROAD	LAVISH
CAPACIOUS	LIBERAL
COPIOUS	PLENTEOUS
EXTENDED	PLENTIFUL
EXTENSIVE	ROOMY
EXUBERANT	SPACIOUS
FULL	UNSTINTED
GENEROUS	WIDE

```
E H T A B B A S V H X B S
N L A N N I V E R S A R Y
U O Y E A Y A D R U T A S
J Y A R N V O R G U P P F
G Y D F E B R U A R Y V N
S A S O H Y S U I Y M Y G
D D E R W T H L R A A H U
E S N M E H W A Y D K T R
C R D S C B U X I I V U E
E U E K U N O R K L Y E B
M H W X A N F T B O A S M
B T Y J N H D H C H D D E
E L J U L Y Y A O O N A V
R H C R A M H D Y F O Y O
W R E B M E T P E S M I N
```

ANNIVERSARY	MAY
APRIL	MONDAY
AUGUST	NOVEMBER
DECEMBER	OCTOBER
FEBRUARY	SABBATH
FRIDAY	SATURDAY
HOLIDAY	SEPTEMBER
JANUARY	SUNDAY
JULY	THURSDAY
JUNE	TUESDAY
MARCH	WEDNESDAY

Cartoon Characters

```
N K Y Z E E N S R A M P L
C I Z B B E T T Y B O O P
I C L G O U E G T B U P W
N S E R E U R R E I L E V
D Y N R E R A S E O I Y E
E O S P J M T S T I N E T
R O N I P E V I K H E D I
E T T A A Y R H E C L D H
L U Y T L D C R Z C A U W
L T F E E D Z I Y O M F W
A I B D W P D S Q N P R O
Q N A M R E P U S I W E N
H T S Z U H D E C P I M S
G I P Y K R O P G K C L C
M N B E O T U L P O K E D
```

BETTY BOOP	MERLIN
CINDERELLA	PINOCCHIO
DAISY	PLUTO
DEWEY	POPEYE
DONALD DUCK	PORKY PIG
ELMER FUDD	SIR HISS
GEPPETTO	SNEEZY
GERTIE	SNOW WHITE
JERRY	SUPERMAN
LAMPWICK	TINTIN
LOUIE	TRAMP

Stars and Constellations

```
J O L M I R A P G B W V I
N E A A S U L U G E R R N
O A X R L E C A R I N A P
Y X R I I N S A H I B J O
L E V A R E I U T B D D L
Q L D R B T S T E A D M A
E E Q D T E A C A S T O R
S C S Y A I D L A K Z M I
B T P H B C O L L C F A S
D R H Q E C I K A E A Z E
R A O Y T L K P L P B R R
A P E A M A I B S H H I A
G F N O S U S A G E P M T
O S I Y S J L N K U S G N
N O X E B J W P U S Y I A
```

ALDEBARAN	LEO
ALNITAK	MIRA
ANTARES	MIRZAM
ARIES	OCTANS
BELLATRIX	PEGASUS
CARINA	PHOENIX
CASTOR	PLEIADES
CEPHEUS	POLARIS
DRAGON	REGULUS
ELECTRA	SHELIAK
HYDRA	SPICA

Geographical Features

```
G Y E D D D E R I V E R G
M B L R Y T L F X T B Q P
X T O E E N G I S L A N D
U J I F R E N A J C I T Y
F N I A T N U O M O N O L
H D D N R I J U S W O L Y
K V R E Q T U B O S I Q P
H V K R M N S M A H O E G
G A A H R O C E A N N F L
L S T T Y C D C A I Y Q J
A Q L W Y E F C N A Q U T
C K E R S F L S B H G C G
I X D E W O U P A C E C I
E M R Z V L G V A L L E Y
R T O G A L E P I H C R A
```

ARCHIPELAGO	ISLAND
BAY	JUNGLE
CITY	LAKE
CONTINENT	MOUNTAIN
DELTA	OCEAN
DESERT	PENINSULA
FJORD	RIVER
GLACIER	SEA
GULF	STRAIT
HILL	VALLEY
ICE CAP	VOLCANO

Shakespearean Characters

```
P B O D A O U Q N A B J V
E K A Q H R H P A O R L M
K C A I U T I L B C M O O
C P G U L I E Q Q H U I T
U H P I Z E N B E K O S T
P R E G A N H C C R L S O
R L B R S E A P E A A A B
E S M C M T I C O K M C P
D H I X E I I I Q C B C R
N Y R B W C A L I B A N O
A L A W V G G I V L T H S
S O N K I N G J O H N O P
Y C D O T H E L L O R T E
L K A T L A B Y T E I J R
W V C Z J S U T U R B G O
```

BANQUO	MACBETH
BOTTOM	MIRANDA
BRUTUS	OPHELIA
CALIBAN	OTHELLO
CASSIO	PROSPERO
CICERO	PUCK
EROS	QUINCE
HECATE	REGAN
HERMIA	SHYLOCK
KING JOHN	TIMON
LYSANDER	TYBALT

```
J A I L H O U S E R O C K
Z P T I R E L Y D R R I V
V H S I M U Y J N E A J O
M Y O I K A E J O J T S O
A S V V N Z G O O O T H E
E I E S E O L I N E R E V
R C R B J R T I N B A R O
D A E E E Y T S R E P R L
Y L B T L U A E E O I Y T
A A A A P B A W G V Q U O
D W T S Q K M A A Z L D H
S S A O X C A W K V A S
V R F W M I U E G L L N G
E P A A H I A T R O A A M
I Y F C C E C I L I A X W
```

ATOMIC	IT'S OVER
BREAKAWAY	JAILHOUSE ROCK
CARS	JEZEBEL
CECILIA	LOLA
CHICAGO	PHYSICAL
DAYDREAM	RASPUTIN
GALVESTON	RAT TRAP
GAMBLER	SHERRY
HEY JOE	WALK AWAY
HOT LOVE	WATERLOO
IMAGINE	XANADU

Lakes

```
Q E O H A T M U A O C C Z
Z U R I C H W K V I S O H
P N U H T T E A E R N N D
J H Q X C H R T N A C S N
E I R E O I U H E T A T R
E A N O R U H A G N H A E
S T D A U Y O B R O J N T
R D N R N E E A A A P C T
E I L B A K V S Q I G E A
T A L X Q G N C I L K E V
T I W A L A M A O M E A Z
A K Y Q D Q X O S M P U L
M A G G I O R E L S O E M
D I C A L P G N U A E C K
K I L K M G O A D T B R A
```

ATHABASCA	LADOGA
ATTERSEE	MAGGIORE
BAIKAL	MALAWI
COMO	MWERU
CONSTANCE	NASSER
ERIE	ONTARIO
EYRE	PLACID
GARDA	TAHOE
GENEVA	THUN
HURON	VATTERN
INARI	ZURICH

European Capitals

```
Q T S E P A D U B O M R P
H B Y M V D I R D A M D E
S E O O D I N L D B Y K Z
T R L R T O E R H S K O B
O L S S D I E N R E B K R
C I O N I T R Y N Y S Y U
K N O I S N D A P A R I S
H L V M J U K Z N Q W O S
O P A H B L P I R A F G E
L U E L W B I R R I J K L
M Z I Z A U M S A Z R C S
B N A Q A D A P B G W U V
M O S C O W J Y I O U J S
Q A T H E N S Y C V N E L
F K Z C A N A J L B U J L
```

AMSTERDAM	MADRID
ATHENS	MOSCOW
BERLIN	OSLO
BERN	PARIS
BRUSSELS	PRAGUE
BUDAPEST	ROME
DUBLIN	SOFIA
HELSINKI	STOCKHOLM
LISBON	TIRANA
LJUBLJANA	VIENNA
LONDON	WARSAW

```
T M A E R A V I V N L P Y
F U S I O N D K S L W G E
C D B R L T O G R W K M K
U M F J L A Y E G J E H R
T C N E B D H C K M A U
S N A P D L G K C A P F T
U S M T U E S C Q A R G L
H F E O H O M G R O J Z E
J E H S R O J J N V S C S
F S B E B F D T L Q P O I
V I S Q A O R E S E C R H
D H F Q J R Y E M A E R C
X U M I R G T O T D B T S
S G C R S E J E G A C V S
M H Z K D H T G D O W T Q
```

CASH	HEARTED
CATHODE	PACK
CHISEL	ROLLED
CREAM	SHOULDER
CUTS	SNAP
DUCK	SORES
FEET	STEEL
FISH	SWEAT
FORGE	TABLE
FRONT	TURKEY
FUSION	WATER

Asteroids and Satellites

```
S Y C O R A X D O N C D M
R O H L D Q N B S M H E D
X T M S S G Q C T P A N T
C U E I U U H W L S R Q C
H A R U E N E Y U L O P Q
E R L L R D A T D J N A K
L M E L Z O E J O R N S X
E A I I I P P U C R A U U
N S R M A S L A A X P D A
E A B I I H T I Y C A A E
R M M R S O S O A I R L A
E I U A C S T S T Z S E R
I M D N K L A R O F D C T
D V L D E A O P T R A N S
D C S A P P H O V F E E A
```

ASTRAEA
CALLISTO
CHARON
DEIMOS
ENCELADUS
EROS
EUROPA
HELENE
HYDRA
IAPETUS
JANUS

LARISSA
MIMAS
MIRANDA
NAMAKA
NEREID
PORTIA
PROTEUS
SAPPHO
SIARNAQ
SYCORAX
UMBRIEL

```
U C C I X A P O T O C N E
A T H O S I J U F A B S R
M G E D I E T A R Q T K A
O Z N M D U R M N P N Y U
U W K U R G E S U N N G G
N K C Z J L G N M E U V U
T U A A I N I A K A V Z S
R R F M V D E L C I D I T
A E A R E Y O H E K L A U
I M W R D T T N C I G N S
N M A N A S L U G G Z I A
I M L R D R J P D B N S H
E B Y R N O A X L F E A L
R M A K A L U T L T R I K
V M L N N R U Y Z O F B L
```

ADAMS	KAMET
ARARAT	KANGCHENJUNGA
ATHOS	KENYA
AUGUSTUS	MAKALU
CARMEL	MANASLU
COTOPAXI	MERU
DONGBEI	MOUNT RAINIER
EIGER	NANDA DEVI
FUJI	NUPTSE
HEKLA	SINAI
JANNU	TEIDE

Trip to the Seaside

```
U Z D V S N R G Q S C O R
Q E Q E L G N I H S L D E
N U N C O C W I A S E T F
H C B O O I B N R B H Y R
S E U V P X D P N C A V U
I B C E F C A U A R T C S
F R K S A R S Y P O E G E
Y A E S G S R S W L L T E
L B T U Q A L E S P A U I
L L P E B B L E T K H X J
E D A P S S B F S I C I P
J S R E I P T O Z S D O B
A P D Q S P B W A Z U E R
L I F E G U A R D T K M S
A T F Y T G W S I R S J N
```

BARBECUE   POOLS

BOATS   ROCKS

BUCKET   SANDCASTLE

CHALET   SHINGLE

COVES   SPADE

FLAGS   SPRAY

JELLYFISH   SUNBED

LIFEGUARD   SURFER

MUSSELS   TIDES

PEBBLE   TOWELS

PIERS   YACHT

Kings and Queens

```
V K Q U S X E G R O E G S
N T K E N D B E H Y Y I N
E H M J N R S O T R J N E
N A O U D F E D E A S N H
J F M J S Z L D B M A A P
H D A Y H O R R A J K T E
E D G A R I A A Z R W S T
N E H A A F H H I J D L S
R M H E S L C C L V R E X
Y A A D G P F I E L A H X
E T H E L B E R T Z W T V
J I E D W Y E Y E U D A E
O L Z N P W Y R B D E N J
A D D E R L E H T E N O C
N A P F I D T J Y A L Q U
```

ALFRED	ETHELRED
ANNE	GEORGE
ATHELSTAN	HAROLD
CHARLES	HENRY
EDGAR	JAMES
EDMUND	JANE
EDWARD	JOHN
EDWY	MARY
EGBERT	MATILDA
ELIZABETH	RICHARD
ETHELBERT	STEPHEN

NATO Members

```
M D G R U O B M E X U L P
O C N A Y F H U N G A R Y
D K R A M N E D Y D D F A
G M J O L C A Y E N A B I
N R S R N O A M K A N U N
I I E A O W P Z R L A L A
K B R E R M L Y U E C G U
D F U O C A A J T C G A H
E I N P T E L N E I I R T
T Y V V H S Y L I N F I I
I R I T P A I X O A D A L
N A K A P O R T U G A L G
U N I T E D S T A T E S S
K N H Z F E Z W G L D Q N
A G M U I G L E B A Y M E
```

BELGIUM	LATVIA
BULGARIA	LITHUANIA
CANADA	LUXEMBOURG
DENMARK	NORWAY
ESTONIA	POLAND
FRANCE	PORTUGAL
GERMANY	ROMANIA
GREECE	SPAIN
HUNGARY	TURKEY
ICELAND	UNITED KINGDOM
ITALY	UNITED STATES

Different Lines

```
L N O I T C U D O R P T E
X F M M P L J Z O V M A Y
Y X L A P I M R G T L K F
X R O I S P U N C H T P L
R H O A G O I T B K G E E
F H I T T H N O I U N I D
R E K N S K T D I D N H G
O X O I D T Q D I I E F E
N C N K O E E V K X K R R
T I W M J I N I I Q O U C
F P F A Y I B B F H R N L
U O A K T Y K M U I B O Y
G W U F T E H C U R V W X
Q E L J Y T R A P L G L X
A R T T R A E H E B P T E
```

BIKINI

BOTTOM

BROKEN

CONTOUR

CREDIT

DOTTED

FAULT

FINISHING

FLIGHT

FRONT

GUIDE

HEART

HINDENBURG

LEDGER

MASON-DIXON

PARTY

PLUMB

POWER

PRODUCTION

PUNCH

STORY

WATER

```
V B W L N U E Q H K R U Y
P X Z E E B I P H Y E C C
K E E L C R S W D M K Y T
Y R J R O G S D I R R S B
G E I U E D A L B O A T F
E A G L E C R W T D M E H
I H G O S A B C E H I E K
E K E E B N E D M U L O U
I M R W I J O T P L M F J
H H O Y A M P R O B L F H
S Z I R K N Y F I X V V X
A O T E M J T T H K F W P
M J L E K O R T S O O W G
F J O I C U J N R O T O N
Z H R C D G N E D O F L H
```

BLADE	LOFT
BOGEY	MARKER
BRASSIE	MASHIE
CADDY	ROUGH
CLEEK	SOLID
DORMY	STROKE
EAGLE	STYMIE
FORE	TEE OFF
GREEN	TEMPO
HOOK IRONS	TRAJECTORY
JIGGER	WOOD

Animals in Fiction

```
D O B E X R O J A M D L O
H B Y P P I K S B R P N N
A M Z X B G L R R C T H T
N U T P T A E G E W B A F
I D A O N Q Z T E L G S X
D I U L T U A P A A H T P
R R X T Z O H C L R I X L
K I Q H K J K F G M O H T
C U E O Q M I O M X A W T
H S T C A D D Y G T K X F
Z L Z L J A R Z H W T U J
E V K F B N A I T S O R O
A I W A C A H N L A R K M
N I B B I N S H E L O B H
H E B E A R E E H G A B T
```

ARTAX	HAZEL
ASLAN	LARK
BABE	NANA
BAGHEERA	NIBBINS
BLACKMALKIN	OLD MAJOR
BREE	ROWF
DINAH	SHARDIK
DIRIUS	SHELOB
DUMBO	SKIPPY
FLAG	TIMMY
HATHI	TOTO

Countries of Africa

```
L L P C T S A C Q M D T M
V E A O A V A L Q O A P A
G S G M R M N M G Z H Y U
B O I O E O G J D E C G R
U T I R U L O Y Z A R E I
R H O O D T L U I A I I T
U O C S Z B A B Y W O C A
N O K X Z I M B A B W E N
D D T Z N A I L Q K A G I
I R I N G L A S C E I R A
U K K E T M E U V N S V B
I V H U G A N D A Y I E G
E T H I O P I A R A N J J
N O B A G P U N A I U I U
E P X K V Z G Q N C T W O
```

ALGERIA	KENYA
ANGOLA	LESOTHO
BENIN	LIBYA
BURUNDI	MALAWI
CAMEROON	MAURITANIA
CHAD	SUDAN
COMOROS	THE GAMBIA
EGYPT	TOGO
ETHIOPIA	TUNISIA
GABON	UGANDA
GUINEA	ZIMBABWE

Capital Cities of Asia

```
A V C I E P I A T B H F S
B I S H K E K O R L U C W
T E E U Z B E I J I N G R
E N B M O A N A T S A U H
H T T A B A G H S A P G U
R I T V N F H M W M X L D
A A S N H G A R U N D K N
N N I A E N K L X O A A A
A E N H I K A O Y G B B M
M O J L L L H K K N A U H
I D A B A E O S F A M L T
I H I U Z T D N A Y A C A
J A K A R T A W U T L F K
B K F R Z L U O E S S H T
D A X E R O P A G N I S Q
```

ASHGABAT	KUALA LUMPUR
ASTANA	MANILA
BANGKOK	NEW DELHI
BEIJING	SEOUL
BISHKEK	SINGAPORE
DHAKA	TAIPEI
HANOI	TASHKENT
ISLAMABAD	TEHRAN
JAKARTA	TOKYO
KABUL	VIENTIANE
KATHMANDU	YANGON

```
T E L B A C I L P X E N I
M Z U K U N C L E A R G M
Z X N J O D Q V C G N Z W
D C U R I O U S D I E Y H
E M S M E L B U L O S N I
N Y U N G Z M D C D X Y D
I S A E Z H D I E E Z F Z
A T L D T I U L R S J K W
L I C D R I I S H A O G Y
P C I I U E D A H W C L T
X H T H V H D N Z H O L C
E D P H R O M M O M U E E
N A Y T W Y H M E C X S F
U R R Y D A H S C E E M H
P K C M K K V O W E I R D
```

CLOSED BOOK	MYTH
CRYPTIC	OCCULT
CURIOUS	RECONDITE
DARK	RIDDLING
HIDDEN	SHADOWY
HUSH-HUSH	SHADY
INEXPLICABLE	UNCLEAR
INSOLUBLE	UNEXPLAINED
LEGEND	UNUSUAL
MIRACLE	VEILED
MYSTIC	WEIRD

Too Bad

```
W S R I U D L F T W F G R
E I A A U L M O U L D Y O
D I S A G R E E A B L E D
D E C A Y E D R U G B V E
E K A H E C O N R D H I L
K E L X K M A O I R U L E
C N L H M U S B H E M Q T
I D Y I G S E L S A A O E
W Z P H V D U R U D X K R
R O T T E N E A W F U L I
A Y H P Z V X B O U N Y O
N O A U D E Y V A L T I U
C S H A M E F U L S K X S
I T J B D E P R A V E D Q
D G E T A R E N E G E D U
```

ADVERSE   IMMORAL

AWFUL   MOULDY

DEBASED   NASTY

DECAYED   NAUGHTY

DEGENERATE   RANCID

DELETERIOUS   RASCALLY

DEPRAVED   ROTTEN

DISAGREEABLE   SHAMEFUL

DREADFUL   SINFUL

EVIL   VILE

GROSS   WICKED

```
P W B R T S S E R T T A M
P M X C P E Y S K T T F O
C Y C A T I R E D S R X P
N U X B L D W W S E O E S
H W C E I E A E V R F Z D
P A A T X R R H J G M O V
I Y U Y Q D M T J G O O H
L P G B T O T A Q O C N Y
L G Y H G W H B T O A S B
O N G J S N L G C D I S A
W I Q D A A K O P N X Z L
N Z S U N M A M C I N B L
U O M K I J A J O G X T U
M D E P B L A S S H Q Y L
Q T S H E E T S Y T I H R
```

BATH	NIGHTDRESS
BLANKET	PILLOW
COCOA	PYJAMAS
COMFORT	QUILT
COSY	RELAX
DOZING	REST
EIDERDOWN	SHEETS
GOODNIGHT	SNOOZE
LAMP	TIRED
LULLABY	WARMTH
MATTRESS	YAWN

Emperors of Rome

```
N H B H U O V F N U N O A
E A V O R D S U B O R P O
R D I E U N A I C R A M T
V R N S Z I U H W K C N E
A I E H A U R E L I A N T
N A C B V P R Y J I R G R
S N E L A V S H T J C A I
S S T S U T C E L L A L C
S U K A R S L L V G D L U
E T I N C C U D E C I U S
V I X D O I L I A F U S T
E T X I U Z T R R N S O M
R Z D K W A U U G A L B A
U M W M R S L V S U M E P
S Z C A L L A C A R A C B
```

ALLECTUS
ARCADIUS
AURELIAN
CARACALLA
CARUS
CLAUDIUS
DECIUS
DIOCLETIAN
GALBA
GALLUS
HADRIAN

MARCIAN
MARIUS
NERO
NERVA
PROBUS
SEVERUS
TACITUS
TETRICUS
TITUS
VALENS
VESPASIAN

```
J A Y E I N S P E C T J C
P S P G E I E S Q R L H F
R A C Y Z E P S S S E O E
G E U A K Y T R U C O T H
R H T J N A V C K B A C K
P B E S R Q O W S L T T W
Y W X E I F J E P A S F B
D E A F F G R M W F E D S
U M M G V V E E O D E V U
T D I O E T Q R Z C I H N
S I N R N Y T O I A N W K
K P E O A D E T G G G O J
U E C D Q Y O U I L V W C
L V I E W N G M P I E W G
A M Z N V T X H Q P J U X
```

CHECK	NOTICE
CONTEMPLATE	OBSERVE
ESPY	OGLE
EXAMINE	PEEK
EYE UP	REGISTER
FOCUS	SCAN
GAPE	SEEING
GAWP	STARE
GAZE	STUDY
INSPECT	VIEW
LEER	WATCH

```
T F I L E C A F L W B U E
C R J B I E N N I A L E X
B I L B E R R Y C N U T V
Y B M I E N S W I Y S T N
B R R E N H Q C T W T E M
E O O B D E O U S H E U B
M L I T E A S L I E R G D
I S U L I E C M D R Y A I
T P U F O D A A A E E B N
E L I N E V U J S N N D H
M O V G B T E A Z P S I C
O T U F F A I L Q G K C A
S C H V Z Y T P E F G A R
J H S I W E R H S S K T A
P Y D E M E E D E R S E Y
```

ABDICATE
ACADEMIC
ANYWHERE
ARACHNID
AUDITORY
BAGUETTE
BEHOLDEN
BIENNIAL
BILBERRY
BLUSTERY
ENQUIRED

FACELIFT
JUVENILE
LINESMAN
LOVELESS
REDEEMED
SADISTIC
SHREWISH
SOMETIME
SPITEFUL
SPLOTCHY
SUNBATHE

Fictional Sleuths

```
T O R I O P E L U C R E H
Y R O O Q Q Q X B E S O A
Q U C B U L U S B H U J Z
M E K M I Q A U W S X R E
E M F U N V S C T W E T L
S C O L C S W O E T U T L
R G R O Y G N A R Y J E E
O I D C Q T Z A L S T R W
M L B V Z H C T F D J G X
L L R E K O O H J T I I P
R I C H A R D H A N N A Y
E W O N M U N G A M K M L
I R E S E L G G I B R H Z
A Z W Y N B E R G E R A C
E S G N I R T S E O H S E
```

BERGERAC	MCGILL
BIGGLES	MORSE
CARTER	QUINCY
COLUMBO	REBUS
HAZELL	REGAN
HERCULE POIROT	RICHARD HANNAY
HOUSTON	ROCKFORD
LACEY	SGT HO
LAIDLAW	SHOESTRING
MAGNUM	T J HOOKER
MAIGRET	ZEN

Shades of Green

```
D P O R F H C M I K A H K
S O R R E L Q I O L J Y K
I P Y Q Q S Y H I S H M C
S E R B Z X L I M E S R I
L S L I N C O L N C H A W
A U A P N J A D E D P G S
M E N G B G U L M P C K N
I R R T E O A N L M I W U
C T E G F D T E G F V E R
B R F A O M J T M L H L B
E A S N T E I L L G E Y P
S H A M R O C K M E H A C
I C C P E R S I A N R G M
T S E R O F Z S V I Y U C
K Z Y L L E K T S C X L F
```

APPLE	KELLY
ARMY	KHAKI
BOTTLE	LIME
BRUNSWICK	LINCOLN
CELADON	MOSS
CHARTREUSE	PARIS
FERN	PERSIAN
FOREST	SAGE
ISLAMIC	SHAMROCK
JADE	SORREL
JUNGLE	SPRING

```
N E L U N N A P T W F N Q
Z X T E D I S A T E S H D
G P Y W S S E R P P U S E
N U L L I F Y C K O D M T
D N A B O L I S H I V T A
N G E M K V Q L S H D U N
I E P T I U E C W I O O I
C T E U A C O I O V F P M
S R R S N N P V E U Z M R
E E H A T E I R U G E A E
R V C I O X T M K C K T T
T B N U T U T A I Q O S X
R U T D R Y I K Q L V P E
E S N N W O R H T R E V O
Y D E T A C A V K C R W H
```

ABOLISH	REPEAL
ANNUL	RESCIND
CANCEL	REVOKE
DISCONTINUE	SCRAP
ELIMINATE	SET ASIDE
EXPUNGE	STAMP OUT
EXTERMINATE	SUBVERT
NULLIFY	SUPPRESS
OVERTHROW	VACATE
OVERTURN	VOID
QUASH	WIPE OUT

Solutions

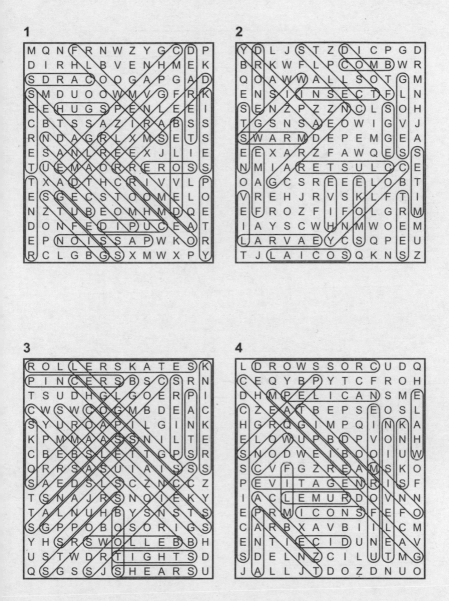

Solutions

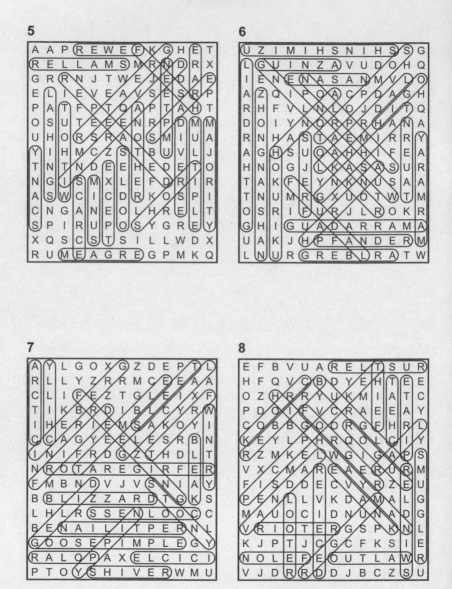

Solutions

9

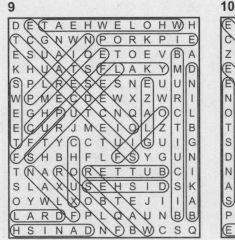

10

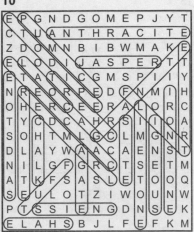

11

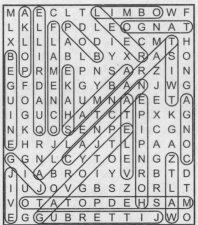

12

Solutions

13

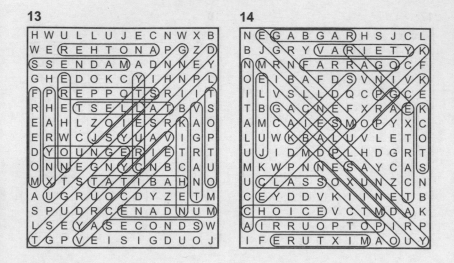

14

15

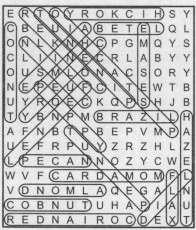

16

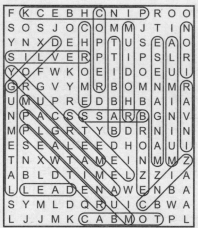

Solutions

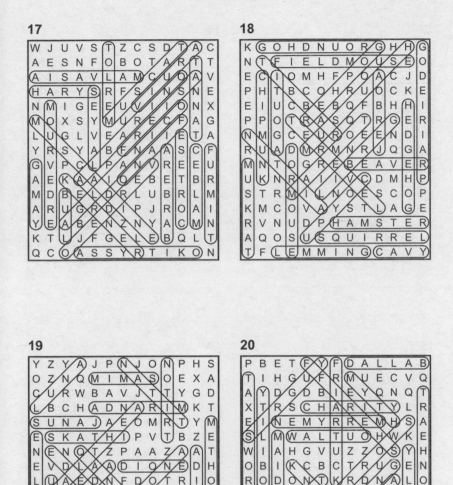

Solutions

21

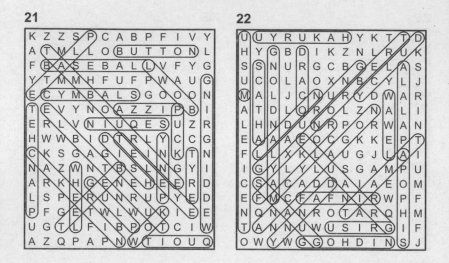

22

23

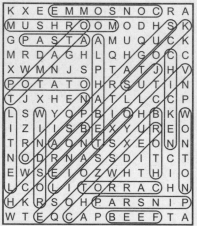

24

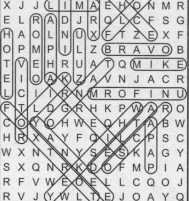

Solutions

25

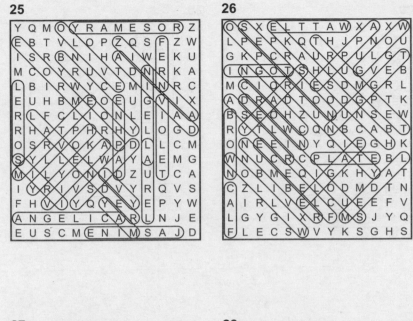

26

27

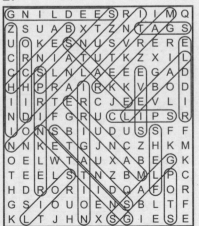

28

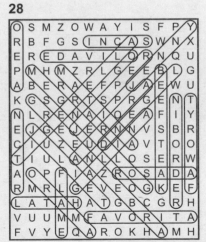

Solutions

29

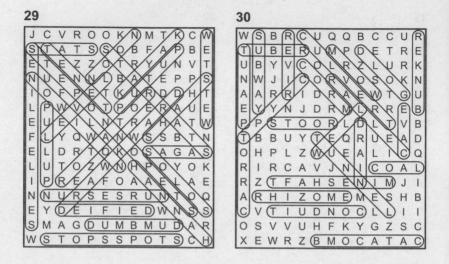

30

31

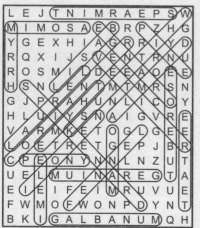

32

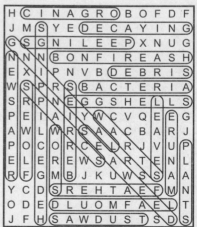

Solutions

33

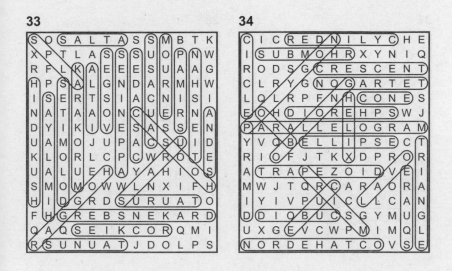

34

35

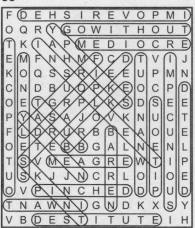

36

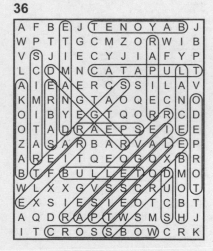

Solutions

37

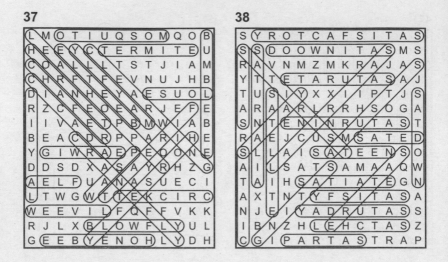

38

39

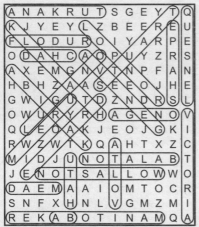

40

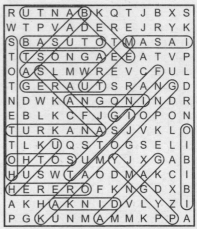

Solutions

41

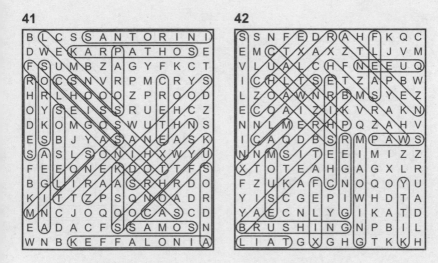

42

43

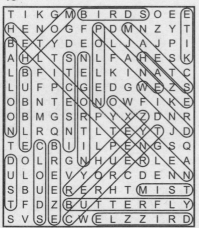

44

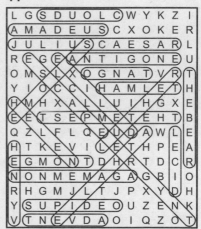

Solutions

45

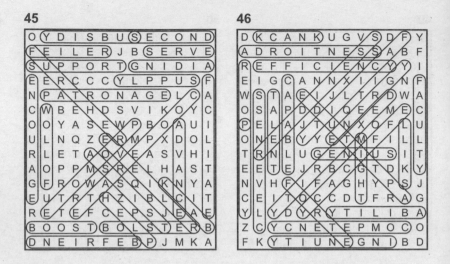

46

47

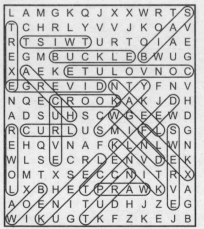

48

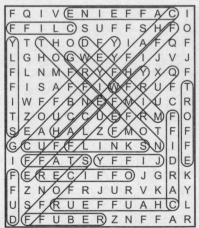

Solutions

49

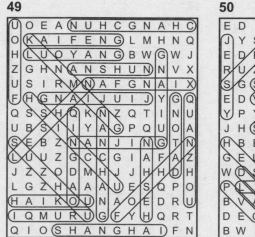

50

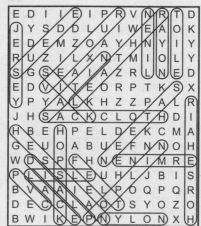

51

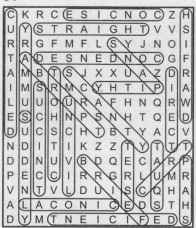

52

Solutions

53

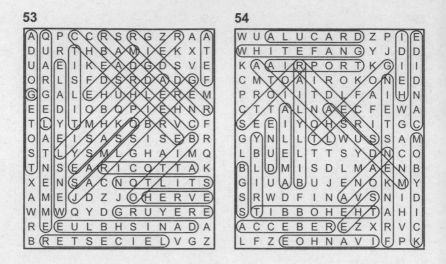

```
A Q P C C R S R G Z R A A
D U R T H B A M I E K X T
U A R E I K E A D G D S V E
O R G L S F D S R D A D G F
G G A L E H U H L E R E M
E E D I O B Q P I E H N R
T L Y T M H K O B R V C F
O A E I S A S S I S E B R
S T L L Y S M L G H A I M Q
T N S E A R I C O T T A K
X E N S A C N O T L I T S
A M E J D Z J O H E R V E
W M W Q Y D G R U Y E R E
R E E U L B H S I N A D A
B R E T S E C I E L V G Z
```

54

```
W U A L U C A R D Z P I E
W H I T E F A N G Y J D D
K A A I R P O R T K G I I
C M T O A I R O K O N E D
P R O I I T D L F A I H N
C T T A L N A E C F E W A
S E E I Y O H S R I T G C
G Y N L L T L W U S S A M
L B U E L T T S Y D N C O B
B L D M I S D L M A E N B
G I U A B U J E N O K M Y
S R W D F I N A V S N I D
S T I B B O H E H T A H I
A C C E B E R E Z X R V C
L F Z E O H N A V I F P K
```

55

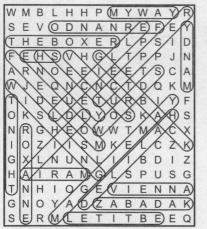

```
W M B L H H P M Y W A Y R
S E V O D N A N R E F E Y
T H E B O X E R L P S I D
F E H S V H G L T P P J N
A R N O E E I E E T S C A
W J E Q N C N C T D Q K M
T I D E U E T U R B I Y F
O K S L D L Y O S K A H S
N I R G H E O W W T M A C X
I O Z I I S M K E L C Z K
G X L N U N L I I B D I Z
H A I R A M G L S P U S G
T N H I O G E V I E N N A
G N O Y A D Z A B A D A K
S E R M L E T I T B E E Q
```

56

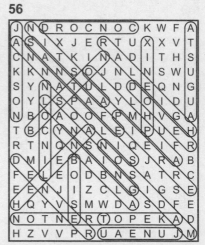

```
J N D R O C N O C K W F A
A S I X J E R T U X X V T
C N A T K I N A D I T H S
K K N N S O J N L N S W U
S Y N A T U L D D E Q N G
O Y L S P A A Y L O I D U
N B O A O O F P M H V G A
T B C Y N A L E I P U E H
R T N O N S N I Q E I F R
D M I E B A I O S J R A B
F E L E O D B N S A T R C
E E N J I Z C L G I G S E
H Q Y V S M W D A S D F E
N O T N E R T O P E K A D
H Z V V P R U A E N U J M
```

Solutions

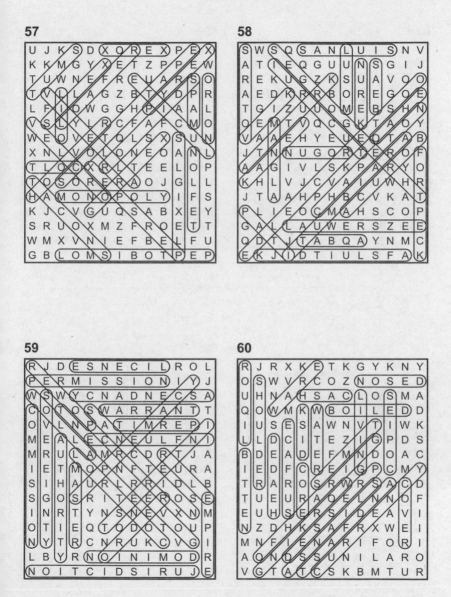

57

58

59

60

Solutions

61

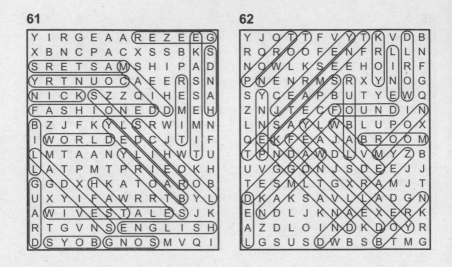

62

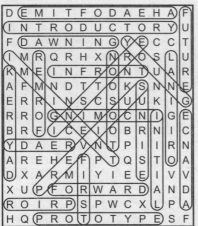

63

64

Solutions

65

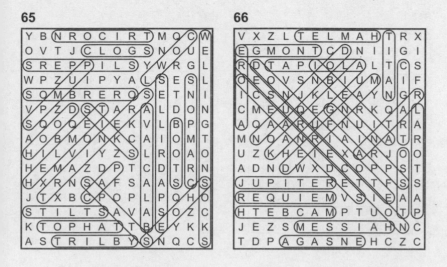

66

67

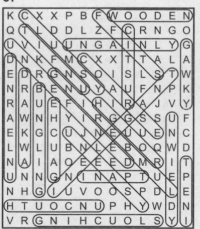

68

Solutions

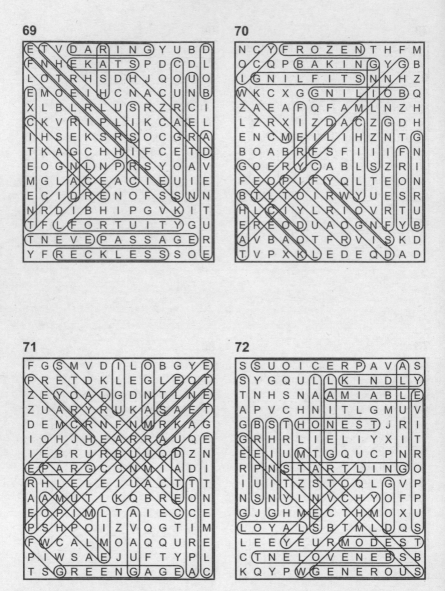

Solutions

73

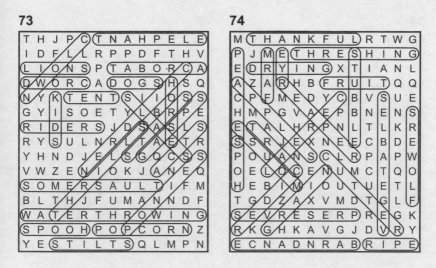

74

75

76

Solutions

77

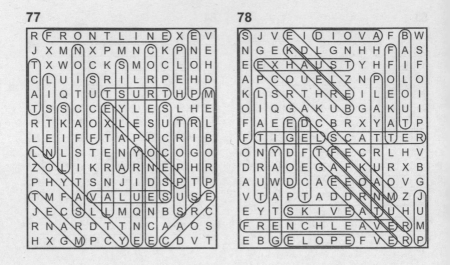

78

79

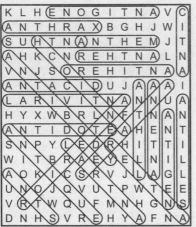

80

Solutions

81

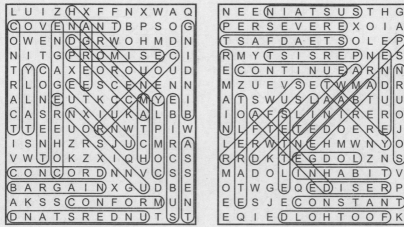

```
L U I Z H X F F N X W A Q
C O V E N A N T B P S O G
O W E N D G R W O H M D N
N I T G P R O M I S E C I
T Y C A X E O R O U O U D
R L O G E E S C E N E N N
A A N E U T K C C M Y E I
C S R N X I U K A L B B
T T E E U O R N W T P I W
I N H Z R S J U C M R A
V W T O K Z X I Q H O C S
C O N C O R D N N V C S S
B A R G A I N X G U D B E
A K S S C O N F O R M U N
D N A T S R E D N U T S T
```

82

```
N E E N I A T S U S T H G
P E R S E V E R E X O I A
T S A F D A E T S O L E P
R M Y T S I S R E P N E S
E C O N T I N U E A R N N
M Z U E V S E T W M A D R
A I T S W U S L A A B T U O
I N O A F S L I N I R E R J
N L F T E T E D O E R E J
L E R W T N E H M W N Y O
R R D K T E G D O L Z N S
M A D O L I N H A B I T V
O T W G E Q E D I S E R P
E E S J E C O N S T A N T
E Q I E D L O H T O O F K
```

83

```
B K K I U A P X D R Y S F
B L U E M O U N T A I N R
R A A O J E I N O R L O E
P V R C W L Z J I T Y V N
O A U L K B V S I T I M C
T J G I A A H A S H E V H
K W G N T T L A A G J A R
L L I M O U T Z R S L M O
M O C H A R E E A E W R A
E P Y E X P T T B E O V S
F Z F M I N H S I K R U T
G A I C W P N Q C H P D C
C I E Z S E M H A Y W P V
C D D E T A L O C R E P F
N A I B M O L O C Y A E M
```

84

```
A L M R O S L A D X J Y O
S D R O W S A A N Y K H T
T F U L H Z T Q V E K W N
A U O U A A J Y Q M J A A
M L M G S M C L I U B X P
F U A D G C H S F L A B E
O N H L Y P R E S M L E L
R D A X A L J A H R A Q A
D I Q Q T M E G R G C U N
B E T W A P O G R A L E N
R U H R P K S O L P A B E
I W O E I W M V J W V E V
D N I L E E I Q H M A C A
G D S E N I P N E V E S R
E X A M R U B E B J U N O
```

533

Solutions

85

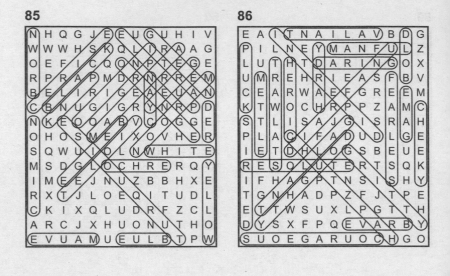

86

87

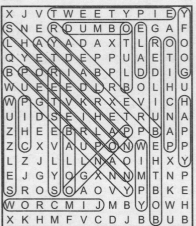

88

Solutions

89

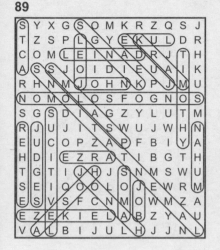

90

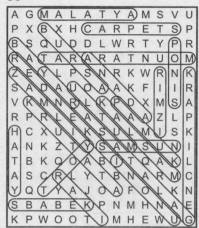

91

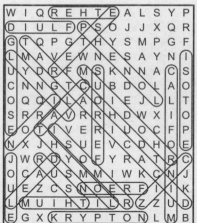

92

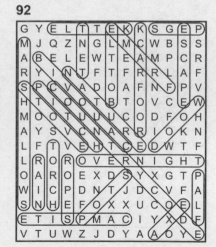

Solutions

93

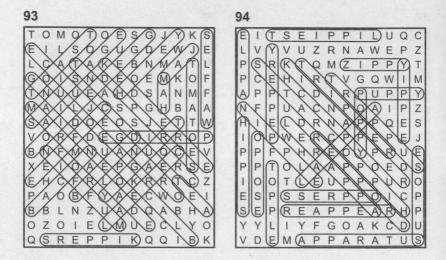

94

95

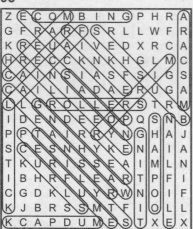

96

Solutions

97

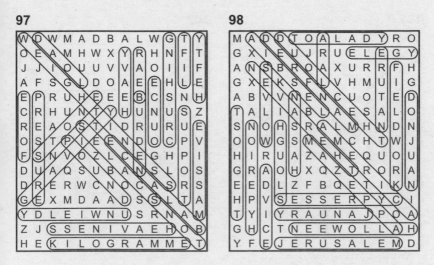

98

99

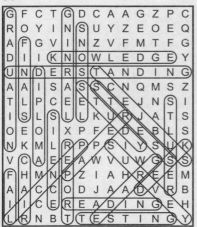

100

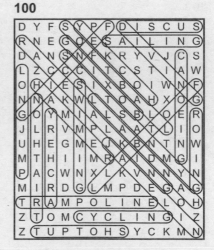

Solutions

101

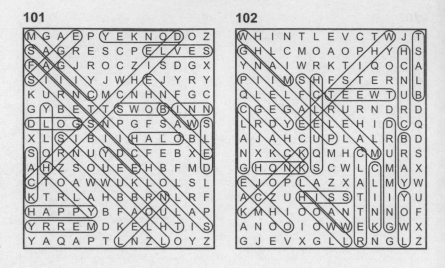

102

103

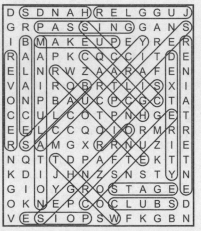

104

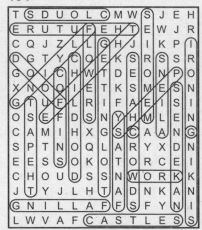

Solutions

105

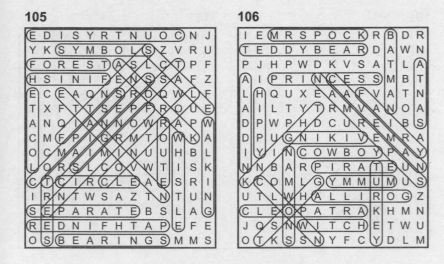

106

107

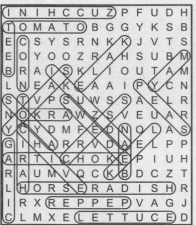

108

Solutions

109

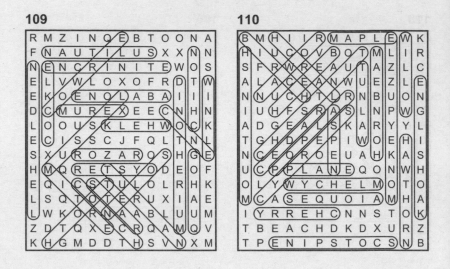

110

111

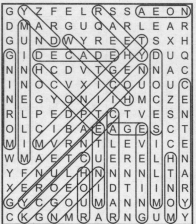

112

Solutions

113

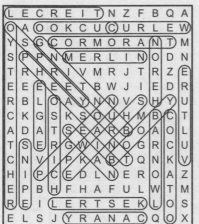

114

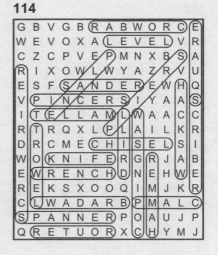

115

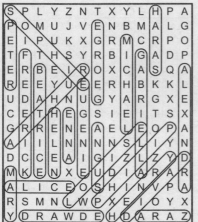

116

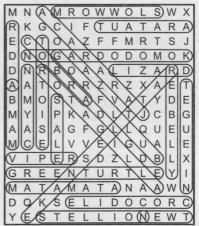

Solutions

117

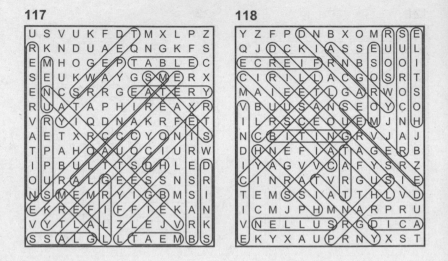

118

119

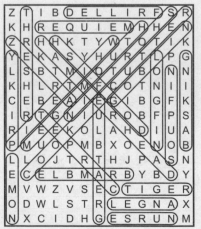

120

Solutions

121

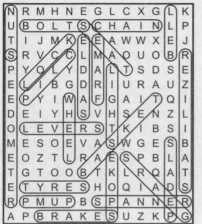

122

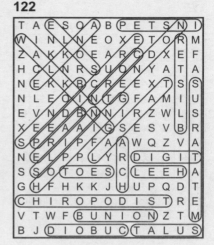

123

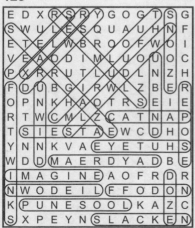

124

Solutions

125

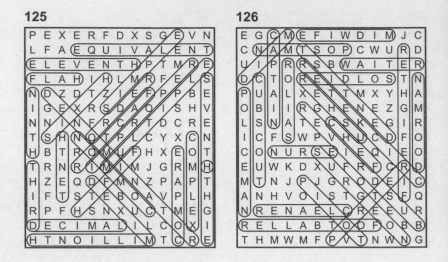

126

127

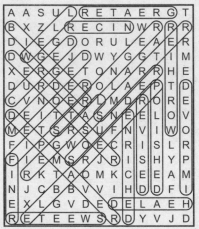

128

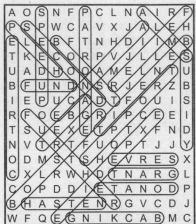

Solutions

129

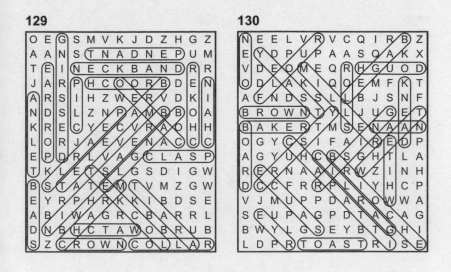

130

131

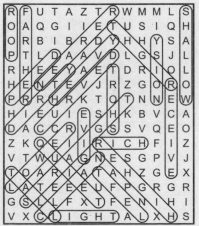

132

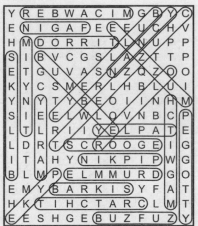

Solutions

133

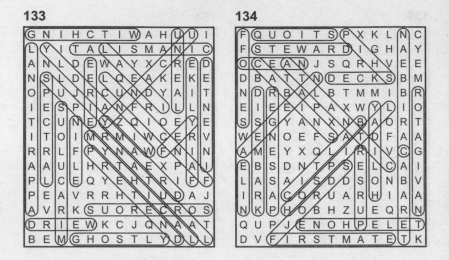

134

135

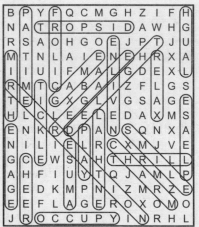

136

Solutions

137

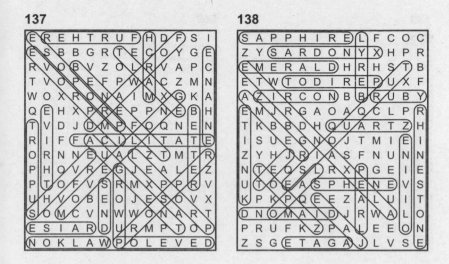

138

139

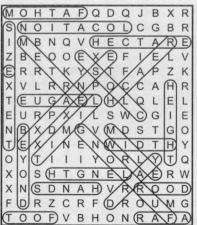

140

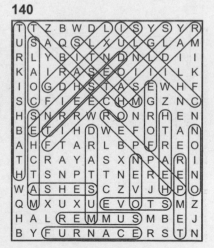

Solutions

141

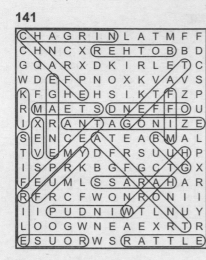

142

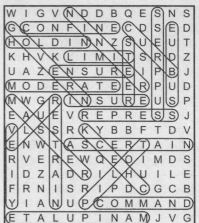

143

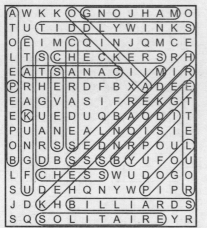

144

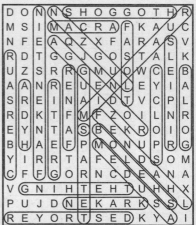

Solutions

145

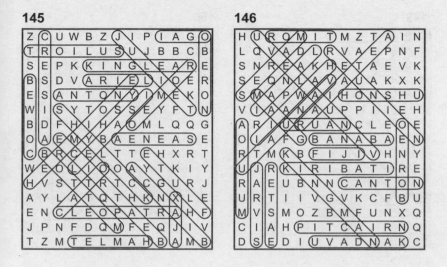

146

147

148

Solutions

149

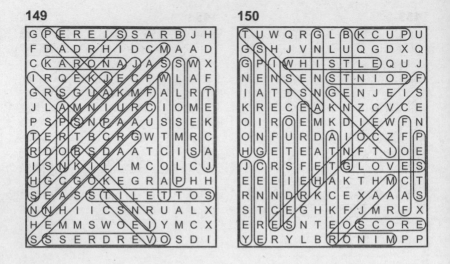

150

151

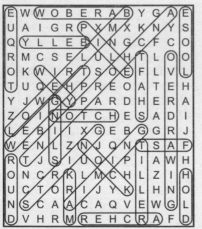

152

Solutions

153

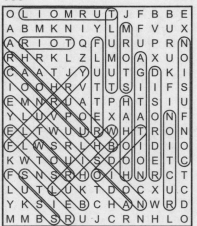

154

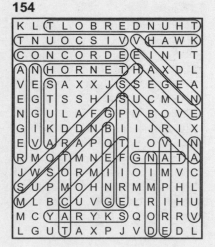

155

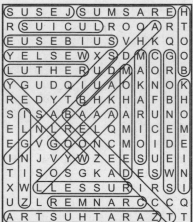

156

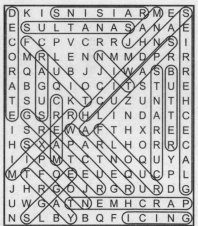

Solutions

157

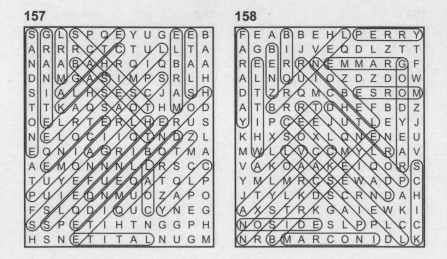

158

159

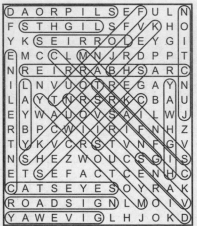

160

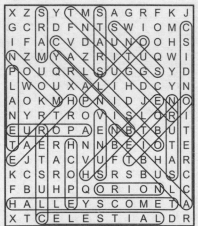

Solutions

161

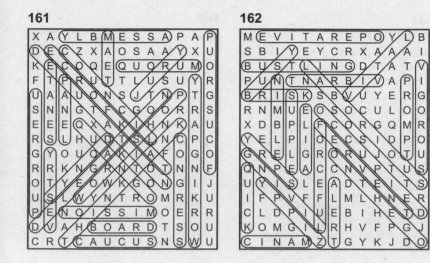

162

163

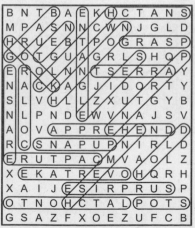

164

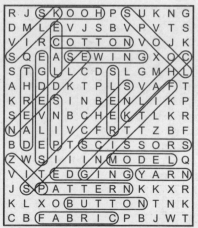

Solutions

165

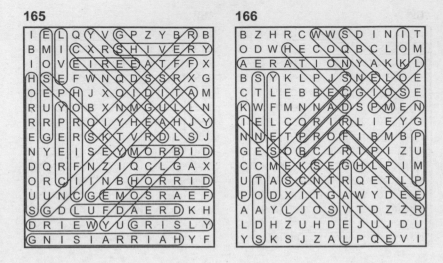

166

167

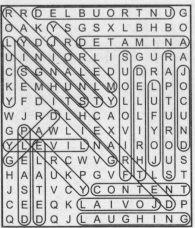

168

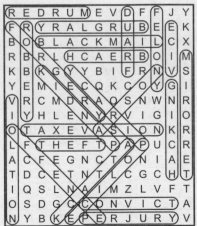

Solutions

169

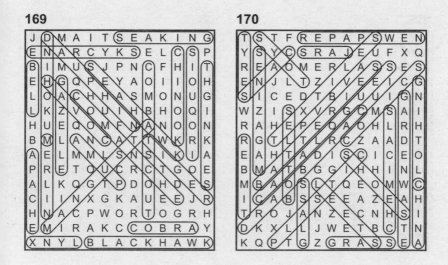

170

171

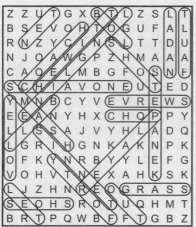

172

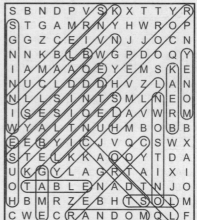

Solutions

173

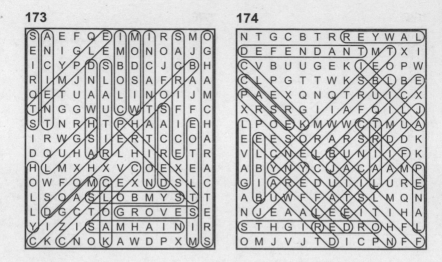

174

175

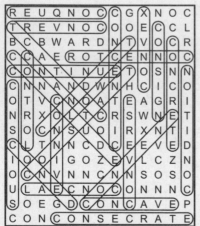

176

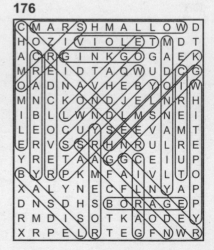

Solutions

177

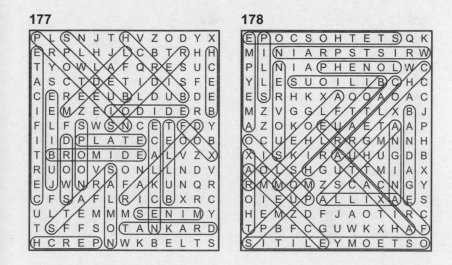

178

179

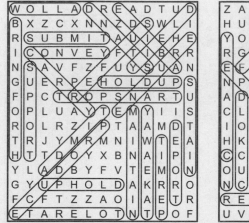

180

Solutions

181

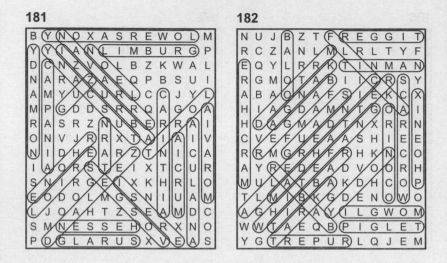

182

183

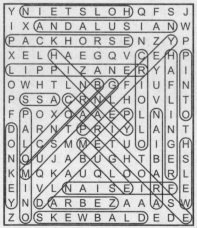

184

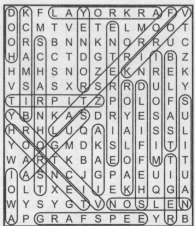

Solutions

185

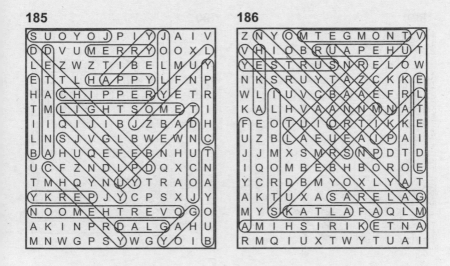

186

187

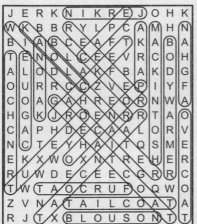

188

Solutions

189

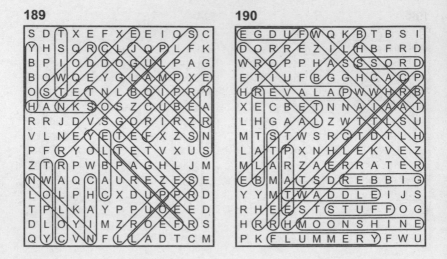

190

191

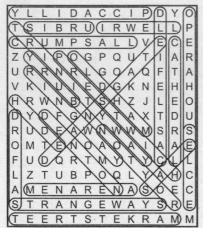

192

Solutions

193

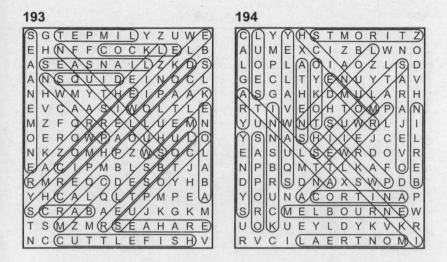

194

195

196

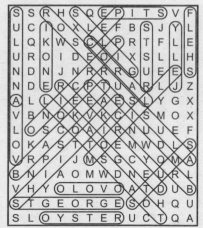

Solutions

197

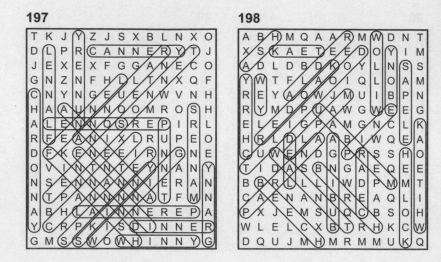

198

199

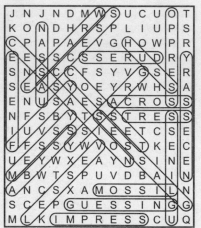

200

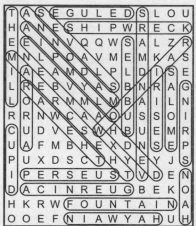

Solutions

201

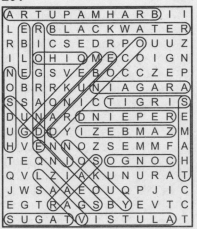

202

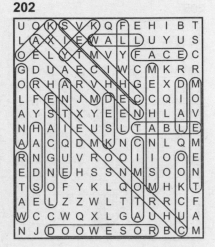

203

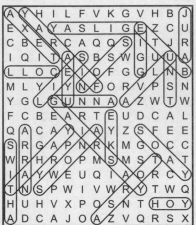

204

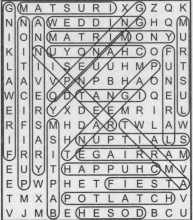

Solutions

205

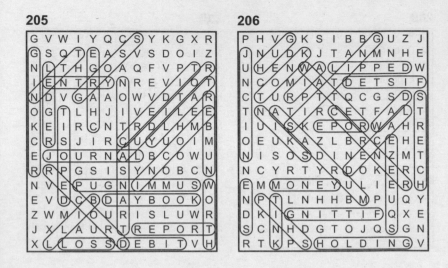

206

207

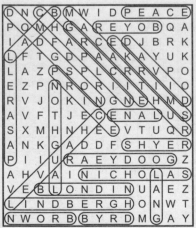

208

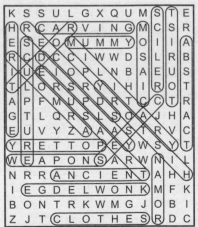

Solutions

209

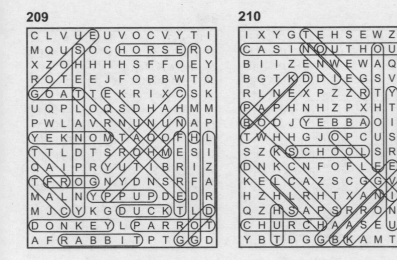

210

211

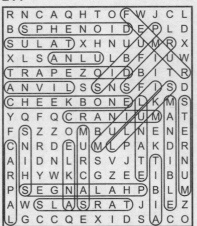

212

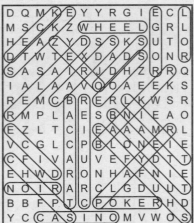

Solutions

213

214

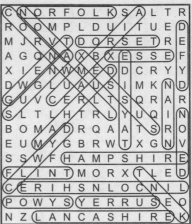

215

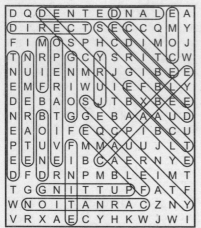

216

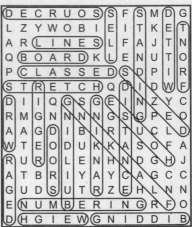

Solutions

217

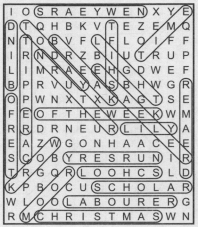

218

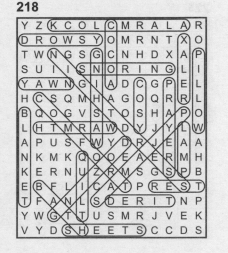

219

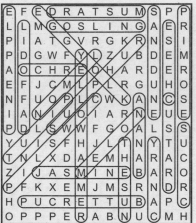

220

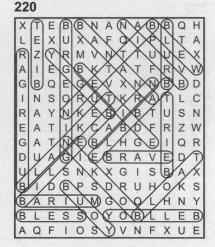

Solutions

221

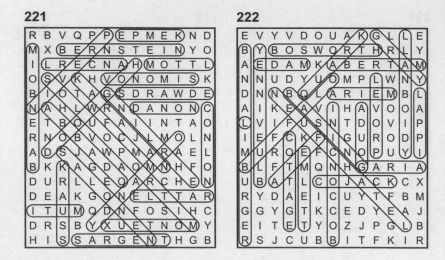

222

223

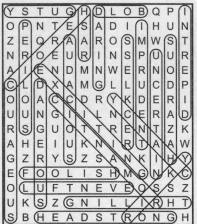

224

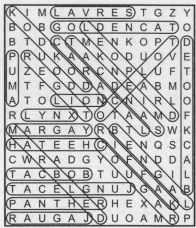

Solutions

225

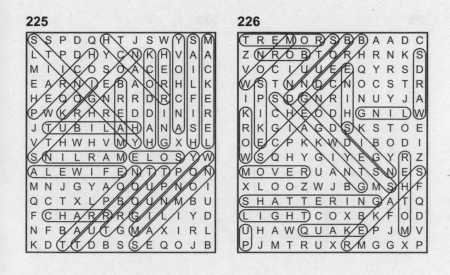

226

227

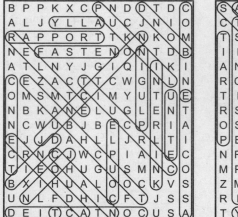

228

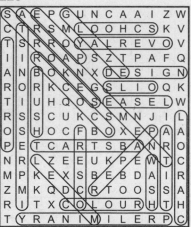

Solutions

229

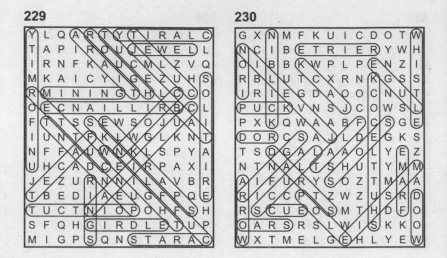

230

231

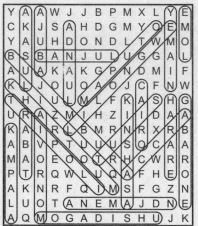

232

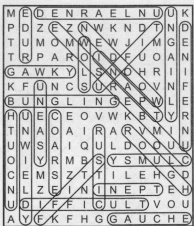

Solutions

233

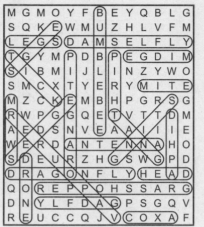

234

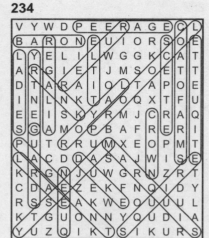

235

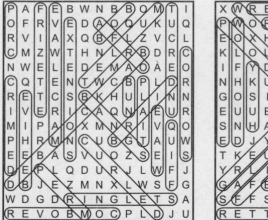

236

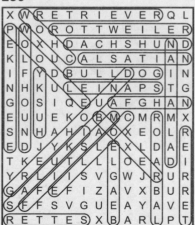

Solutions

237

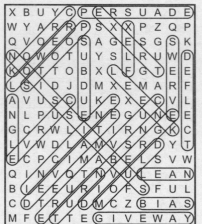

238

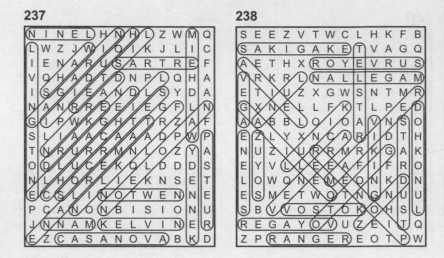

239

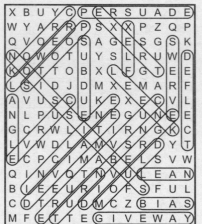

240

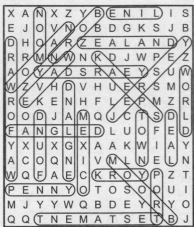

Solutions

241

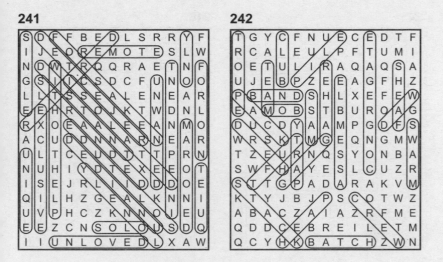

242

243

244

Solutions

245

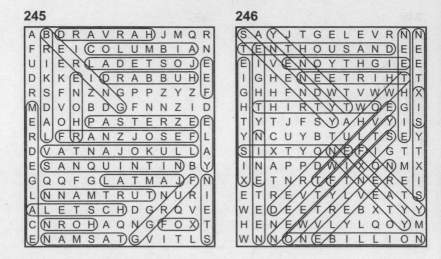

246

247

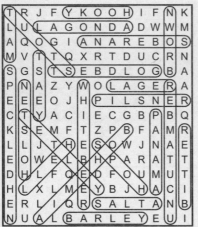

248

Solutions

249

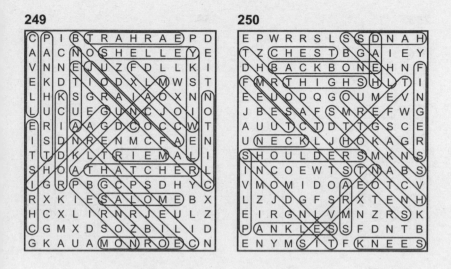

C P I B T R A H R A E P D
A A C N O S H E L L E Y E
V N N E J U Z F D L L K I
E K D T I O D X L M W S T
L H K S G R A I A O X N N
L U C U E G U N C J O I O
E R I A A G D C O C C W T
I S D N R E N M C F A E N
T T D K L T R I E M A L I
S H O A T H A T C H E R L
I G R P B G C P S D H Y C
R X K I E S A L O M E B X
H C X L I R N R J E U L Z
C G M X D S O Z B I L I D
G K A U A M O N R O E C N

250

E P W R R S L S S D N A H
T Z C H E S T B G A I E Y
D H B A C K B O N E H N F
F M R T H I G H S H L T I
E E U O D Q G O U M E V N
J B E S A F S M R E F W G
A U U T C T D T T G S C E
U N E C K L J H O K A G R
S H O U L D E R S M K N S
I N C O E W T S T N A B S
V M O M I D O A E O T C V
L Z J D G F S R X T E N H
E I R G N L V M N Z R S K
P A N K L E S S F D N T B
E N Y M S I T F K N E E S

251

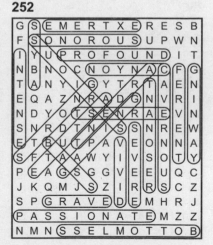

S G K G J V L F T D D N G
L P A Y N P G X N T T Z N
W O Q L U I U M E E A N I
E G P D O H R K R D O C L
T E D S U S C U R Y C R O
N L D D R A H P O S N O P
E Z K U J L D E T P I A L
S Z A O G P V L S E A L E
S I R L J S S T E D R L E
S R O C P O G I G E D T E
O D N M M E E N T L O S R
D L A V O Q K G M U O R B
D D R E N C H I N G H V U
E R E W O H S F N E F U M
N Q M A C K I N T O S H U

252

G S E M E R T X E R E S B
F S O N O R O U S U P W N
I Y U P R O F O U N D I T
N B N O C N O Y N A C F G
T A N Y I G Y T R T A E N
E Q A Z N R A D G N V R I
N D Y O T S E N R A E V N
S N R D T N I S S N R E W
E T B U T P A V E O N A Y
S F T A A W Y I V S O T Y
P E A G S G G V E E U Q C
J K Q M J S Z I R R S C Z
S P G R A V E D E M H R J
P A S S I O N A T E M Z Z
N M N S S E L M O T T O B

Solutions

253

```
W X I A A N X D M W W L Z
V R E N M I N B I X Q A F
D O N G N A E I Z Q W R N
Y C A T R T K C M S S T O
K A I O G N I L L I H S X
R U P E E E O U K D P U L
I N O Y H C U V G Y Y A C
W N L R F E X C B F A N F
E R A N I D V A K G T T T
L K E R D B B O T S N T K
B I R J A I R W C R I T E
U X O H R U R F K D R R Y
O L T R N B G H U G O C L
R H E A R U P I A H F E M
T M U V Z L O T Y M K J M
```

254

```
G J D Y N L F W M M X H J
E Q X C W B Y T X R K S H
V R P U O R O E F A N I G
S O B R V T P I R W N V N
P O E M E H E U E S L E I
G D F S O N N Q T U R E V
F K T W V S H I F F Q P O
S Y L L O J E D U P B N L
U M I S E R A B L E S U N
O O C S K E R B D C F N T
I O B G R L T I R R M W M
X L L D L D E R E H T O B
N G A Y H U D E A D O D F
A F Z P G J H J R D A U I
V Q Y Z J C Z H Y G L U M
```

255

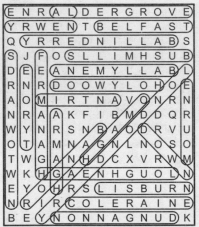

```
E N R A L D E R G R O V E
Y R W E N T B E L F A S T
Q Y R R E D N I L L A B S
S J F O S L L I M H S U B
D E E A N E M Y L L A B L
R A N R D O O W Y L O H O E
A O R A K F I B M D D Q R
N R Y N R S N B A O D R V U
W Y A M N A G N L N O S O
O T W G A N H D C X V R W M
T W K H G A E N H G U O L N
W E Y O H R S L I S B U R N
E N R I R C O L E R A I N E
B E Y N O N N A G N U D K
```

256

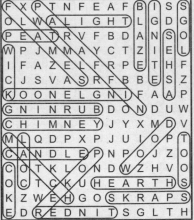

```
F X P T N F E A F B I S S
O L W A L I G H T L G D G
P E A T R V F B D A N S O
W P J M M A Y C T Z I E L
I F A Z E L F R P E T H F
C J S V A S R F B B E S Z
K O O N E L G N I F A A P
G N I N R U B D O N D U W
C H I M N E Y J Y X M D V
M L Q D P X P J U I O P T
C A N D L E P N P O J Z O
C O T K L O N D W Z H V O
O C T C K U H E A R T H S
K Z W E H G O S K R A P S
E D R E D N I T S G L T H
```

Solutions

257

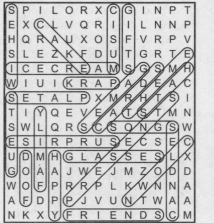

258

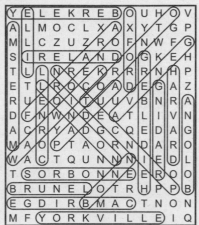

259

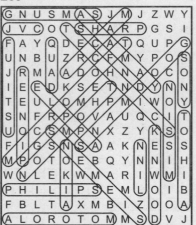

260

Solutions

261

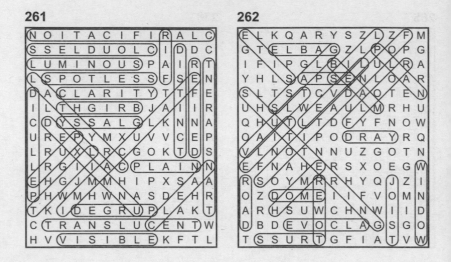

```
N O I T A C I F I R A L C
S S E L D U O L C I D D C
L U M I N O U S P A I R T
L S P O T L E S S F S E N
D A C L A R I T Y T T F E
I L T H G I R B J A I I R
C D Y S S A L G L K N N A
U R E P Y M X U V V C E P
L R U X X R C G O K T D S
L R G I I A C P L A I N N
E H G J M M H I P X S A A
P H W M H W N A S D E H R
T K I D E G R U P L A K T
C T R A N S L U C E N T W
H V V I S I B L E K F T L
```

262

```
E L K Q A R Y S Z L Z F M
G T E L B A G Z L P O P G
I F I P G L B I D U L R A
Y H L S A P S E N L O A R
S L T S T C V D A O T E N
U H S L W E A U L M R H U
Q H U T L T D F Y F N O W
Q A I T I P O D R A Y R Q
V L N O T N N U Z G O T N
E F N A H E R S X O E G W
R S O Y M R R H Y Q J Z I
O Z D O M E I I F V O M N
A R H S U W C H N W I I D
D B D E V O C L A G S G O
T S S U R T G F I A T V W
```

263

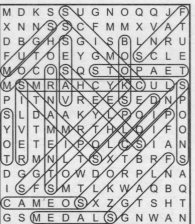

```
M D K S S U G N O Q Q J F
X N N S C F M M X V A T
D B G H S G I S B L N R U
F U T O E Y G M O S C L E
M O C O S Q S T O P A E T
M S M R A H C Y K C U L S
P I T N V R E E S E D N P
S L D A A K Y L P O I P O
Y V T M M R T H L O I F O
O E T E I P O L C S I A N
T R M N L T S X T B R F S
D G G T O W D O R P L N A
I S F S M T L K W A Q B Q
C A M E O S X Z G T S H T
G S M E D A L S G N W A N
```

264

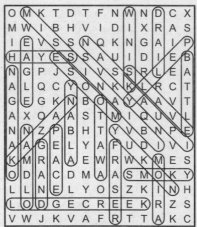

```
O M K T D T F N W N D C X
M W I B H V I D I X R A S
I E V S S N Q K N G A I P
H A Y E S S A U I D I E B
N G P J S I V S S R L E A
A L Q C Y O N K K L R C T
G E G K N B O A Y A A V T
A X O A A S T M I Q U V L
N N Z P B H T Y V B N P E
A A G E L Y A F U D I V I
K M R A A E W R W K M E S
O D A C D M A A S M O K Y
L L N E L Y O S Z K I N H
L O D G E C R E E K R Z S
V W J K V A F R T T A K C
```

Solutions

265

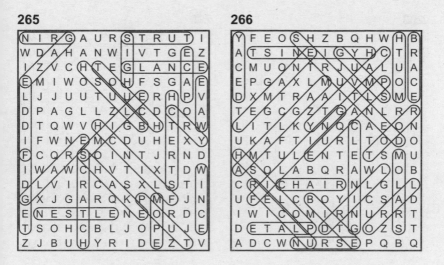

266

267

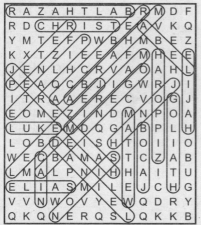

268

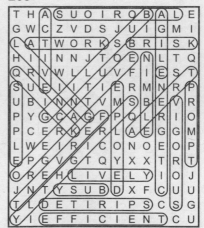

Solutions

269

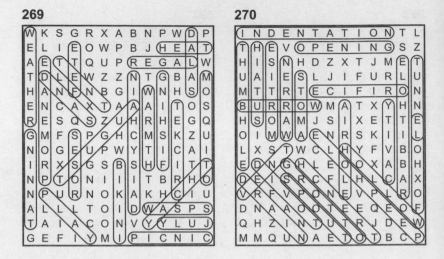

270

271

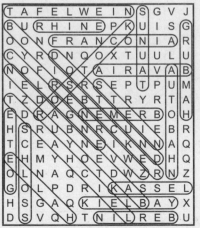

272

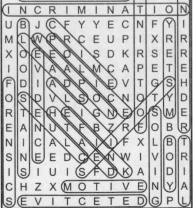

Solutions

273

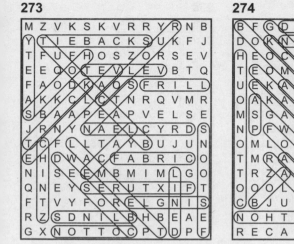

274

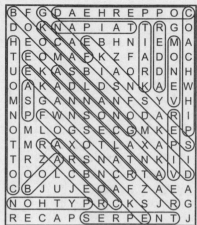

275

276

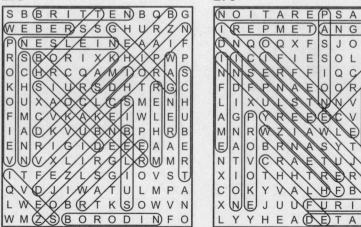

Solutions

277

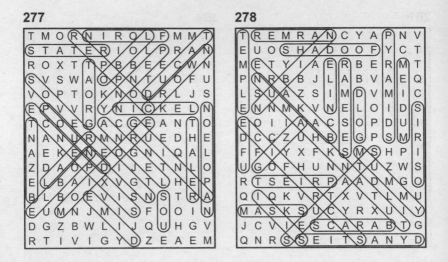

278

279

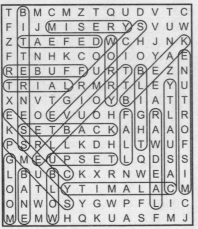

280

Solutions

281

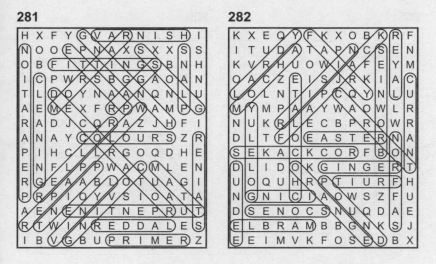

282

283

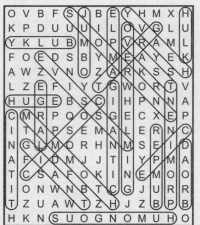

284

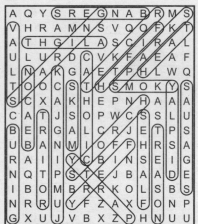

Solutions

285

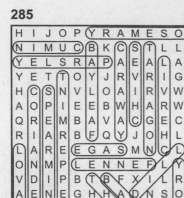

286

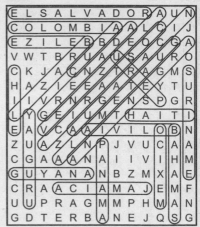

287

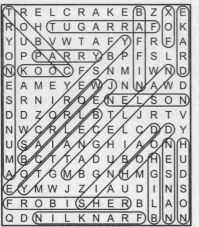

288

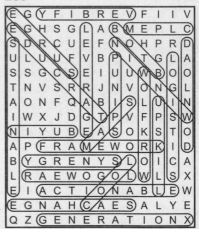

Solutions

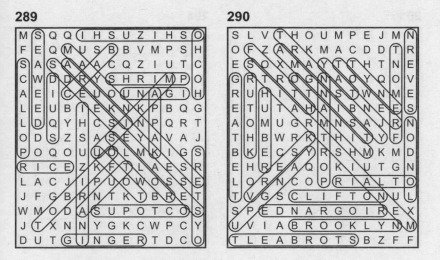

289

290

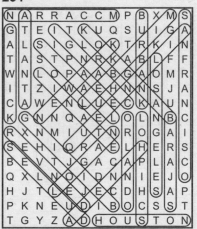

291

292

Solutions

293

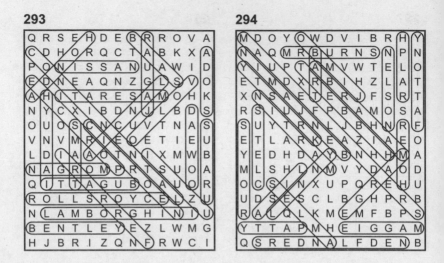

294

295

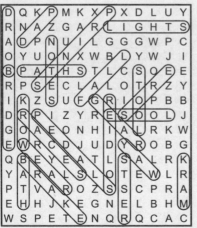

296

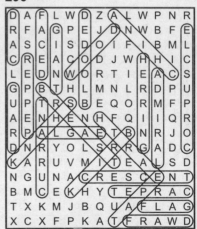

Solutions

297

298

299

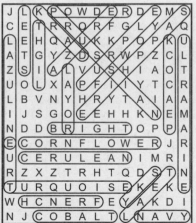

300

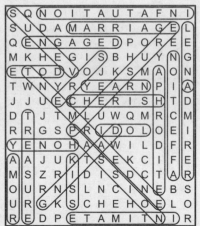

Solutions

301

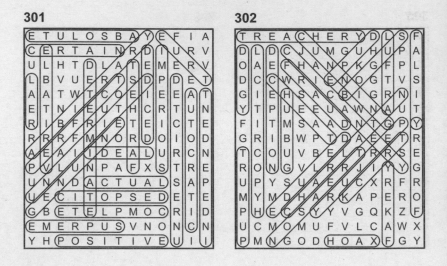

302

303

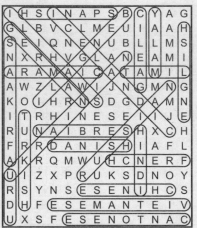

304

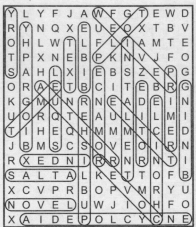

Solutions

305

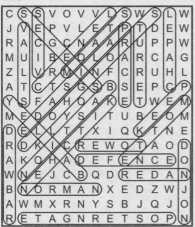

306

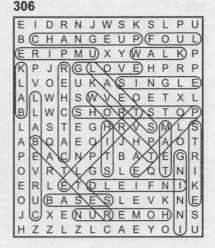

307

308

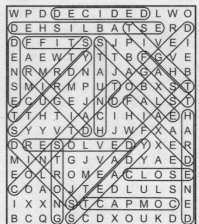

Solutions

309

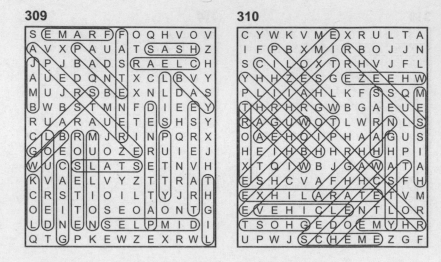

310

311

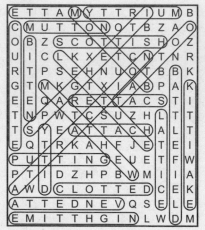

312

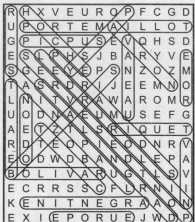

Solutions

313

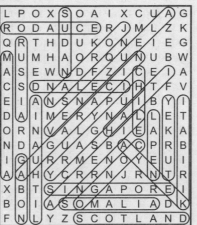

314

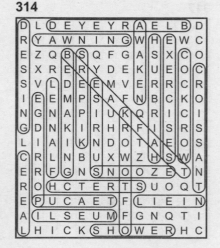

315

316

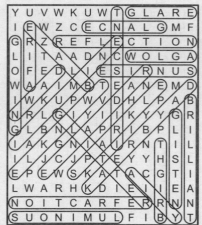

Solutions

317

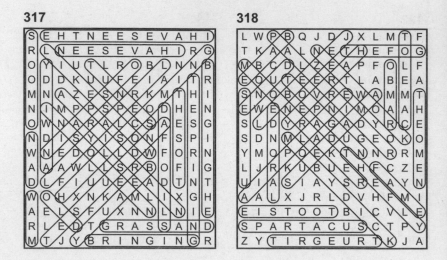

318

319

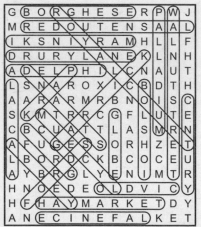

320

Solutions

321

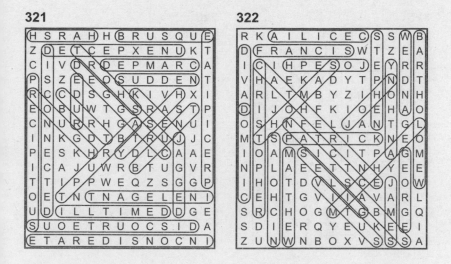

322

323

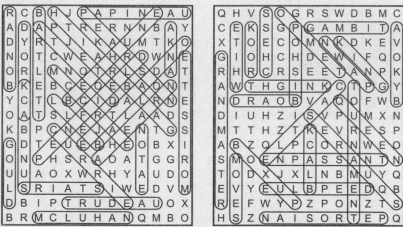

324

Solutions

325

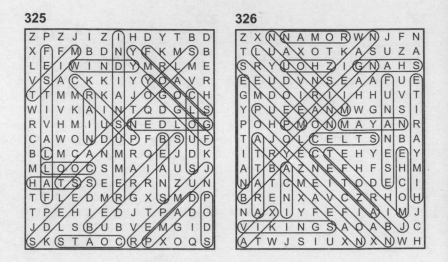

326

327

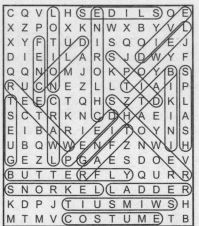

328

Solutions

329

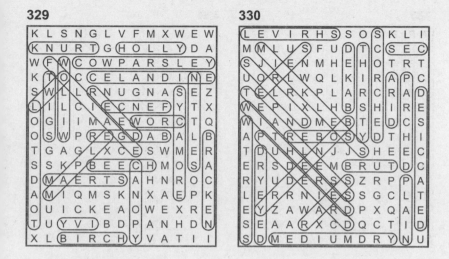

330

331

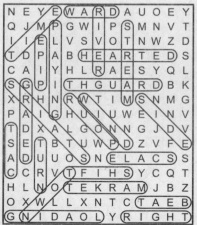

332

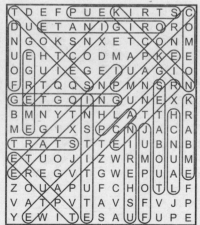

Solutions

333

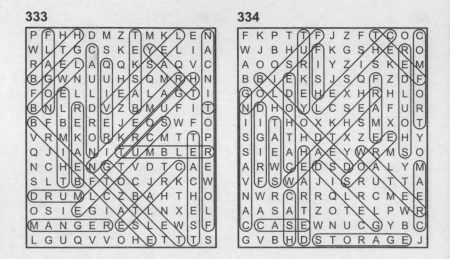

334

335

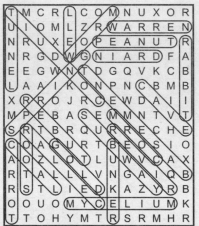

336

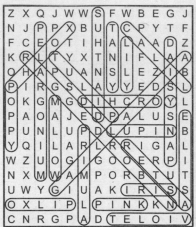

Solutions

337

338

339

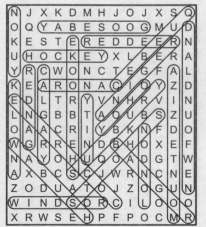

340

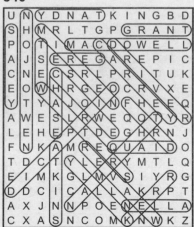

Solutions

341

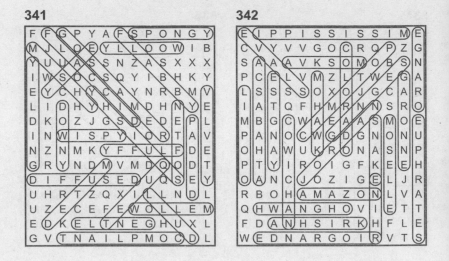

342

343

344

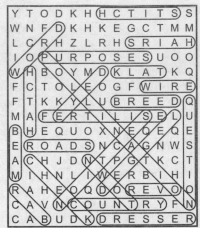

Solutions

345

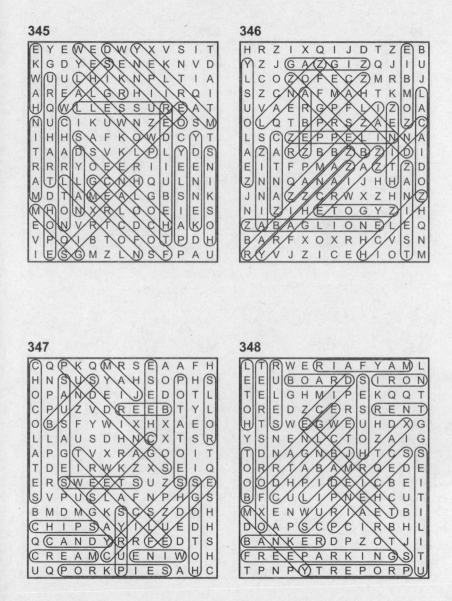

346

347

348

Solutions

349

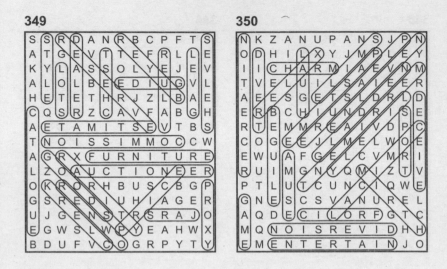

350

351

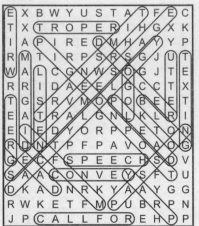

352

Solutions

353

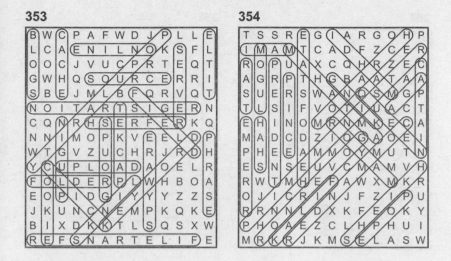

354

355

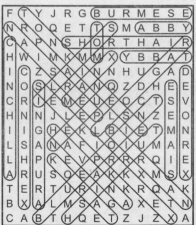

356

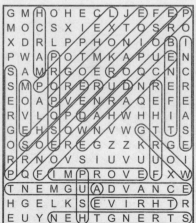

Solutions

357

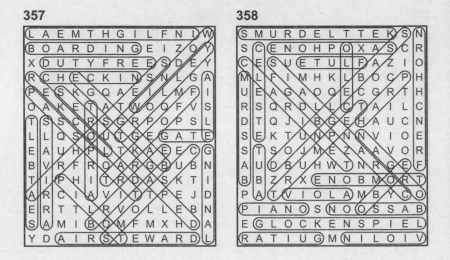

358

359

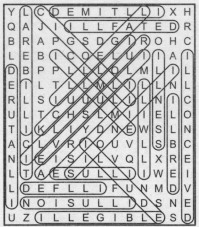

360

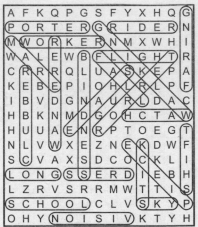

Solutions

361

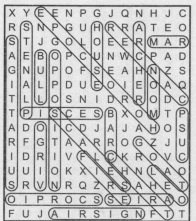

362

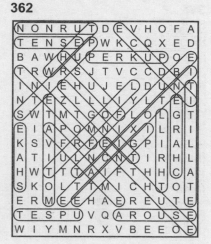

363

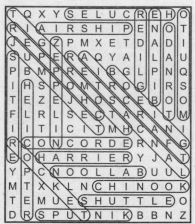

364

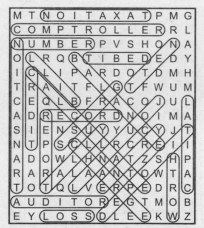

Solutions

365

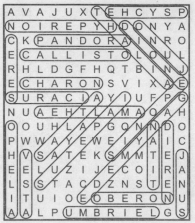

366

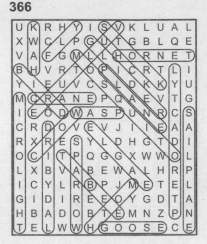

367

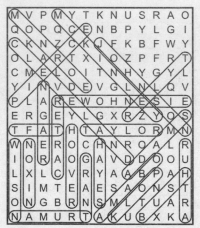

368

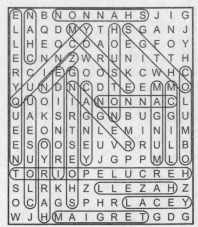

Solutions

369

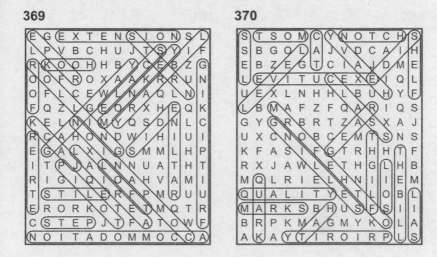

370

371

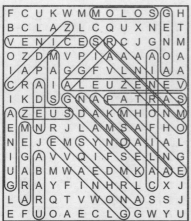

372

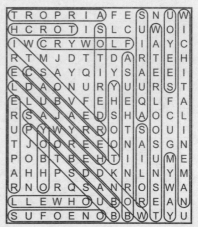

Solutions

373

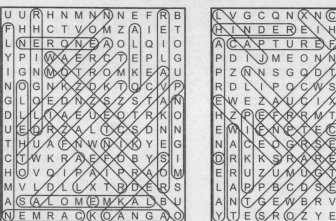

374

375

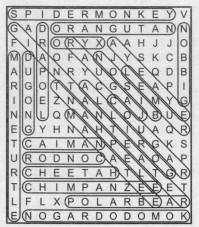

376

Solutions

377

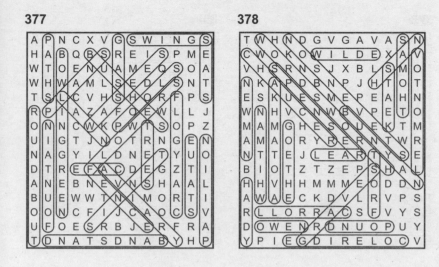

378

379

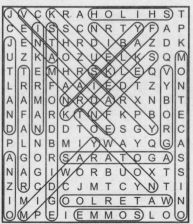

380

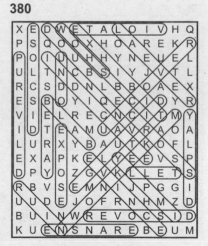

Solutions

381

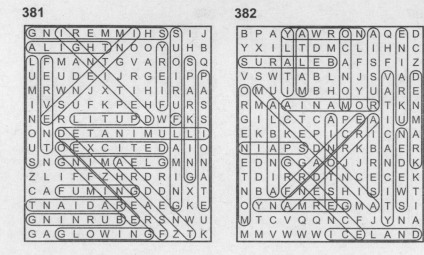

382

383

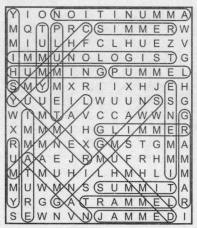

384

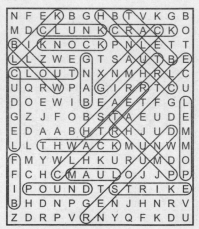

Solutions

385

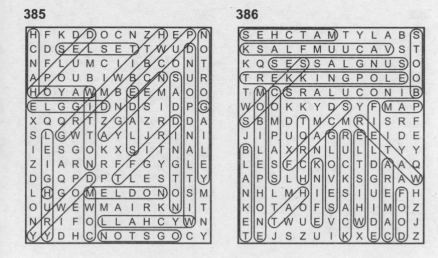

386

387

388

Solutions

389

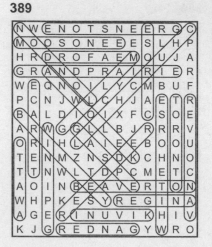

390

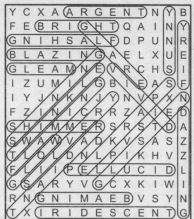

391

392

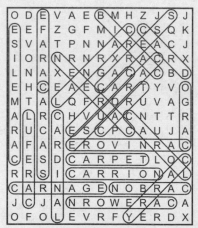

Solutions

393

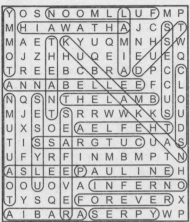

394

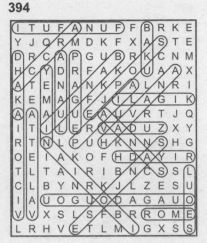

395

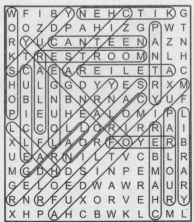

396

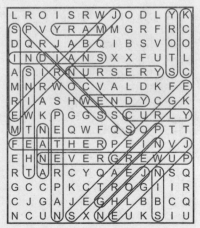

Solutions

397

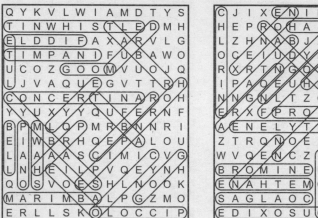

398

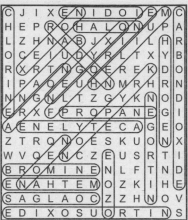

399

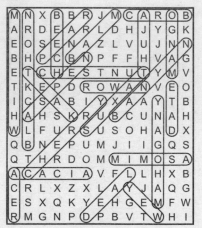

400

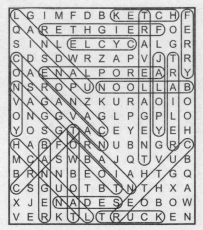

Solutions

401

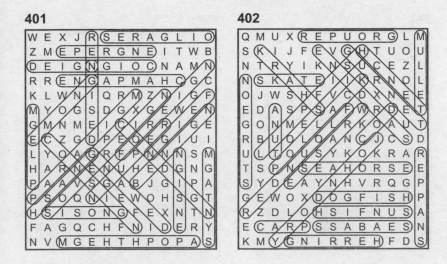

402

403

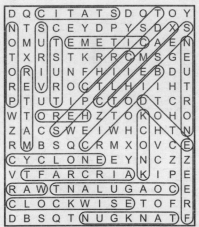

404

Solutions

405

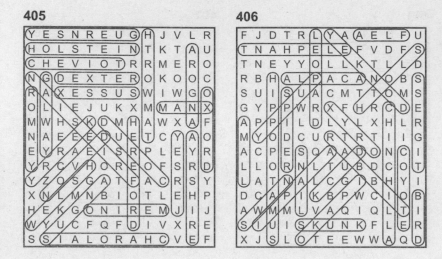

406

407

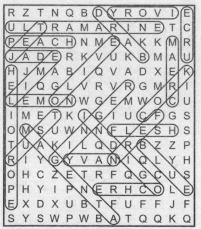

408

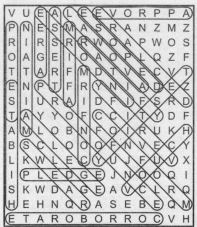

Solutions

409

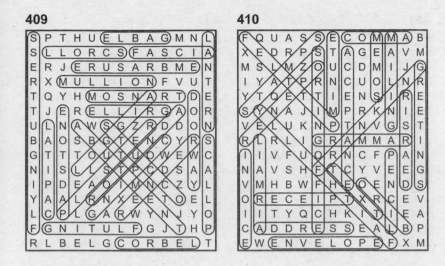

410

411

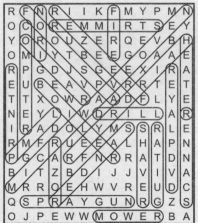

412

Solutions

413

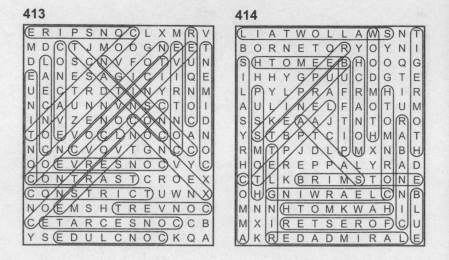

414

415

416

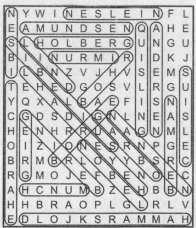

Solutions

417

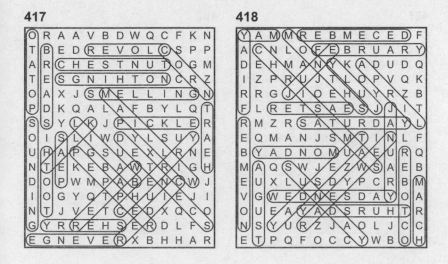

418

419

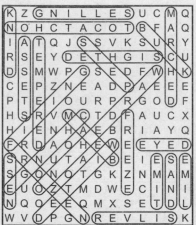

420

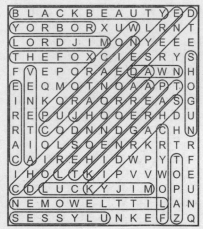

Solutions

421

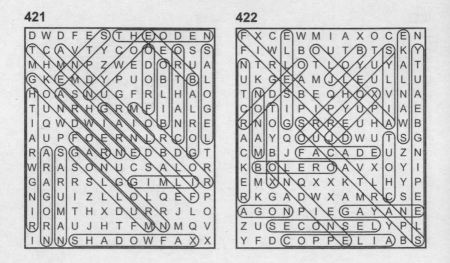

422

423

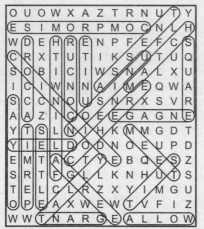

424

Solutions

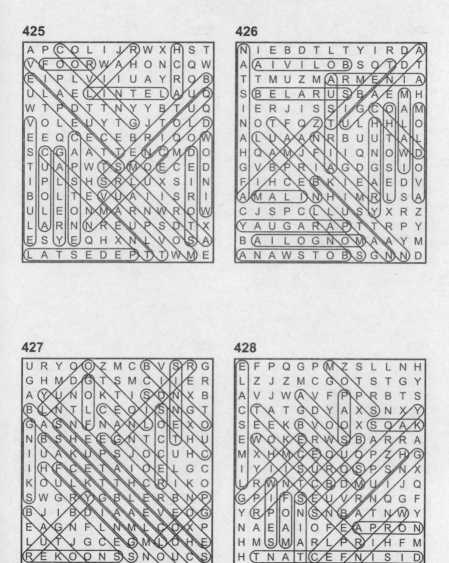

Solutions

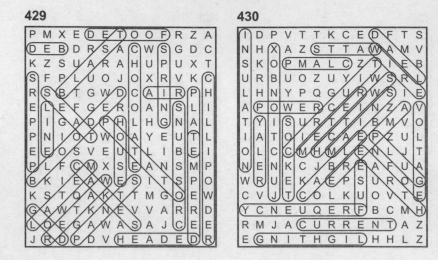

429

430

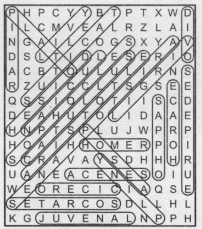

431

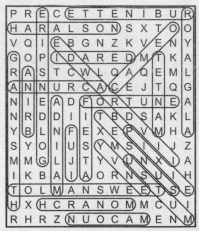

432

Solutions

433

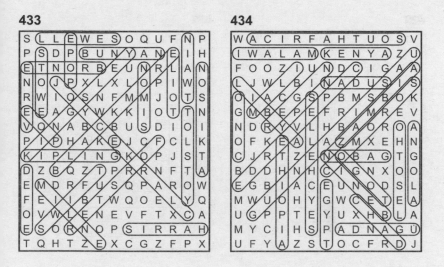

434

435

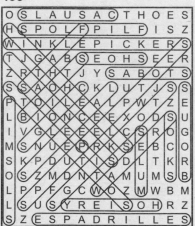

436

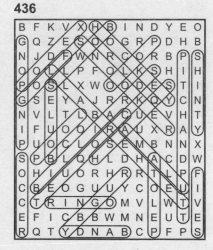

Solutions

437

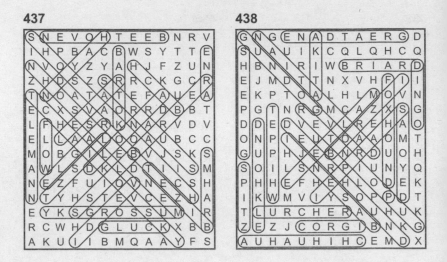

438

439

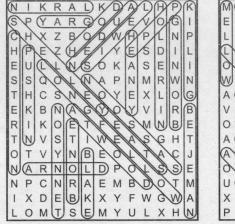

440

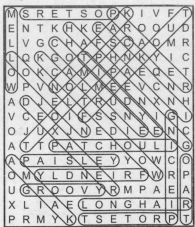

Solutions

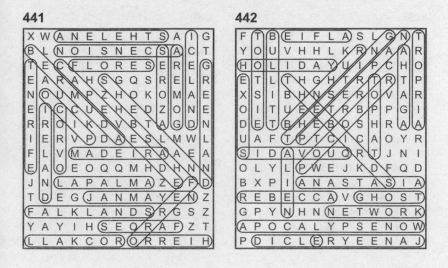

441

442

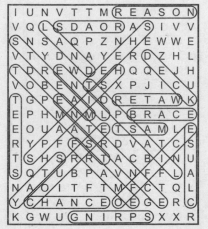

443

444

Solutions

445

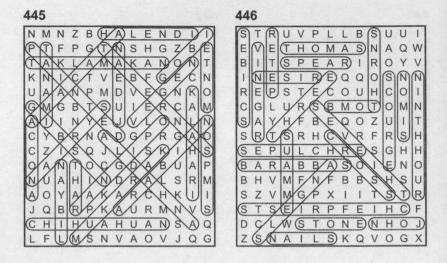

446

447

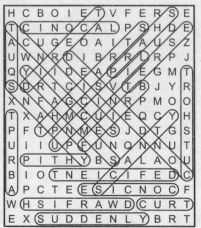

448

Solutions

449

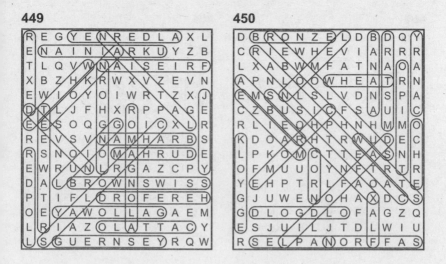

450

451

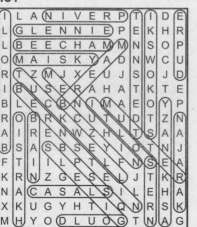

452

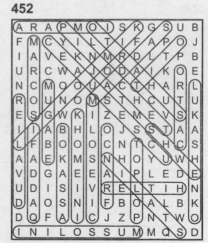

Solutions

453

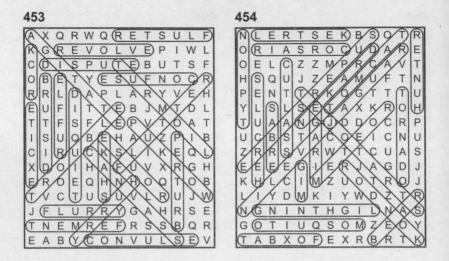

454

455

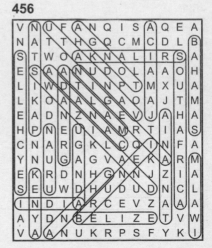

456

Solutions

457

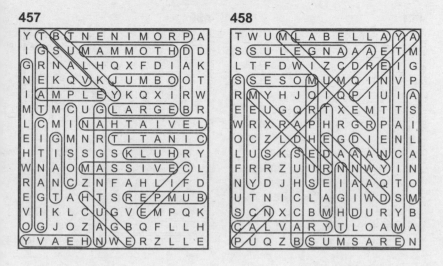

458

459

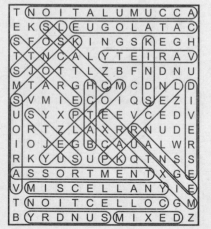

460

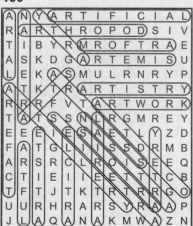

Solutions

461

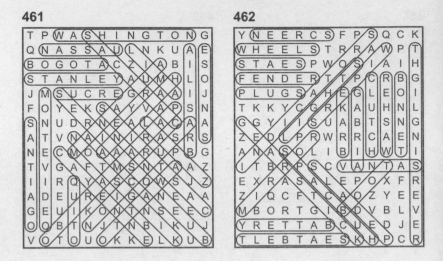

462

463

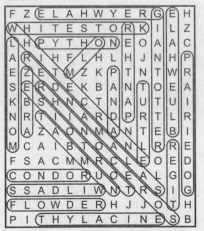

464

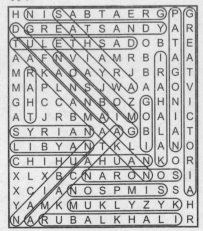

Solutions

465

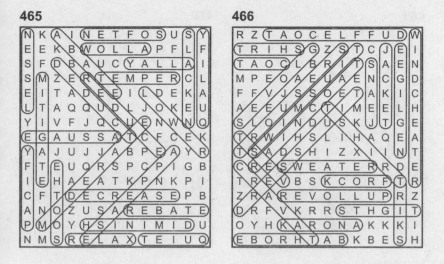

466

467

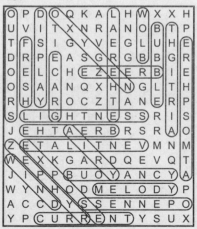

468

Solutions

469

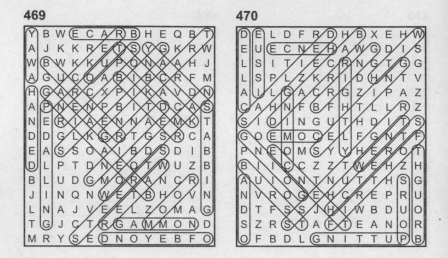

470

471

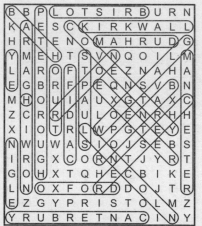

472

Solutions

473

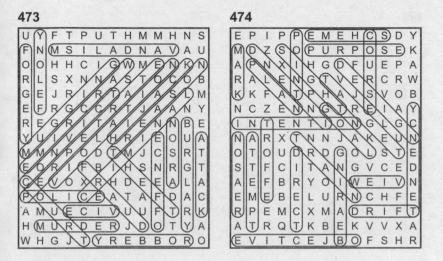

474

475

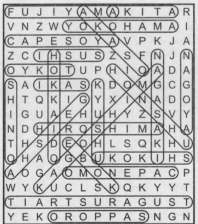

476

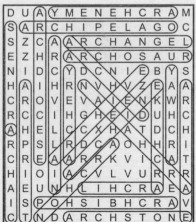

Solutions

477

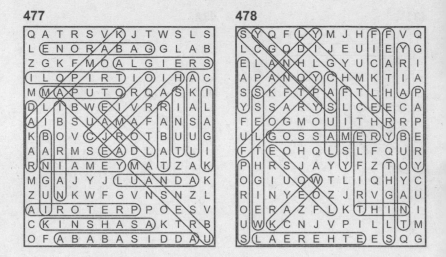

```
Q A T R S V K J T W S L S
L E N O R A B A G G L A B
Z G K F M O A L G I E R S
I L O P I R T I O I H A C
M M A P U T O R Q A S K I
D L I B W E I V R R I A L
A I B S U A M A F A N S A
K B O V C J R O T B U U G
A A R M S E A D L A T L I
R N I A M E Y M A T Z A K
M G A J Y J L U A N D A K
Z U N K W F G V N S N Z L
A I R O T E R P P O E S V
C K I N S H A S A K T R B
O F A B A B A S I D D A U
```

478

```
S Y Q F L Y M J H F F V Q
L C G O D I J E U I E Y I
E L A N H L G Y U C A R I
A P A N O Y C H M K T I A
S S K F T P A F T L H A P
Y S S A R Y S L C E E A P
F E O G M O U I T H R R E
U L G O S S A M E R Y B R
F T E O H Q L S L F Q U Y
P H R S J A Y Y F Z T O Y
O G I U O W T L I Q H Y C
R I N Y E O Z J R V G A U
O E R A Z F L K T H I N I
U W K C N J V P I L L T M
S L A E R E H T E E S Q G
```

479

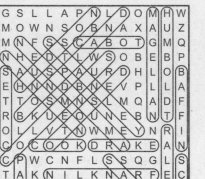

```
G S L L A P N L D O M H W
M O W N S O B N A X A U Z
M N F S S C A B O T G M Q
N H E D T L W S O B E B P
S A U S P A U R D H L O B
E H N N D B N E V P L L A
T T O S M N S L M Q A D F
R B K U E O U N E B N T F
O L L V T N W M E Y N R I
C O C O O K D R A K E A N
C P W C N F L S S Q G L S
T A K N I L K N A R F E C
Y R G N I R E B L I G I O
J R E H S I B O R F D G T
K Y M A R C O P O L O H T
```

480

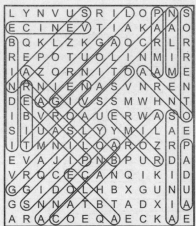

```
L Y N V U S R I L O P N S
E C I N E V T I A K A A O
B Q K L Z K G A O C R L R
R E P O T U O L I N M I R
I A Z O R N I T O A A M E
N R N I E N A S V N R E N
D E A G I V S S M W H N T
I B V R O A U E R W A S O
S I U A S L Y Y M I L A E
I T M N I L O A R O Z R P
E V A J I P N B P U R D A
V R Q C E C A N Q I K I D
G G I D O L H B X G U N U
G S N N A T B T A D X I A
A R A C O E Q A E C K A E
```

Solutions

481

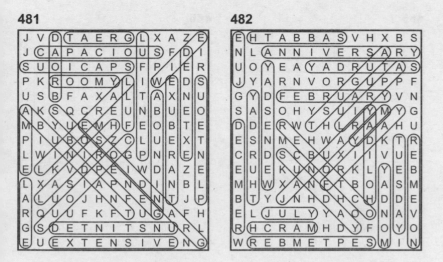

482

483

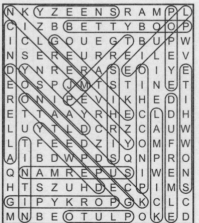

484

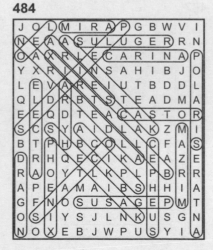

Solutions

485

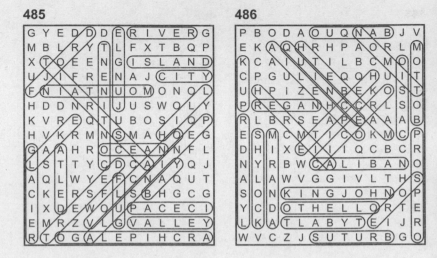

486

487

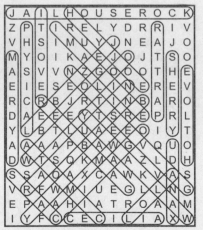

488

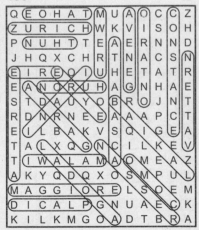

Solutions

489

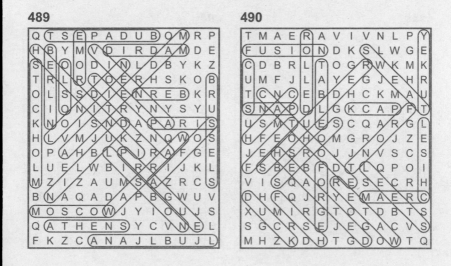

490

491

492

Solutions

493

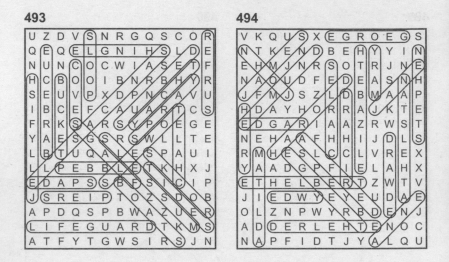

494

495

496

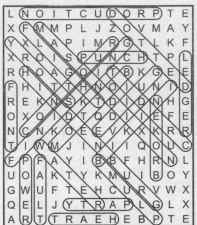

Solutions

497

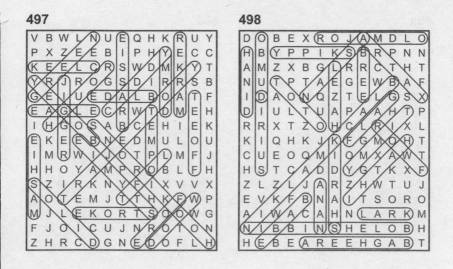

498

499

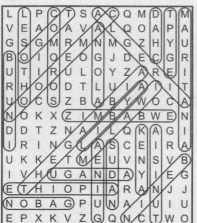

500

Solutions

501

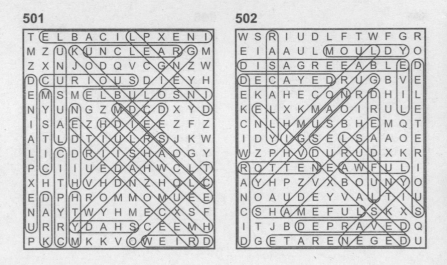

502

503

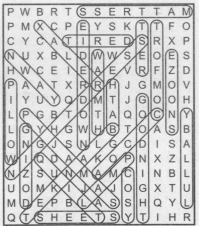

504

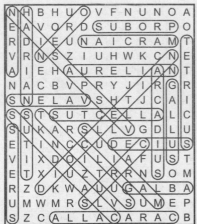

Solutions

505

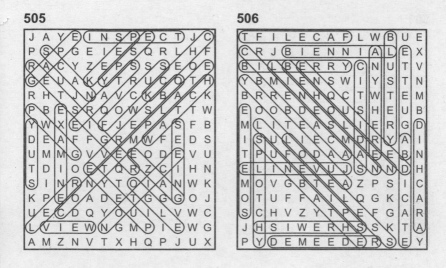

506

507

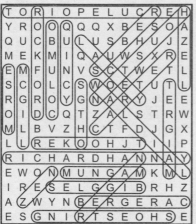

508

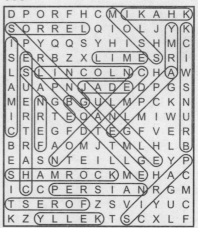

Solutions

509

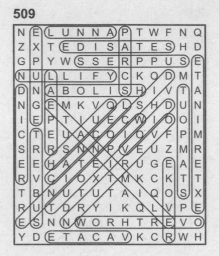